WHAT
Intelligence Tests Miss
The Psychology of Rational Thought

超越智商
为什么**聪明人**也会做**蠢事**

［加］ 基思·斯坦诺维奇 / 著
（Keith E. Stanovich）

张斌 / 译
阳志平 / 审校

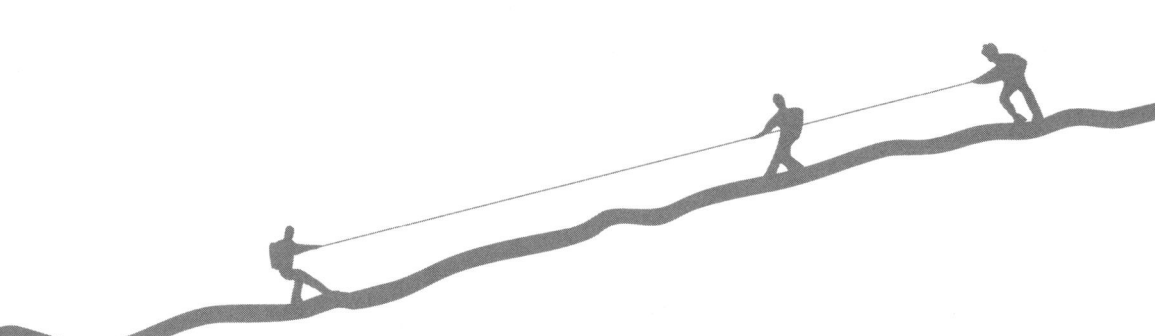

机械工业出版社
CHINA MACHINE PRESS

图书在版编目（CIP）数据

超越智商：为什么聪明人也会做蠢事 /（加）斯坦诺维奇（Stanovich, K.E.）著；张斌译. —北京：机械工业出版社，2015.7（2025.9重印）

书名原文：What Intelligence Tests Miss: The Psychology of Rational Thought

ISBN 978-7-111-50927-1

I. 超… II. ① 斯… ② 张… III. 智力测验 IV. G449.4

中国版本图书馆CIP数据核字（2015）第164910号

北京市版权局著作权合同登记　图字：01-2014-0333号。

Keith E. Stanovich. What Intelligence Tests Miss: The Psychology of Rational Thought.

Copyright © 2009 by Keith Stanovich.

Simplified Chinese Translation Copyright © 2015 by China Machine Press.

Simplified Chinese translation rights arranged with Keith Stanovich through Bardon-Chinese Media Agency. This edition is authorized for sale in the Chinese mainland (excluding Hong Kong SAR, Macao SAR and Taiwan).

No part of this book may be reproduced or transmitted in any form or by any means, electronic or mechanical, including photocopying, recording or any information storage and retrieval system, without permission, in writing, from the publisher.

All rights reserved.

本书中文简体字版由Keith Stanovich通过Bardon-Chinese Media Agency授权机械工业出版社在中国大陆地区（不包括香港、澳门特别行政区及台湾地区）独家出版发行。未经出版者书面许可，不得以任何方式抄袭、复制或节录本书中的任何部分。

超越智商：为什么聪明人也会做蠢事

出版发行：机械工业出版社（北京市西城区百万庄大街22号　邮政编码：100037）	
责任编辑：杨　明　　黄姗姗	责任校对：殷　虹
印　　刷：北京联兴盛业印刷股份有限公司	版　　次：2025年9月第1版第20次印刷
开　　本：170mm×242mm　1/16	印　　张：17
书　　号：ISBN 978-7-111-50927-1	定　　价：79.00元

客服电话：(010) 88361066　68326294

版权所有·侵权必究
封底无防伪标均为盗版

目录

导　读　理性：重新定义人类认知能力

译者序

序　言

致　谢

第一部分　理性之心……1

想要过上更好的生活，达成人生的目标，拥有高智力还不够，还要拥有高理性。个体如果出现理性障碍，直接实际后果就是生活不如意，错失本应取得的人生成就。智力测验并没有测量理性，这就是聪明人会做蠢事的原因：所谓的"聪明"仅仅是高智力，而非高理性。

人类存在两种信息加工机制：快与慢。快的类型一加工包括自主心智，慢的类型二加工包括算法心智和反省心智。算法心智就是传统的智力，而反省心智就是理性思维。

第1章　乔治·布什的心智：有关智力测验缺失什么的线索……2

这本书不谈什么……5

困惑于布什智力的缘由……7

第2章　理性障碍：理性与智力的分离……9

如何描述这类案例……12

　　　　　广义与狭义智力之争……13
　　　　　理性：缺失的元素……16
　　　　　将理性障碍用作直觉泵……18

第3章　反省心智、算法心智与自主心智……20
　　　　　类型一与类型二加工……21
　　　　　临时的"双重加工"心智模型及个体差异……25
　　　　　思维倾向与认知能力……27
　　　　　三重加工心智模型……31
　　　　　思维倾向：理性思维和行为的预测源……33
　　　　　别忘了心智程序！……37
　　　　　走近总统先生的大脑……39

第4章　给智力概念瘦身……42
　　　　　智力霸权主义……44
　　　　　另辟蹊径：用理性障碍驯服智力概念……45
　　　　　MAMBIT：没有司机的大脑引擎……47
　　　　　智力被误读为适应……48
　　　　　神化智力概念的阴暗面……49
　　　　　民间心理学能够区分智力与理性……51

第5章　为何聪明人常做蠢事……55
　　　　　人类是认知吝啬鬼……59
　　　　　我们为何成了认知吝啬鬼……60
　　　　　为什么理性障碍如此普遍……62
　　　　　思维谬误和理性思维……64

第二部分 人人都是认知吝啬鬼……67

大脑在使用认知资源时极为吝啬，喜欢走捷径，我们简称之为"认知吝啬鬼"。人类在大多数时候都是认知吝啬鬼。认知吝啬鬼常常致使我们深陷不理性的泥潭，严重阻碍我们实现目标与理想。

提高理性有两条途径，第一条途径是避免先天的信息加工缺陷（即认知吝啬鬼），第二条途径是给自己大脑安装好的心智程序，抵制坏的心智程序。

第6章 认知吝啬鬼……68

属性替换：认知吝啬鬼的惯用伎俩……70

认知吝啬鬼的工具：生动、出众与可得性……74

启发式加工：决策过程的量与质……77

认知捷径和个人自主性……78

现状偏见：默认启发式加工……81

启发式加工的有利和不利环境……82

第7章 决策效应与认知吝啬鬼……85

框架与个人自主性……88

翻手是云，覆手是风：框架效应研究……91

机会均等框架……97

第8章 我方立场信息加工：正反都是我赢……100

过度自信：关于我们知道的那些原本不知道的事情……104

我方立场信息加工：沟通与知识假设中的利己主义……110

智力与我方立场信息加工……112

第9章 认知吝啬鬼的另一个缺陷：深思熟虑后依然战败……115

电车难题：压制情绪……117

　　　　战败"冷"启发式思维倾向……119

　　　　本能冲动与意志力：深思熟虑后的失败……124

第三部分　给大脑安装好的心智程序……131

"心智程序"是指个体可以从记忆中提取出的规则、知识、程序和策略，以辅助决策判断和问题解决过程。除了认知吝啬鬼，心智程序出现问题也是导致不良决策的重要原因。有时，个人是因为没有安装足够的心智程序，即心智程序缺陷，如忽略备择假设、不擅长寻求证伪焦点假设；有时，是安装了污化的心智程序，如相信占星术和笔迹学。

第10章　心智程序缺陷……132

　　　　现实生活中的心智程序问题：心智程序缺陷效应引发的两起

　　　　悲剧……133

　　　　贝叶斯前来救援！……137

　　　　一个关键的心智程序缺陷：忽略备择假设……143

　　　　更多的科学思维心智程序：可证伪性……144

　　　　基础概率：更多贝叶斯心智程序……148

　　　　概率评估的心智程序……150

　　　　策略性心智程序……152

　　　　心智程序缺陷导致的理性障碍……153

第11章　污化的心智程序……155

　　　　"如果一个人有两个大脑，他会加倍愚蠢"……160

　　　　对污化心智程序的质疑……163

　　　　人们为什么会受污化心智程序的影响……165

　　　　破坏协议的模因……168

　　　　避免污化心智程序的策略……169

　　　　污化心智程序导致的理性障碍……172

第12章　思维谬误何其多：非理性思维倾向分类及其与智力的
　　　　关系……175
　　　带有焦点偏差的连续性联结认知……176
　　　理性思维问题的预分类……180
　　　由多因素共同决定的理性思维谬误……185
　　　斯波克先生难题：来自自主心智的输入缺失……187
　　　基于智商–理性相关度的分类……189
　　　结论：理性障碍无处不在……194

第四部分　提高人类理性的社会意义……195

改善理性不但对个人有极其重要的意义，还对人类社会有极其重要的意义。只要对社会环境稍做改变，就能预防人们的理性思维出问题。我们在一定程度上控制着我们的环境，理应决定重建社会环境，使得环境中的人更加理性。

第13章　增加人类理性及改善非理性的社会效益……196
　　　好消息：理性是可以习得的……200
　　　改变环境以帮助认知吝啬鬼……203
　　　社会选择机制……209

注释……213

参考文献 ⊖

⊖　本书参考文献请见 http://course.cmpreading.com，搜索书名后下载。

导读

理性：重新定义人类认知能力

6月23日，端午节后上班第一天，我的面前，是一批精装本图书。它是认知科学家斯坦诺维奇的著作《机器人叛乱》的简体中文版。我是中国第一位拿到该书的读者。当天收到图书后，我立即给期盼已久的师友们快递过去。在随书贺卡上，我激动地手写了如下赠词：

《机器人叛乱》来了！继道金斯《自私的基因》后最好看的神作。将剑交给那些能够挥舞它的人，现在，我很高兴将这把剑传递给你——各位追寻理性的师友。它是认知科学与决策科学之剑，也是人类爱与善良之剑！

现在，我同样非常高兴地向各位读者推荐斯坦诺维奇的另一本著作《超越智商》，这一次，我会在给你的贺卡上写道：

在信息爆炸的今天，成为聪明人意味着要阅读大量图书并掌握大量概念。而在21世纪，聪明人必须掌握的元概念是"理性"。光有智力还不够，还要有理性。这是世界上最好的认知科学家写得最好的一本"理性"著作，它将帮助你理解人类的心智架构，从高智力到高理性。

这才是心理学

为何我会如此激动？这要回到 2000 年。

彼时，我还是一位心理系本科生，意外读到一本英文著作，思想深邃，通俗易懂。从此，原本细碎庞大的心理学知识难题迎刃而解，我一下子具备了所谓的"心理学思维"。而那本书，就是斯坦诺维奇的成名作 *How to Think Straight about Psychology*。我的心理学研究之路似乎一下子开窍了，以本科生身份发表了十余篇论文，并荣获首届北京市"挑战杯"特等奖。

正如它当年给我带来的震撼，这本神作被翻译成中文，通过不断的口碑传播，很快成为国内多数心理系的入门必读著作，前后出过多个版本，更改过多个书名，从《与众不同的心理学》《对"伪心理学"说不》到现在的《这才是心理学》。相对而言，我个人更喜欢最后一个书名。

几年后，豆瓣诞生，这本书因为写作清晰明快、思想深刻，迎来一轮又一轮豆瓣读者的追捧。截至目前，已有上万豆瓣读者读过此书，无数豆列将其作为心理学入门必读读物。

时间很快到了 2010 年。此时，我正准备写一本关于学习与心智成长的认知科学普及读物，于是开始寻找相应的学术体系。偶然之间，我发现世界上有一批极客，天天在讨论如何让自己变得更聪明。而他们中的不少人都提及一本书，甚至有读者一章一章去写它的读后感。

当我看到作者是斯坦诺维奇时，立即买来了英文版。这就是各位读者现在手上这本书的英文原版：*What Intelligence Tests Miss*。读完后，大吃一惊，我明白了，斯坦诺维奇的体系就是我在苦苦寻找的。

芒格曾经说过："如果你想成为理性的思想者，必须培养出跨越常规学科疆域的头脑。"那么，当跳出常规学科后，你就来到了一个野兽乐园。这是一个危险的世界，正如斯坦诺维奇所言："聪明的人只有在被告知要如何做的情况下，才会表现优异。"现在，没人来告知你该如何去做。这恰巧是多数寻求智慧的求知者经常面临的情况：这是一个极不确定并高度复杂的世界。黑暗路上，谁是那盏伴我前进的温暖小灯？

当我意识到斯坦诺维奇的理性心理学体系就是我在苦苦寻觅的"真理之灯"时，我注意到那时国内还没有任何一个人关注到斯坦诺维奇如何重新定义人类认知能力，我决定将其系列著作引入中国，这就是斯坦诺维奇的理性时代三部曲：《机器人叛乱》《超越智商》与《理性与反省心智》。严复曾在1895年写道："鼓民力，开民智，新民德。民智强，则国家强；民智弱，则民族亡。"然而百余年后，每个有见解的中国人对当今国人的理性程度仍不乐观。与其再打理性争辩的口水仗，不如理解理性背后的认知科学。

现在，是时候，让理性之灯，照亮更多国人寻求智慧之路。

思考，快与慢

岁月漫漫，十年时光，我从青涩的心理系学生成长为斯坦诺维奇著作的引入者，怎能不激动。

那么，斯坦诺维奇究竟说了一个什么新故事呢？

我写这篇文章的时候，恰逢高考志愿填报期。就像高考成绩一样，智力测验成绩构成了绝大多数人评定聪明程度的一个指标。当我们说这人智商真高时，我们在假定，他是一位聪明人。然而，无论是专业的智力测验成绩还是智力测验的变种——高考，都难以反映一个人的真实认知能力。魏坤琳老师还特意发了一条微博，为高考学生加油：

> 高考就是考砸了，也无损你在人生大道上前行。我在人生跑道旁，为你们鼓掌、加油。by 魏坤琳，一个曾经的高考失败者。

大家都笑了。国人心目中的最强大脑科学男神怎么能算是一名高考失败者呢？当我们长大后，越来越清晰地意识到，智力测验成绩及高考成绩的好坏跟一个人的成功关系不大。甚至，我们可以看到大量反面例子，高考状元，一事无成；聪明人，碌碌无为。所以民间才有了所谓的"聪明人做傻事"的说法。

斯坦诺维奇敏锐地注意到这一点，既然"聪明人"会做"傻事"，那么就意味着认知科学对"聪明"的界定出了问题。因此，早在1989年，他参照学习障碍（那些智力测验正常，却学习成绩低下的人）的概念，发明了一个新的词汇：理性障碍（dysrationalia），用于描述那类智力测验正常，但思维能力低于人类正常水准的人群。正如书中所写：

> 什么是理性障碍？布什的认知缺陷没有影响到他在智力测验上的表现，但是削弱了他做出理性决策的能力。这些认知缺陷，是"理性障碍"（类比"阅读障碍"（dyslexia））的根源。我于20世纪90年代创造了这个词，用以引起人们关注智力测验的不足之处。我把理性障碍定义为，尽管具有足够智力，却缺乏理性思考和行动的能力。因此，总统并非不聪明，而是很可能患有理性障碍。

学术界的奇妙就在这里。高手过招，相互激发。"理性障碍"作为斯坦诺维奇所言的"模因"，又引出了一连串的新模因。首先是理性障碍概念启发了哈佛大学认知科学家帕金斯提出"心智程序"(mindware)概念。1995年,帕金斯注意到理性障碍的普遍存在,因此在著作《出类拔萃的IQ》第1章中引用斯坦诺维奇发明的词"理性障碍"来呼唤人们重视反省智力。为了解释人们如何提高反省智力,帕金斯发明了一个新词汇——心智程序,用来形容那些安插在人们大脑中的程序。我们要抵制那些坏软件,安装好软件。

结果,心智程序概念反过来启发斯坦诺维奇提出人类心智架构的"双过程理论"。他与英国认知科学家埃文斯审查了大量认知科学、神经科学与心理科学文献,注意到,无论是齐瓦·孔达在社会心理学领域提出的冷认知、暖认知,还是雷伯在教育心理学领域提出的内隐学习、外显学习,还是埃文斯在推理心理学领域提出的进程1、进程2,都在阐述人类大脑的运作可以区分为两种不同的认知过程。

因此,在2000年左右,斯坦诺维奇首先提出了"双系统理论"(dual-system),他认为人类的心智加工存在系统1、系统2两个不同过程。斯坦诺维奇的"双系统理论"又启发了2002年诺贝尔经济学奖得主、认知心理学家卡尼曼。卡尼曼不仅在诺奖演讲中提及斯坦诺维奇的贡献,还将斯坦诺维奇与埃文斯提出的这一理论作为其2011年出版图书《思考,快与慢》的标题与图书架构。卡尼曼在《思考,快与慢》中写道:

基思·斯坦诺维奇与其长期合作者理查德·韦斯特(Richard West)首先提出了系统1和系统2这两个术语(他们现在更喜欢将其称为第1类型过程和第2类型过程)。斯坦诺维奇和他的同事用了几十年的时间来研究不同个体面对各种问题时的不同反应,这也是本书所关注的问题。

他们用多种不同的方式问受试者同一个基本问题:为什么有些人比其他人更容易受判断成见的影响?斯坦诺维奇在《理性与反省心智》

（*Rationality and Reflective Mind*）一书中阐明了他的观点，对书中相关章节的主题进行了大胆而独到的论述。他对系统2的两个部分做了明确区分，这一区分十分明显，斯坦诺维奇称其为泾渭分明的两种"思维"。

其中一种思维（他称其为算法）负责的是慢思考和要求很高的计算活动。有些人在这些脑力活动中比他人做得更好，他们在智力测验中超越他人，并且在从一项任务转换到另一项任务上时，他们往往更快、更高效。不过，斯坦诺维奇认为，高智商并不能消除成见。要想消除成见，还需具备另一种能力，他称其为理性。斯坦诺维奇对理性之人的定义和我之前说到的"勤快人"有相似之处。他的核心观点是我们应当将理性和智力区分开来。在他看来，肤浅的或者惰性思考是一个反思缺陷，是一个理性错误。这是个引人注目且发人深省的想法。为了论证自己的想法，斯坦诺维奇和他的同事们发现，在某种情况下，球拍和球的问题以及其他此类问题比传统的智力测验（比如智商测试）更能反映出我们对认知错误的敏感度。关于智力和理性之间的区别是否会引出更多的新发现，时间最终会告知我们答案。

《思考，快与慢》的不少中国读者没有注意到这段话，甚至部分读者以为双系统理论是卡尼曼的贡献，其实不然。它来自斯坦诺维奇与埃文斯。尤其是英国认知科学家埃文斯，少为人知。但是实际上，他才是最初原创者，早在1989年，埃文斯便发表了相关的论文与著述。

正如卡尼曼上文中提及的肯定被人忽略的要点："他们现在更喜欢将其称为第1类型过程和第2类型过程。"近些年来，斯坦诺维奇与埃文斯等合作的论文，否定了通过卡尼曼畅销书《思考，快与慢》的宣传而广为人知的"双系统理论"，而更倾向于使用"双过程理论"（dual-process）描述人类大脑工作的两种不同进程。为什么要否定自己提出的双系统呢？

因为系统1、系统2的区分,容易给读者造成一个错觉,以为人们的大脑真的存在两种不同的生理区域。然而,它们仅仅是加工机制而已,所以斯坦诺维奇现在更倾向于使用进程1(Type 1 Process)、进程2(Type 2 Process)㊀来描述我们人类大脑存在的两个进程:快与慢。1

- 在快的心智处理进程,我们调用的认知资源非常少,像个猛张飞。猛张飞常常情绪化,依赖直觉,见多识广又很会联想,擅长编故事,经常下意识做出反应,但很容易被骗,以为亲眼所见就是事情全貌,任由损失厌恶和乐观偏见之类的错觉引导我们做出错误的选择。

- 在慢的心智处理进程,我们想得多一些,调用的认知资源也更多,像个诸葛亮。诸葛亮动作比较慢、擅长逻辑分析,猛张飞搞不定的问题,都丢给他来处理。他虽然不易出错却很懒惰,经常走捷径,直接采纳猛张飞的判断结果。

这,就是斯坦诺维奇提出的人类心智"双过程理论"(见表0-1)。

表 0-1

名称	进程1(直觉的)	进程2(反省的)
定义	无须工作记忆介入	需要工作记忆介入
典型特征	快速;大容量;并行无意识;偏差反应;联想;情境化;自动化;经验性决策;独立于认知能力	慢速;容量有限;串行有意识;规范化反应;基于规则;抽象;受约束;结果性决策;与认知能力相关
进化模式	进化早;类似于动物认知;内隐知识;基本情绪	进化晚;明显的人类认知;外显知识;复杂情绪

自主心智、算法心智与反省心智

卡尼曼问道:"关于智力和理性之间的区别是否会引出更多的新发

㊀ 正文中译为"类型一加工"和"类型二加工"。

现，时间最终会告知我们答案。"这个答案已在斯坦诺维奇的理性三部曲中揭晓。

它就是斯坦诺维奇提出的人类心智的"三重心智模型"。

1. 自主心智

正如前文所述，我们知道可以将人类的心智区分为进程1、进程2两种。斯坦诺维奇将进程1称为自主心智（autonomous mind），自主心智是我们通过进化与内隐学习习得的。比如，我们看到蛇就会害怕，不同民族或不同文化对女性的择偶偏好存在一致规律，这都是因为我们虽然生活在互联网时代，但我们的大脑来自石器时代。

除了来自进化习得的适应性组块，自主心智还包括情感化反应、学习习得的自动化反应与条件化反应等。举个例子，一旦学会骑自行车，就终身难忘，变为本能，这就是后天习得的自动化反应。

2. 算法心智

进程2是传统智力研究的重心。它与进程1最大的区别是需要工作记忆介入。什么是工作记忆？你可以将人类大脑想象为一个简化的输入输出装置。制约这个装置输入输出速率的是工作记忆，它是人类所有能力，包括阅读速度、记忆、注意、执行功能的瓶颈。这个瓶颈受制于人类进化早期出现的前额皮层。因为工作记忆的瓶颈，导致进程2是个"慢慢想，仔细计算"的过程。

在智力研究领域，目前集大成的是1997年诞生、影响至今的CHC理论，强调一般智力（G因素）的重要性，将人的智力分为流体智力与晶体智力两种。流体智力更多受制于先天习得因素，包括记忆、处理速度、逻辑推理等核心能力；晶体智力则来自后天习得，如语言能力。其中最核心的智力元素是一般流体智力，也就是智力研究者常常称呼的大G。斯坦诺维奇将传统智力，尤其是与一般流体智力相关的认知操作过程定义为算法心智："维持认知去耦化是流体智力的重要机制。"

试看一位女士不幸死亡的例子：

场景1：一位女性沿着海边悬崖散步，她试图爬上一块巨石，然而她所爬的并不是石头，而是一道深渊的边缘，她不小心跌落巨石而死。

这位女士不幸死亡，在认知科学家看来，是由于她的算法心智出问题了，计算失误。

3. 反省心智

然而，问题来了。进程2仅仅包括流体智力与晶体智力吗？答案是，否。基于上述例子，继续来看：

场景2：一位女士试图自杀，飞身跃下海边悬崖，撞到海边巨石而死。

显然，在场景2中，这位女士的算法心智工作正常，她准确地知道自己跟悬崖的关系，也准确地知道自己行为的后果，那么，她为什么还会做这类非理性行为呢？我们不得而知。既然聪明人会做傻事，那么就意味着我们需要进一步厘清进程2，需要将理性从进程2中剥离出来，独立于传统意义上的智力。不仅仅是这位我们假设的女士会采取非理性行为，试看以下一个经典例子：

琳达31岁，单身，性格外向，哲学系毕业。在学校期间关心歧视和社会公正问题，参加过反核武器抗议示威活动。那么，她可能是？

选项有以下两个：

A. 她既是银行职员又是个女权主义者。

B. 她是个银行职员。

当询问琳达更有可能是哪一种人时,结果表明,绝大部分人认为她更像 A。虽然选项 A 出现的概率要比选项 B 出现的概率小得多。不过人们似乎认为 A 是对琳达更自然的描述,更像她的代表性特征。

这就是来自卡尼曼的经典实验"琳达问题"。多数人在这样的问题上,都会回答错误,只有少数回答正确,而这跟他们的智力测验成绩无关。同样,认知科学研究发现大量类似"琳达问题"这样的认知偏差。试看另一个经典例子:

杰克正看着安妮,而安妮正看着乔治。杰克已婚,乔治未婚。请问是否有一位已婚人士正看着一位未婚人士?

A. 是。

B. 不是。

C. 无法确定。

你会选择哪个答案? A、B 还是 C ? 如果你选择的是 C,恭喜你!你是正常的人类。一定会选错的那批人。研究表明,大约有 80% 的人会选 C。最后,再看一个类似例子:

球和球拍的总价是 1.1 美元,已知球拍比球贵 1 美元。请问球的价格是多少?

如果你脱口而出的答案是 0.1 美元,恭喜你,你又一次答错了! 而上述题目,研究者发现,即使是就读于麻省理工学院、哈佛大学等顶尖学府的学生,都会答错。大脑总是个认知吝啬鬼,能省就省。这就意味着我们需要将进程 2 继续拆分为算法心智与反省心智。除了那类偏计算的算法心智外，斯坦诺维奇将这类对人类心智过程进行监控、帮助执行决策与判断的人类心智加工过程称为反省心智（reflective mind）。

斯坦诺维奇注意到传统智力理论作为考察人类认知能力的理论，缺失了两种人类心智运作机制：自主心智与反省心智。因此，斯坦诺维奇重新定义人类的认知能力，将其分成自主心智、算法心智与反省心智三种。这就是斯坦诺维奇的三重心智模型。其中：

- 自主心智来自进程1，同时受到进化与内隐学习影响，比如看到蛇就会害怕，或者学会骑自行车后不再需要思考。
- 算法心智与反省心智来自进程2。算法心智就是传统意义上智力测验考察的能力，比如记忆、处理速度、逻辑推理等。
- 反省心智主要指对人类心智过程进行监控，帮助执行决策与判断，如行为经济学关心的非理性偏差等。

具体如图0-1所示。

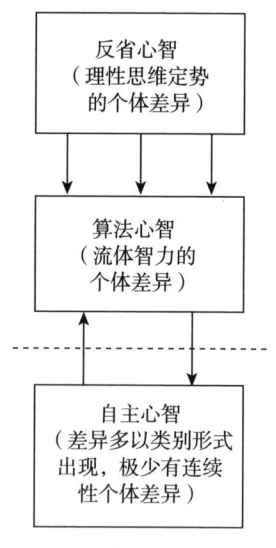

图 0-1

流体理性与晶体理性

那么，理性是否可以习得？

斯坦诺维奇的答案坚定不移：理性可以习得，甚至比智力更容易习得。

仿照智力领域的CHC理论，既然我们可以将人的智力分成流体智力与晶体智力两种，那么同样地，我们可以将人的理性分为流体理性（fluid rationality）与晶体理性（crystallized rationality）两种。

其中流体理性更多指人类大脑早期习得的模式，比如人人都是认知吝啬鬼；晶体理性更多关乎后天习得的能够增进理性的知识，比如概率知识会有助于增进我们的理性。斯坦诺维奇整理了人类最重要的 13 个流体理性，具体如下。①认知吝啬鬼；②避免自我中心偏见与准确的自我评估；③决策时缺少上下文（框架效应与锚定效应）；④信念灵活性：积极的开放性思维；⑤信仰理性与真理；⑥倾向于寻求信息、享受思考与充分处理信息；⑦客观的推理风格；⑧对矛盾的敏感：倾向于寻求信念与判断之间的一致性；⑨自我效能感；⑩审慎贴现未来（双曲线贴现）；⑪自我控制的技能；⑫良好控制情绪调节；⑬情绪调节对奖励。

既然我们的大脑会安装各种各样的心智程序，那么，有好的心智程序，也有坏的心智程序。斯坦诺维奇将能够促进人类理性的称为晶体理性促进剂（crystallized facilitators），主要包括 5 大类知识：①概率推理，如明白基线概率；②决策科学知识，如明白决策偏好；③科学推理知识，如明白自变量、因变量与控制变量，会区分相关与因果的不同等；④逻辑的一致性与有效性的规则，如明白证伪、证据的不同层级、个人经验作为证据的不足等；⑤经济思维，如明白什么是机会成本、沉没成本，什么是指数增长。

将世界最聪明的头脑汇聚在一个房间中的 Edge，曾经提过一个有意思的问题：有无数能够增进人们心智能力的科学概念，普通人最应掌握的是什么？ 答：双盲实验。《自私的基因》作者道金斯如是回答，你只需要理解其原则，领悟到为什么有必要这么做，就能感受到其优美。在这些晶体理性促进剂中，或许双盲实验是最重要的，如果每个学校都教学生做，那么会提高我们抵制坏的心智程序的能力。

同样，那些阻碍我们人类理性的心智程序，斯坦诺维奇则将其称为晶体理性抑制剂（crystallized inhibitors），主要包括 8 大类知识：①信仰超自然与迷信；②信仰直觉；③过度依赖民间智慧与民间心理学；④信仰"特殊"的专业知识；⑤金融误解；⑥屡教不改的反思（过度自信自己的反思能力）；⑦个人信念功能失调；⑧自我鼓励自我中心。

怎样才能避免大脑中被安装上这些坏的心智程序，斯坦诺维奇认为我们需要遵从以下几个规则。

（1）避免安装可能对你（宿主）产生生理伤害的心智程序，比如自残；

（2）关注影响你目标的心智程序，确保它不妨碍目标选择的多样性，比如让你只相信它的思想；

（3）关注同认识世界相关的信念和模型，努力只安装正确的心智程序，也就是真实反映世界的心智程序，比如不选择过激的价值观；

（4）避免拒绝对自身进行评估的心智程序，比如神秘主义色彩的思想。

可以说，斯坦诺维奇将人类对理性的认识提高到一个新的水准。甚至不夸张地说，他的理性三部曲著作秒杀其他一切行为经济学著作，将传统行为经济学辐射的 50 来种认知偏差，重新归类、编织为三类，用来指涉人们的理性思维水准高下，从而为我们提高理性提供了一条清晰可循的路径。斯坦诺维奇在编制一个全新的、类似智力测验的理商测验，可惜至今为止，还没编制完毕，大约 2016 年将完成此项工作。安人心智团队则在编制一个理商测验的中文版。

如果一个人有两个大脑

那么，提高人类理性的意义何在？我们可以来玩一个思想实验。

在前文中，我们指出人类工作记忆作为大脑信息处理的瓶颈，制约了人们的记忆、注意等事情。因此，研究大脑的科学家之间有个玩笑：如果神灯只能增进你的一种能力，那么就请灯神将你的工作记忆能力提高一倍。然而，如果你的工作记忆真的提高一倍，这个世界会变得更好吗？

不会。

当我们人类的智力，比如工作记忆、注意力提高了几倍，变得更强，这个世界并不会变得更好，因为如果一个人有两个大脑——

那么，它只会加倍愚蠢。

当你的能力提高了一倍，那时如果你不具备理性思维，你犯错的概率也将伴随增加，给人类造成的社会危害也越大。正如常常为纳粹辩护、高呼希特勒万岁的海德格尔，他是举世闻名的思想家；又如精通文字的著名诗人庞德，在第二次世界大战期间专注于通过意大利广播为法西斯宣传；第二次世界大战后纽伦堡大审判，绝大多数纳粹战犯的智商高于 125 分，最终策划大屠杀的 14 人中，有 8 人拥有博士学位。

这就是认知科学历史上著名的 IQ 之辩。认知心理学家乔纳森·巴伦（Jonathan Baron）在 1985 年的著作中介绍了上述思想实验。巴伦让我们设想一下，如果能给每个人服用一种无害的、又能增加他们的算法心智的药，结果会怎样呢？从人类幸福感角度来看，发生戏剧性变化的可能性很小。你不可能在服药后的第 2 天就能更好地实现自己的愿望，很可能依然重复昨日的事情，只不过效率更高。

通过上述思想实验，可以再次强调："如果一个人有两个大脑——那么，它只会加倍愚蠢。"荷兰学者范博克塞尔甚至整理了一本图书，叫作《痴愚百科全书》，记录了人类生活中各式各样的痴愚。

对于身处信息大爆炸时代的人类来说，理性更具备非凡意义。随着进化心理学的流行，人们普遍意识到我们携带着石器时代大脑生活在互联网时代。不过，人们并没有普遍意识到，大脑刻下3个历史时期印记，分别是：

- A周期：数百万年，从600万年前人类与猿人分离后到200万年的更新世；
- B周期：数万年，符号语言诞生后到现代科学诞生前夕的数万年；
- C周期：数百年，近代科学诞生后的数百年。

在不同历史周期，人类各种认知能力发育不平衡。在A周期，选择贫乏、忙于狩猎的男人与忙于采集的女人，需要大幅度改善视觉听觉与记忆，调整身体各个部位，比如让喉咙处于咽部下方，为语言诞生做好准备，此时更多习得与强调记忆、注意力等智力元素。在B周期，我们选择权多了一点，此时已诞生符号语言，主要习得与强调经验和学习。有的人作为奴隶或佃农，通过积累捕猎、种地等经验，扩大生存权；有的人则拥有丰富的文字能力与特殊专长，伴随而来的是相应的生存特权。在C周期，身处信息爆炸时代，新学科层出不穷，需要更频繁地从一个领域切换到另一个领域，此时，反省心智隆重登场，即使是普通大众，也需要提升理性。

小结

河岸边上，树木交错；花草覆盖，鸟鸣林间；昆虫畅快飞舞，蠕虫缓缓爬过湿润的土地。生命以此观之，何其壮哉！达尔文在《物种起源》中如是结尾。人之为人，正是因为我们同时具备一颗三心二意的大脑：自主心智、算法心智与反省心智。你，我，你我的祖先，一代又一代行走在理性崖边的钢丝绳上。那些人类中的最杰出人士，总在让整个人类的理性多一点点。

感谢你,斯坦诺维奇。

记忆犹新,欢乐忧愁,人生舞台,理性相随。祝福你,亲爱的读者。

阳志平,安人心智董事长,"心智工具箱"公众号作者

译者序

金融业的朋友告诉我，2015年6月的中国股市将会被载入史册，急涨急跌的大盘指数划出了一条锐利的深V线，如一把尖刀，刺入无数股市投资者的心尖儿。我不炒股，但最近总是能及时得知股票市场动向，随手一刷朋友圈微信群，就有各种"股评专家"大谈市场形势。有那么一段时间，好像所有人都在躺着赚钱。设计师、公司白领、生物学家、公务员、大学生……各行各业的朋友都不甘落后地持币入市。在大家信心满满准备拥抱财富升值时，却迎来了超越想象力的下挫。

股票市场不可能人人盈利，长期盈利的投资者只占股民中很小的一部分，大多数股民都会亏损。这一观点算是常识，相信大家对此不会有异议。再者，所有股民都是抱着"我能盈利"的信念买入股票的，没有人在预见到自己定会亏损的情况下依然投资入市。为什么毫无操盘经验、缺乏金融知识的广大股民会自信地认为自己会是赚钱的"少数人"呢？是他们笨吗？不。脑筋转得不够快的人们压根儿不会想到要去炒股票。开户入市的大多是可以看懂各种趋势图、脑瓜灵活、觉得自己可以跑赢大盘的聪明人。

那么，为什么这些聪明人甘心把自己置身于极高的亏损风险中呢？

门萨俱乐部是世界上最古老、规模最大的高智商人群社团。几年前，加拿大门萨俱乐部的一份调查表明，俱乐部成员中有44%的人相信占星术、51%的人相信生命节奏、56%的人相信有外星访客。据说门萨俱乐部成员的平均智商有148，1965年获得诺贝尔物理学奖的理查德·费曼教授的智商也不过只有120。

为什么这些聪明绝顶的人会信服毫无实证支持的观念呢？

如果询问正在孕育新生命的父母："你希望宝宝出生后具有哪些特质呢？""健康、聪明"是最受欢迎的答案。健康是一个很容易定义的概念，儿科医生可以用各种精确的数字指标对"健康"二字进行量化评估。那么，聪明是什么呢？符合什么样的条件的人可以被称得上是"聪明人"呢？稍懂心理学常识的人会说："用智力测验测IQ呀，IQ高的人就是聪明人！"经过近百年的发展，智力、智商的概念已经深入人心，大众已将高智商与事业成功、生活顺利之间划上了约等号。风靡一时的"情商"概念之所以引起巨大轰动，很大程度是因为人们对智商的超高认可度，从没想到智商并不等于人类智慧的全部。然而，近些年频发的名牌高校大学生、硕士、博士生活不顺意甚至违法犯罪的新闻，让家长们心生困惑，难道聪明伶俐、入读名校不是相当于获得了人生幸福的保险券吗？

为什么这些聪明的孩子没有过上幸福的生活呢？

为什么聪明人也做蠢事？也许存在多种答案。斯坦诺维奇在本书中给出的解决方案是：理性。如果把人比喻成一辆汽车，智商好比是汽车的行驶速度，而理性则决定了行驶的方向。速度与方向，孰重孰轻？在错误的方向上急速飞驰，最终只会距离目的地渐行渐远。然而，深入人心的智力测验全然没有对理性进行评估，高智商并不等于高理性，所以"聪明人"做蠢事的现象就不足为奇了。

好消息是，斯坦诺维奇通过一系列的研究表明，理性是可以通过后天学习而得到提升的，如何学习呢？本书就是一本绝佳的入门读物。希望读罢此书的各位读者都可以成为更为理性的聪明人，能够做出盈利更多的投资决策、制定出更利于晚年幸福的养老计划、养育出更幸福的子女……

感谢安人心智科学总监阳志平的卓越洞见，将斯坦诺维奇的理性三部曲引进国内。在本书的翻译过程中得到了机械工业出版社编辑的支持，感谢你们对我"计划谬误"（详见本书第8章）的包容。本书前两章由黄子威翻译，张斌校译；卢诵典对后三章的翻译亦有贡献，一并感谢。感谢何婧、尤艺虹、张叶涵、陈琼环、阿纪对初稿的精心校对。感谢吴宝沛老师对模因相关章节提出的宝贵修改意见。最后，感谢聪哥的陪伴，帮我消化焦虑。

翻译过程虽竭尽全力，但因时间和水平有限，难免有词不达意之处。不当之处敬祈批评指正。

张斌
2015年6月30日

序言

2002年，普林斯顿大学的认知科学家丹尼尔·卡尼曼（Daniel Kahneman）凭借与阿莫斯·特沃斯基（Amos Tversky）（1996年去世）合作完成的一系列研究而获得诺贝尔经济学奖。获奖消息一经从瑞典皇家科学院传出，人们的关注点迅速聚焦于他们在"人类判断与决策的分析"领域的工作。卡尼曼的研究发现了"背离概率基本原则的启发式思维捷径对人类决策过程的影响。他们的研究激发了一大批经济和金融学者从认知心理学的视角对人类内在动机进行研究，丰富了经济学理论"。

简而言之，卡尼曼和特沃斯基研究了人类如何做出选择以及如何进行概率评估，并揭示了人类决策时常犯的典型谬误。心理学领域很多高引用、高影响力的论文都来自卡尼曼的课题组，他最终捧得诺贝尔奖可谓实至名归。卡尼曼和特沃斯基的工作之所以具有如此深远的影响力，原因之一在于他们的研究解决了有关人类理性的深层次问题。诚如诺贝尔颁奖词所说："卡尼曼和特沃斯基发现了人们在不确定情境中如何进行决策，颠覆了传统经济学理论的人类理性假设。"二人发现的思维谬误并非是在玩室内益智游戏时所犯的小错误。所谓理性，意味着为了达成人生目标所采取的最佳方式。个体若违反了经卡尼曼和特沃斯基验证的思维规则，所带来的直接实际后果就是生活不如意，错失本应取得的人生成就。

卡尼曼和特沃斯基等人研究了人类的基本认知结构为何会让人容易在判断和决策上面犯错误。不过，容易犯错并不意味着一定会犯错。每个人都可以压制自己犯推理错误的倾向，做出理性行为，人们并非一定会深陷于犯错的泥潭无法自拔。更为重要的是，个人判断和决策的错误倾向其实是存在系统化差异的。我的研究团队就致力于探索能够预测个体差异的诸多因素。

卡尼曼和特沃斯基发现个体的判断和决策能力存在系统的个体差异，这意味着与理性相关的人类认知属性也存在着个体差异，即人们达成人生目标的效率有所不同。然而，十分奇怪的是，智力测验（或是它的衍生品，比如美国的学术能力评估测验）并没有评估这些重要的思维认知属性。之所以说这种现象奇怪，是基于以下两方面的原因。第一个原因，多数非心理学专业人士认为，智力测验评估的是一个人"善于思考"（good thinking）的程度。科学家和外行普遍认为，所谓"善于思考"包括明智的判断和决策，而明智的判断有助于个人实现目标。事实上，"善于思考"是非常重要的认知属性，卡尼曼和特沃斯基对"善于思考"的研究甚至得到了诺贝尔奖的认可，但在广为流传的智力测验中却没有找到评估"善于思考"的影子。

第二个原因，当人们（包括专家和外行）谈及"智力"二字时，普遍认为智力的概念内涵包括理性。例如，很多智力概念都包含"适应性决策"（adaptive decision making）。适应性决策是理性的精华所在，但是，现行的智力测量工具与理性决策测量却没有丝毫联系。上述两个原因导致一些令人费解的现象，比如，"聪明人也会做蠢事"。如果考虑到人们测量评估智力的方式，这种现象就很容易理解了。如果"聪明"意味着智力测验分数高，"蠢事"指糟糕的决策，那么，造成这种现象的原因显而易见：智力测验没有评估适应性决策能力。如果你因"智商高却做蠢事"现象而感到惊讶，就说明你骨子里默认所有优秀的心理属性都伴随着高智商一起出现。比如说，理性思维一定与高智商共存。不过，学者们的研究结果不断对这个假设提出质疑。卡尼曼和特沃斯基的研究发现，理性思维技能与智力测验成绩之间只有小到中等强度的相关性。这种低相关性不足为奇，因为智力测验压根儿没有对理性思维技能进行评估。

在本书中，我将重点讨论智力测验中是否应该同时测量理性。判断和决策技巧，即理性思维能力，其重要性至少与智力测验所评估的那些认知属性不相上下。与智力相似，理性思维技能也关系到现实生活中目标的达成。但是，整个社会对理性的重视程度极为不足，既没有开设相关的教学课程，也没有给予充分的重视。我们一直在使用智力测验的衍生品作为教育机构的选材工具，从学前班到研究生入学考试都是如此。不仅如此，公司和军队也相当重视智商类评估工具。人们在智力方面倾注了大量的心血和努力（提高智力、赞扬高智商、为低智商而担忧等），但是，如果忽视了另一类能够带来同等社会后果的心理技能，在智力方面投入再多的精力也无济于事。

卡尼曼和特沃斯基所研究的思维技能，可转化为直接影响人类幸福和主观满意度的行为，他们与智力测验所评估的认知技能同样重要。作为一种认知功能评估工具，智力测验极为不完整。鉴于智力测验的影响力，它为心理学家和外行界定了何为重要的认知特征，毋庸置疑，现行智力测验所评估的能力固然重要，但是，它也将很多重要能力划出了其测量范围。

在这里，我们暂且不去寻找那些在非认知领域被智力测验落下的重要能力，比如情绪智力或是社会智力，那样对智力测验未免太过苛责。单单在认知领域中看，智力测验缺失了对判断和决策技能的评估部分，而这些正是理性思维和行为的认知基础。

这本书深入讨论了行为科学领域中极具讽刺意味的一桩历史性事件带来的科学和社会性后果，即获得诺贝尔奖认可的认知特征，却被行为科学领域最广为人知的心理评估工具——智力测验完全忽视了。

致谢

这本书的撰写欠下了很多智力债,这一点从书末引用的大量参考文献可见一斑。尽管无法一一致谢,但我还是希望借此机会感谢对我产生过巨大影响的几位学者。几十年前,丹尼尔·卡尼曼和阿莫斯·特沃斯基的研究激发了我对"理性思维任务"这一当时新兴研究领域的兴趣。之后,在乔纳森·埃文斯(Jonathan Evans)和大卫·奥韦尔(David Over)的研究激励下,我有幸对双重加工理论做出了些许原创性贡献。一直以来,我非常钦佩乔纳森·巴伦使用启发法和偏差研究对公共政策事务进行的分析与阐释,亦感谢大卫·帕金斯(David Perkins)提出了"心智程序"(mindware)的概念,我在本书中多次使用了这一概念。罗伯特·斯滕伯格(Robert Sternberg)的研究对我在认知功能个体差异问题上的立场产生了深远的影响。本书中有好几个章节的核心观点都受到了斯滕伯格的理论和实证研究的启发。虽然我们在某些观点上存在分歧,不过,我非常感激于他在智力结构领域多年的不懈探索,并于十几年前愿意将我所提出的理性障碍概念融入他的理论中。

感谢我的代理人苏珊·阿雷拉诺（Susan Arellano）的耐心，她帮助我确定了本书的主题。在她的鼎力协助下，我得以确定本书的主题和分论点。感谢耶鲁大学出版社的编辑基思·康登（Keith Condon）对本书所倾注的热情，并就本书结构提出了重要建议。感谢苏珊·莱蒂（Susan Laity）对稿件的编辑，以及凯瑟琳·朔伊尔（Katherine Scheuer）完成了优秀的修改编辑工作。

本书是在若干个风光俊美的地方完成的，包括：我那可以俯瞰多伦多市中心和安大略湖的九楼办公室；可以远眺大西洋的康沃尔圣艾夫斯；毗邻太平洋的俄勒冈海岸。在写作过程中，我有幸得到两位挚友亲朋的相伴，他们是理查德·韦斯特（Richard West）和葆拉·斯坦诺维奇（Paula Stanovich）。理查德与我共事30余年，他在本书的撰写过程中不断给予各种反馈。葆拉是本书背后的明星，正因她悉心打点好我们的生活，才使得本书的出版成为可能。

杜伦大学的大卫·奥韦尔、约克大学的玛吉·托普莱克（Maggie Toplak）以及一名匿名评审人阅读了书稿并提出了宝贵的修改建议。感谢三场学术会议让我有机会详细地报告我的观点，它们是：在英国杜伦召开的第四届国际思维大会；由乔纳森·埃文斯和基思·弗兰克斯（Keith Frankish）于英国剑桥组织召开的推理与理性的双重加工理论研讨会；由蒂姆·威尔逊（Tim Wilson）和乔纳森·埃文斯于弗吉尼亚大学组织召开的双重加工理论工作坊。

在本书撰写期间，我所在学校的系主任珍妮特·艾斯汀顿（Janet Astington）和艾斯特·杰瓦（Esther Geva），院长迈克·富兰（Michael Fullan）和简·加斯克尔（Jane Gaskell）为本书提供了诸多行政事务方面的支持。商务文员玛丽·马尔西（Mary Marci）和我的秘书黛安娜·鲁宾逊（Diana Robinson）、马里萨·弗莱雷（Marisa Freire）的努力工作满足了我在技术和后勤方面的需求。本书中讨论的很多实证研究得到了加拿大社会科学和人文研究委员会的支持。玛丽莲·可拓依（Marilyn Kertoy）和安妮·坎宁安（Anne Cunningham）一直担当我私人智囊团的角色。

在斯坦诺维奇－韦斯特实验室（多伦多大学和詹姆斯－麦迪逊大学的联合实验室）过去10年中学习工作过的多数成员都为本书做出了卓越贡献，其中的佼佼者已顺利开始了他们的博士后生涯，他们是卡罗琳·霍（Caroline Ho）、罗宾·麦克弗森（Robyn MacPherson）、沃尔特·萨（Walter Sá）和玛吉·托普莱克。我还要感谢玛丽亚·格鲁尼沃尔德（Maria Grunewald）、卡罗尔·凯利（Carol Kelly）、朱迪·考吉斯（Judi Kokis）、埃莉诺·刘（Eleanor Liu）、鲁思·梅泽夫（Ruth Meserve）、劳拉·佩奇（Laura Page）、乔治·波特沃罗沃兹（George Potworowski）、贾森·里斯（Jason Riis）、雷切尔·赖尔森（Rachel Ryerson）、罗宾·西德胡（Robin Sidhu）、罗恩·斯特林格（Ron Stringer）、丽贝卡·韦尔斯－乔普林（Rebecca Wells-Jopling）和琼·沃尔弗斯（Joan Wolforth）。

第一部分

理性之心

想要过上更好的生活,达成人生的目标,拥有高智力还不够,还要拥有高理性。个体如果出现理性障碍,直接实际后果就是生活不如意,错失本应取得的人生成就。智力测验并没有测量理性,这就是聪明人会做蠢事的原因:所谓的"聪明"仅仅是高智力,而非高理性。

人类存在两种信息加工机制:快与慢。快的类型一加工包括自主心智,慢的类型二加工包括算法心智和反省心智。算法心智就是传统的智力,而反省心智就是理性思维。

第 1 章

乔治·布什的心智：
有关智力测验缺失什么的线索

> 我不是很擅长分析。你知道的，我并没有花很多时间自省，并思考自己做事的原因。
>
> —— 乔治 W. 布什总统于空军一号，2003 年 6 月 4 日

多年来，关于乔治 W. 布什的智力高低一直存在争议。他的不少反对者似乎从不疲于指出他的心理缺陷。总统用语杂糅、措辞不当（"现在有太多的好医生失业，有太多的妇产科医生没法对全国的妇女施行他们的爱。——2004 年 9 月 6 日"），以及对众多问题缺乏了解，都被他的反对者当作把柄，证明他真是智力低下。就算是其支持者做出的辩解,也常有意无意地同意这个观点,说他虽"学业聪明"（school smart）不够，但用"街头智慧"（street smart）补足。因此，当总统多年来大学考试成绩以及三军资格测验分数被转换为智商分数后，让不少人大跌眼镜。总统的智商在 120 左右——用同一个公式去转换其 2004 年总统竞选的对手约翰·克里（John Kerry）年少时的考试成绩，结果与此不相上下[1]。

这个结果使很多总统的批评者（以及支持者）大为吃惊，而我

作为一名研究认知能力个体差异的科学家,却丝毫不感到意外。几乎所有对总统的认知能力发表过评论的人,都认为布什的思维能力多少有点不尽如人意,这其中包括过去为他撰写演讲稿的戴维·弗鲁姆(David Frum),他可是布什的忠实拥趸。这些批评者的错误在于,他们假定所有的智力缺陷都能从低智商分数上体现出来。

尽管弗鲁姆对总统的描述总体而言算是积极,但还是提到"他不太有耐心,容易动怒;有时说话没有经过仔细考虑,非常武断;对事物缺乏好奇心,常表现得一问三不知"。保守派评论家乔治·威尔同意上述说法,提到总统在任命最高法院法官时"既无意愿也无能力对诠释宪法的对立观点做出明智的判断"。

简而言之,大家都同意布什总统的思维多少有点问题:怠于思考、缺乏认知弹性、闭合需要、信念固着、确信偏差、过度自信以及对前后矛盾不敏感。这些都是心理学家研究过,且能在一定程度上进行测量的认知特征。另外,这些特征也是智力测验没有触及的思维风格的典型例证。因此,一个人有上述各种认知缺陷,与此同时仍有着相对较高的智商,两者同时出现并不值得大惊小怪。

布什的认知缺陷虽没有影响到他在智力测验上的表现,但是削弱了他做出理性决策的能力。这些认知缺陷是"理性障碍"(dysrationalia,类比"阅读障碍",dyslexia)的根源。我于20世纪90年代造了这个词,用以引起人们去注意智力测验的不足。我把理性障碍定义为:尽管具有足够的智力,却缺乏理性思考和行动的能力。因此,总统并非不聪明,而是很可能患有理性障碍。

总统先生并非个案。许多智力在平均值以上的聪明人,都表现出了理性思考或行为的系统性缺失。人们或多或少会表现出一些理性障碍的原因是:我们因种种缘由,过于看重智力测验所测量的那些思考能力,而看轻其他至关重要的认知机能,比如理性思考的能力。

虽然很多人说，理性思考能力是高智力的标志性特征，然而，标准智力测验却没有评估认知科学家所定义的理性思考。理性思考，意味着树立恰当的目标，基于目标和信念采取恰当的行动，以及持有与可得证据相符合的信念。虽然智力测验评估了人们在面对使人分心的事物时，专注于当前目标的能力，然而，它并没有测量人们是否具有制定理性目标的能力倾向。类似地，智力测验评估了个体将信念储存于短时记忆，并对其进行操控的能力，却完全没有评估个体根据已有证据形成理性信念的能力。再者，也是相似的逻辑，智力测验能够测量个体加工给定信息的有效性，但却没有评估个体在自然环境中收集信息时是不是一个好的信息评估者。

考虑到智力测验只能测量到人们所需思维能力的一小部分，它们所拥有的权力着实让人惊叹。在很大程度上，智力测验决定着数百万美国人的学术和职业生涯。尽管大学招生办不敢公开承认，但是，他们所依靠的指标只不过是智商分数的替代物。SAT曾多次改名（从学术成就测验，到学术能力测验，再到学术评估测验，到最后仅简单地采用字母SAT），但无论怎么改，都意在掩饰一个基本事实——它是智力测验的替身[2]。法学院、商学院和医学院的状况都与之相似，其入学评估的工具，往往只是智力测验的替代物。富人社区的儿童能否入读专属幼儿园，取决于他们的智力测验分数；大一点的儿童是否能够进入尖子班，也靠智力分数来评判；公司和军队同样依赖伪装的智力测验作为测评和筛选的工具。就连美国国家橄榄球联盟，在选择未来的中卫时，也要用智力测验作为评估工具[3]。

给予智力一定程度的关注是必需的，然而，忽略另一种至少同样重要的能力——维持理性思考和行动的能力是不合理的。当非理性思维所带来的严重社会后果显而易见，整个社会却仍执着于测量智力而忽视理性时，这显得非常滑稽。然而奇怪的是，我发现要给予其他心理能力与智力同等重要地位的这种想法，却面临巨大的阻力。比如，当我在讲座中谈到，社会过分重视诸如智力这样的心理特征而低估了理性等其他特征时，就总会有听众反问："好吧，可是你愿意让一个智商只有92的医生来做手术吗？"

第1章　乔治·布什的心智：
有关智力测验缺失什么的线索

我的回答是，很可能不——可是，我同样不愿意让一个理性商数（简称"理商"，rationality quotient，RQ）93 的人做法官，一个理商 91 的人领导立法，一个理商 76 的人用我的退休基金投资，一个理商 94 的人帮我卖房，一个理商 83 的人在我孩子的学校做指导员。

当然，我们现在只有智力商数（IQ），没有理性商数（RQ），这在某种程度上解释了为什么相对于其他同等重要的认知机能，智商得到如此多的重视。在这个社会，能测量什么，什么就有价值。不过，要是我们能反过来呢？要是我们真的发明出理性测试呢？事实上，正如我会在这本书里所讨论的，我们现在已经有足够的知识储备，理论上已经可以像测量智力那样可以系统地测量理性。心理测评公司并没有出版韦氏理性量表或者斯坦福理性测试这类东西。关键在于，采用与当下智力测验同样的标准（诸如测量的信度、能预测相关行为等心理测量标准），我们可以做出类似的东西。如果不是因为职业惰性，以及心理学家在智商概念上已作的投入，我们完全可以从明天开始正式地测量理性思考能力、关注理性教育，并对环境进行重新设计，以减小非理性思维的代价。

30 年前，我们对智力的了解远远多于对理性思维的了解，但由于近年来学者们在行为决策论、认知科学和相关心理学领域的杰出工作，这种失衡已逐渐得以纠正。近 20 年来，认知科学家发展出一系列测量理性思维倾向的实验室任务和现实表现指标，比如目标排序的合理性、反思性、证据的恰当校正能力。研究发现，人们在这些指标上存在个体差异，这些加工过程也被认为是不同于智力测验所触及的认知操作。有意思的是，一些智商非常高的人，其理性思考能力却相当弱。

这本书不谈什么

行文至此，读者们也许会期望我揭晓本书的主旨是探讨情绪的重要性（所谓情绪智力），或者是社交能力的重要性（所谓社交智力），或是创造力，或是其他非认知范畴特征的重要性。还有一些读者也许会期待我说：智力测验所测量的能力压根不重要；或者说智力有很多不同的种类；或者每个人都是聪明的，只是聪明的方式不一样。

事实上，以上话题全都不在我的讨论范围之内。在本书中，我偶尔还会说一些跟上述观点完全相反的内容。首先，这本书与社交或情绪技巧无关。由于我在本章的前面部分对标准智力测验的全面性提出了质疑，也许有人以为我要强调非认知的领域。这确实是人们在批评标准智力测验所测得的智力时最常用的策略。这些批评者指出，智力测验未能对许多基本的心理功能进行测量。比如，很多非认知领域的功能，像社会情绪能力、动机、同理心、人际交往能力等，几乎完全不在认知能力测验的评估范畴。然而，智力测验的批评者往往持有一个不言自明的假设：虽然智力测验没有对那些重要的非认知领域进行测量，但是它已评估了几乎所有重要的认知能力。我所要质疑的正是这个假设。实际上，传统的智力测验漏掉了对很多关键的认知领域的评估，包括思维。其中一些被遗漏的思维领域，与人们在重要时刻做出最佳决策的能力有关。

简而言之，我们没有必要在认知领域以外寻找智力测验所缺失的内容。我说智力测验所测量的认知能力遗漏了些什么，意思并非要像很多流行读物所说的那样，要"全面抛弃"对智力的传统看法。按照时髦的说法，智力与真实生活无关，又或智力测验只是书呆子的游戏，然而，多年来的心理学研究并不同意这类观点。智力测验不单测量真实的认知能力，并且与生活息息相关。

事实上，从我们日常交流中使用智力一词的方式，可以看出我们完全没有把它当儿戏。我们说一个人"聪颖"、"伶俐"或"机灵"时，显然不是在谈论社交或情绪特质。当使用这些词时，所表达的态度毫无例外是积极的。日常交流里用到的"聪颖"、"伶俐"、"机灵"这些词，其实非常准确地反映出了标准智力测验所测量的特质（心理学文献中称之为流体智力）。在鸡尾酒会上公然赞许某个人的智商，也许并不是一种政治正确的做法，但是，这场宴会上的所有父母都希望自己的孩子拥有高智商这项特质。当孩子患有行为/认知缺陷的时候，父母往往很难接受"低智商"的诊断[4]。简而言之，我们对智力似乎有着非常混乱的看法，私底下对它异常重视，公开场合却不愿意承认。

困惑于布什智力的缘由

这里要强调的是，总统的拥护者与批评者都惊诧于他的高智商分数。与批评者一样，拥护者并不期望他能在这些测试中取得好成绩。因此，双方都为这些测验到底测量了什么和没测量什么感到困惑。批评者认为，布什的行动欠缺理性会带来灾难后果。他们似乎认为这些导致灾难性行为的劣质思维方式能够通过标准智力测验表现出来，否则他们也不会因他的高分感到惊讶。因此，布什的批评者一定认为，智力测验能够对它们其实并没有涉及的心理能力（理性思维倾向）进行评估。

与此相反，布什的支持者虽赞同其行动，却也承认他缺乏"学业聪明"，更多是有"街头智慧"或是常识。假定他的"学业聪明"低，进一步假定智力测验只能反映出"学业聪明"，因而支持者也同样为总统的高分而感到惊讶。所以，支持者遗漏了这一事实——布什精于测试中所评估的一些特质。支持者假定这些测试所测的只是琐碎的、与现实无关的"学业聪明"（比如"谁是《哈姆雷特》的作者？"），因此他们完全料不到这些测试居然会测出对布什有利的特质。出于与批评者不一样的原因，支持者也十分困惑于这类测试到底测量了什么，没有测量什么。

人们不仅为智力测试测量了和没测量的内容而感到困惑，人们对智力概念本身也存有疑问。智力一词的民间语言（日常用法）是如此混乱又自相矛盾，独具一格地融合了各种不一致的术语、带有政治意味的用法，同时又没能吸收科学所发现的人类认知能力的本质。我创造"理性障碍"一词，正是意在帮助厘清这样一种混乱的状况。

需要指明的是，说到理性障碍，我最先想到的例子其实并不是布什总统，他的案例并不是最典型的。理性障碍指的是智力水平较高，但却无法理性地思考和行动。人们会因布什的智力测验成绩而感到诧异，而在典型的理性障碍案例中，人们不会怀疑被讨论对象的智力高低。那些看起来非常聪明的人却做出非常不理智的行为，让我们感到震惊且无从解释。这才是最典型的理性障碍例子。

下一章，我将会讨论一些更具代表性的理性障碍案例，并对我们为何不该认为这是罕有之事进行解释。我们会因理性障碍案例而感到惊讶，这正说明了我们对于什么是智力以及智力测验的评估内容究竟是什么存有疑惑，也说明我们因过于崇尚智力而低估了人类的理性。

第 2 章

理性障碍：

理性与智力的分离

> 理性使我们获取更多的知识，使我们能够更好地控制行为、情绪以及掌控世界。它使人能够改造自我，进而从实际及象征意义上超越动物的状态。
>
> ——罗伯特·诺奇克，《合理性的本质》，1999

约翰·阿伦·保罗斯（John Allen Paulos）是个聪明人。他是天普大学的数学教授，写过多本畅销书，比如《数盲》。保罗斯教授能在任何现有的智力测验中取得优异成绩，然而他却做了一件非常愚蠢的事情——事实上，是一连串蠢事。事件伊始，也许算不上愚蠢：2000 年年初，保罗斯教授以每股 47 美元的价格买入世通（WorldCom）公司股票。

不管这个购买行为是好是坏，当该股票在那年末跌到每股 30 美元时，他还继续买入，这种做法就非常不明智了。保罗斯在《数学家妙谈股市》(*A Mathematician Plays the Stock Market*)一书中告诉我们，那时候长途通信行业的产能过剩问题已愈发明显。他承认自己"找遍有关股市利好的消息、角度和分析"，同时"回避所有不乐观的迹象"，并坦诚其"购买行为并非都是理性的"。

当股票于2000年10月跌至每股20美元，越来越多迹象表明该卖出而非买入（"我的大脑与嘉信网上账号的购买按钮之间，明显是出现了接触问题"）时，他的继续购买行为（"尽管心里明白，我还是买了更多"）就显得愈加非理性了。随着事态的不断恶化，保罗斯向妻子坦诚自己在用保证金买股票（等于用借来的钱买）。保罗斯在股票跌过一半后孤注一掷，给世通的首席执行官写邮件（说乐意为其写文案，把公司"最好一面"介绍给投资界），以求重获对事态的控制。

2001年年末，保罗斯教授甚至无法忍受超过一小时不去查看股票价格。2002年4月，他仍坚信只要在股票走低时继续买入，一旦回涨他就能挽回之前的部分损失。当股票价值5美元时他还继续购买，而股票于4月19日涨到7美元，他总算下决心卖出。可是那天恰逢周五，还没等他从北新泽西上完课回到家，就已经休市了。到下周一，股价再次跌了1/3，他终于决定结束这场磨难，忍受着巨大损失卖出了所有股票。世通在做假账的消息被披露出来之后，最终以9美分的股价倒闭。保罗斯在他那本引人入胜的书里，对那些使他违背了所有健康投资策略（比如分散投资）的心理状态进行了反思。他并不介意告诉我们，作为一个聪明人，他的行为非常愚蠢（他说，"即使到了现在，一想到股票我就会发疯"）。

与保罗斯的故事相比，大卫·丹比（David Denby）的故事只能是更加离奇。丹比也非常聪明，他是《纽约客》杂志特约撰稿人及电影评论家，写过一本倍受好评的书——《伟大的书》（*Great Books*）。他在纽约有间豪华公寓，并且希望在离婚后继续拥有它，这意味着他需要从前妻手中把产权买过来。只可惜当时的价格实在难以承受。公寓当时价值140万美元，外加其他一大堆纠纷需要处理，丹比的资金捉襟见肘，于是他决定投身股票市场，希望在2000年通过炒股票赚上100万美元。这样的做法合乎情理，对吗？像是一个明智的人会做出的决策，是不是？

第 2 章 理性障碍：
理性与智力的分离

丹比在他的《美国蠢蛋》(American Sucker)一书中告诉我们，他于1999年年末至2000年年初将所有保守的投资变现（指数基金、债券和保单），改投科技基金和互联网股票。他把全部的退休金都投到一只基金，而这只基金专投那些在纳斯达克上市、波动很大的公司。记住，这全都发生在1999年年末至2000年年初（纳斯达克指数于2000年3月达到顶峰，超过5 000点——而2004年5月则跌破2 000点，直至2007年5月仍低于3 000点）。他做了这些事之后，回过头却说"其实我是个门外汉，对股市只知皮毛，对通信行业一窍不通……我非常清楚当下的繁荣很大程度上不过是单纯的欲望驱使，至少互联网领域确实如此……可是，最后还是希望战胜了怀疑"。2000～2001年，他持续买入拥有特定商业"模式"的公司，而不理会公司收入、销售额或利润这些指标。

开始时，丹比算是成功的。后来，曾经有些人明确提醒他卖出，甚至有些市场狂热者也劝他"抛出部分持仓"，因为这些股票涨得太过疯狂，股价远远被高估了。然而，他却选择了无视这些警告。当时，沃顿商学院的投资专家警告他，纳斯达克指数在过去5个月涨了5倍，然而实际上这些公司的收入预测并无显著变化。他清楚地知道该警告言之有理，却又任性地忽视了这样的警告。开始的成功只维持了很短一段时间。丹比告诉我们，在2002年10月，面对着90万美元的损失，他不断地问自己一个问题："2000年的时候我疯了吗？"

大卫·丹比和约翰·阿伦·保罗斯都在一段较长的时间内，不断地做出带来了灾难性后果的行为。不管是语言认知能力（丹比）还是数学认知能力（保罗斯），似乎都没帮上什么忙。丹比和保罗斯生动地展示了什么叫聪明人做蠢事，而我们也都会因这种事而感到惊讶。我们诧异于医生在金融投机中输掉所有的积蓄，也为受过训练的科学家信仰神创论而感到震惊。我们无法理解为什么受过高等教育的专业人士会去墨西哥找赤脚医生看病，而不选择经过科学检验的医疗方法。我们迷惑于有些大学历史教授否认犹太人大屠杀，也为在高中当老师的邻居想拉我们做传销而大为吃惊。简而言之，我们认为聪明人相信荒谬之事或做出糟糕的决策是非常矛盾的事情。

事实上，我们不该因此而感到惊讶。一旦我们从当代认知科学的语境中理解这句俗话，就不会因为"聪明人做蠢事"的现象而大惊小怪了。我们常会认为这是特殊的现象，这正说明了我们用来描述心理活动的日常用语存有缺陷——而心理学家谈论诸如智力等概念的混乱方式，恰恰助长了这种缺陷的发展。

如何描述这类案例

本章开头所谈论的例子在日常用语里有许多不同的叫法。比如，罗伯特·斯滕伯格（Robert Sternberg）编过一本叫《聪明人为何也会很愚蠢》（*Why Smart People Can Be So Stupid*）的书。仔细推敲这个标题，会发现前后矛盾的地方。作为形容词的聪明，在词典里一般被定义为"思维敏捷、机灵"，或者是"具有或表现出灵敏的智力或智能"。因此，根据词典的定义，聪明的意思近似于智力水平高。斯腾伯格指出，同一本词典把愚蠢定义为"学习或理解的速度慢，智力低下"。因此，聪明人就该是智力高的，愚蠢则意味着智力欠缺，根据逻辑学中的矛盾律，一个人不能既智力高又智力低，"愚蠢的聪明人"，这种表述是逻辑不通的。

如果我们看看这些概念的次要定义，就会明白"聪明却行事愚蠢"这种表述会出现的原因。"愚蠢"一词在 Dictionary.com 的第二个定义是"易于做出不良决策或犯粗心错误"，这种表述能够削弱先前的矛盾感。如果对"笨拙"这个词加以分析，来推敲"聪明却行事笨拙"这种说法是否合理，我们也会遇上类似的情况。词典一般是把"笨拙"定义为智力好的反义词，因此再次造成了矛盾。不过，当这个词用在诸如"做出这种事到底是有多笨啊"这样的表述里，我们又会看到和愚蠢一词类似的次要定义：易于做出不良决策或犯粗心错误。看来，这些表述都选用了"愚蠢"或"笨拙"的特殊内涵，而非最常用的定义。

基于前述的原因，斯腾伯格认为对此类例子更准确的描述该是聪明人做事荒谬。哈佛大学的认知科学家戴维·帕金斯（David Perkins）则更喜欢用荒唐一词来形容这些例子[1]。一个行事荒谬的人"缺乏判断力、不讲道理、不理智、不谨慎"。这就从"愚蠢"和"笨拙"中区分出我们所希望关注的部分——做出明智（或不明智）判断的能力倾向，而与智力（敏捷思维）无关。

其实我无意在这里争论这些术语。无论我们怎么表述——"聪明却行事笨拙""聪明却做事荒唐"，还是其他——关键是要明确我们所谈论的现象：智力高的人也会采取不明智的行动，或持有毫无根据的信念。

广义与狭义智力之争

这里还有一个问题。有些人将智力（至少是部分地）定义为环境适应能力[2]。但是，根据目标做出明智决策无疑是适应环境的一部分，因此我们再次遇到了前后不一致的问题。如果我们考虑到聪明人做出荒谬决策（不能达成目标的决策）的案例，而智力又被认为是为了达成目标做出明智决策的能力，前后未免自相矛盾——聪明人不可能有做出荒谬决策的行为倾向[3]。

此处所遇到的问题是认知能力研究领域中一个长期存在争议的话题——智力的广义与狭义理论之分。智力的广义理论囊括了日常用语中智力一词所包含的各个方面（适应环境、具有智慧与创造力等），而不管已有的智力测验能否测量这些能力。狭义理论则正好相反，把智力的概念限制在已有智力测验所能测量的心理能力内，其定义源于心理测量研究、使用脑成像技术的神经生理学研究以及大脑功能障碍研究对智力一词的操作化。该定义也包括对人们在完成已有测验时的表现和认知能力指标的统计分析。一般智力（general intelligence）这一科学概念正是从狭义理论衍生而来，通常用符号 G 来表示。而在谈论流体/晶体理论的时候，则称为流体智力（fluid intelligence，Gf）和晶体智力（crystallized intelligence，Gc）。为了与当前智力研究领域所达成的共识保持一致，在这里将其称为卡特尔—霍恩—卡罗尔智力理论（简称 CHC 智力理论，Cattell/Horn/Carroll theory of intelligence）。这个理论之所以有时会被称作流体/晶体智力理论，是因为该理论认为智力测验只触及全部心智因素中的一小部分，其中又只有两种较为突出[4]。流体智力（Gf）指在不同领域（尤其是新异领域）运用推理的能力。这种能力可以通过抽象推理任务来测量，比如图像分类、瑞文测验、数列推理（比如，数列 1、4、5、8、9、12、__ 下一个数字是什么？）。晶体智力（Gc）则指通过学习积累得来的陈述性知识，可以通过词汇任务、阅读理解和一般知识测验来测量。长久以来，人们一直认为智力包括过程（Gf）与知识（Gc）两个不同的方面，而流体/晶体理论中的两种关键因素正是这种观点的具化表现。

狭义理论所采纳的操作化概念（G、Gf、Gc）在脑损伤、教育成就、认知神经科学、发展趋势和信息加工等多个领域的研究中都得到了验证，而这些概念都植根于传统智力测验所测量的心理能力。

为了方便讨论，我们把上述能力简称为 MAMBIT，即智力测验所测量的心理能力（the mental abilities measured by intelligence tests）的首字母缩写。狭义理论认为智力只是 MAMBIT，这种看法区别于广义理论的地方在于，它明确排除掉了许多广义理论所包含的内容：适应环境的能力、现实生活中的决策能力、智慧和创造力等。请注意，如果我们采用智力的狭义观点，前面讨论过的"聪明但做事笨拙"或"聪明却做事荒谬"现象就不再难以理解了，而这些现象在广义理论框架中却依然是前后矛盾的。一旦我们采纳狭义智力理论的观点，"聪明却做事荒谬"这种现象可能就会变得更为常见。为什么？很好理解。在狭义智力理论中，聪明和荒谬所指向的是不同的对象。聪明所指的是智力测验明确测量的心理机能

（MAMBIT，主要是 Gf）。MAMBIT 不包括那些使我们的行为显得笨拙、愚蠢或荒谬的特质，无法反映出我们的决策是否明智、行为是否符合规范、目标排序是否合理、思考是否全面以及能否对证据进行适当的校正。如果聪明只指向 MAMBIT，而笨拙则指向 MAMBIT 所没有包含的特质，那么与"聪明却行事笨拙"类似的表述所指的仅仅是两种相异的心理机能不协调罢了（一高一低）。

相比之下，广义智力理论在解释这一现象时遇到的问题多多。且不说如何解释这种现象，仅仅是说明白"聪明却行事笨拙"现象是什么，广义智力理论也很难做到。广义智力理论把聪明（智力）定义为适应环境的能力或做出明智决策的能力，使得聪明人不断做出荒谬行为（适应不良、判断不当或行事轻率）这样的现象无法得到解释，我们也会因此认为那些不断做出荒谬行为的聪明人其实并不如我们所想的那么聪明。

为什么人们会拒绝接受这个结论呢？为什么民间心理学不干脆抛弃"聪明人做蠢事"这种观念，单纯认为做蠢事的人不聪明就好？我猜，这是因为这些人确实在智力测试上表现优异，拥有智力测验评估的优秀特质，而民间心理学对这些心理特质非常重视。

这里要指出的是，民间心理学对智力的看法存在前后不一的地方。对民众智力观念的研究表明，人们倾向于接受广义智力理论的观点[5]。然而，人们在分析"聪明人做蠢事"现象时，也能隐约觉察到似乎有不对劲的地方。依我看，大众之所以认为这种现象值得关注，正是因为他们能够识别出 MAMBIT。当这种特质（MAMBIT）与适应性行为不协调时，人们会为此而感到惊讶，这说明非专业民众脑海中的智力理论包含所谓的 G 模型（G model），该模型认为心智机能的方方面面应该步调一致地发生变化（如果一种强，其他方面也应该强）。

一言概之，当 MAMBIT 与其他重要心智特质优劣不一致的案例出现时，民众会因此而感到惊讶，这种现象足以说明民间智力理论高估了

MAMBIT的重要性。民间智力理论把MAMBIT放到头等重要的地位，贬低了其他心理机能的重要性。一些心理学家对广义智力理论的支持，在一定程度上鼓励了这种民间智力理论的错误倾向，阻碍了其他心理机能得到应有的关注。具有讽刺意味的是，这些广义智力理论支持者的初衷，其实是想弱化"智力测验所测量部分"的重要性。然而，结果与初衷南辕北辙，他们的努力助长了MAMBIT的影响力，巩固了"智力"概念在心智领域中的霸权地位。从科研角度来说，这种策略算不上妙，与此同时，它还带来了很多负面的社会影响。

理性：缺失的元素

广义智力理论把"聪明做傻事"现象中的两种独立因素合并成了一个概念。"聪明"的部分是MAMBIT，"傻事"的部分则指向能否明智行动、合理决策以及依势而为的能力。广义理论用智力一词把这两者（MAMBIT和合理决策）混为一谈，给予MAMBIT特权地位的同时却贬低了非MAMBIT能力的价值。这都是因为MAMBIT有自己的名字（智商），能够被明确地（使用智力测验）测量，并且其上百年的历史使得每个人都对其有所耳闻。如果"傻事"的部分也有合适的称谓，能够被准确地测量，而不把它看作智力的一部分，也许就可以得到学术界和民间足够的重视了。其实，这另外的部分也不是没有名字，细数起来有一长串，比如适应性行为、明智的决策、有效的行为调控、合理的目标排序、自省能力以及证据校准。一旦其中某些特质缺失，就会造成行事荒谬、愚蠢或笨拙等后果，而这些特质正是认知科学家在探索理性思维时的研究对象。

词典中对理性的定义有些含混不清（"与推理相一致的状态或特质"），而有意贬低理性重要性的批评者则向公众散播关于理性的错误印象，把理性说成是用来解出逻辑题的技巧。相比之下，当代认知科学视阈中的理性则有着更为重要的意义[6]。

第 2 章 理性障碍：
理性与智力的分离

认知科学家把理性分成工具理性与知识理性两类。从实用角度来说，工具理性就是在有限资源（生理与心理）的前提下，一分耕耘，一分收获。说得更加学术一点，工具理性可被定义为以最优化的方式实现个人目标。经济学家与认知科学家提炼并完善了目标实现最优化的含义，提出了期望效用（expected utility）的概念。决策科学家所使用的理性决策模型，就是人们基于最大期望效用做出的选择[7]。当代决策科学的一大发现是，如果人们的偏好遵循特定的模式（谓之选择公理），那么，他们的行为应该遵循效用最大化原则，即所作所为皆是为了获得自己最渴望的事物。这也使得用认知科学的实验方法测量个体理性程度成为可能。通过测量个体行为与最优选择模式的偏离，即可获知个体非理性的程度。

理性的另一面被认知科学家称为知识理性。知识理性所关注的是个体信念与真实世界之间的一致程度[8]。知识理性与工具理性两者之间关系密切，二者之间的桥梁是对未知事件发生概率的预估。虽然许多人（错误地）认为不会解教科书上的逻辑题是一件无关紧要的事情（这就是有关理性的错误印象所带来的危害），但实际上，没有人愿意完全放弃知识理性和工具理性。所有人都希望自己的信念不会偏离现实太远，也都希望自己的行动能带来最优化的结果。

理性与MAMBIT是两个截然不同的概念。如果从狭义智力理论的角度出发，"聪明人做傻事"这一现象丝毫不存在概念上的矛盾。在广义智力观点看来（把理性硬塞到智力的概念中），"聪明人"如果做傻事，那就只能说明这人还不够聪明。然而在现实生活中，人们极不情愿承认自己或他人"智力低下"。因此，我认为接受并推广广义智力理论，并不能成功减缓MAMBIT日益被高估的趋势。我所采用的策略与广义智力理论相反。我认为应该大肆宣扬狭义智力理论的观点，以此冲击智力在人类心理机能中的霸主地位。

将理性障碍用作直觉泵

如果把智力狭义地理解成 MAMBIT，理性与智力则完全不是同一回事。因此，理性与智力相分离这样的现象并不值得大惊小怪，因为一个人很有可能智力很高但不理性，也可能非常理性但智力平凡。我在 20 世纪 90 年代初发表的两篇论文中，给这种智力和理性的严重失衡现象取了个名字，所依据的是教育心理学中关于学习障碍的基本理念：特定的认知缺陷可以用该认知能力与智力之间的水平差异来定义。在美国精神病学会发布的《精神障碍诊断与统计手册》第四次修订版（DSM-IV）对发展性阅读障碍所设的诊断标准中，我们能够一窥这种差异理念的应用。DSM-IV 对阅读障碍的诊断标准是："个体的阅读成绩大幅低于其实际年龄、智力水平及所受教育应有的水平。"在学习障碍等相关概念发展的早期，用能力/成绩差异（智力正常的前提下，特定领域的表现意外低于应有水平）来定义这些障碍的观念流传得很广。值得注意的是，差异观念包含这样一个假设，即所有好的特质都应该伴随有高智力。当高智力测验分数伴随着其他领域的糟糕表现一同出现时，则会让人感到"惊讶"，然后就会创造出一种新的障碍分类称呼这种"惊讶"。与之类似，DSM-IV 对数学障碍（有时也会称作计算障碍）的定义是："个体的数学能力大幅低于其实际年龄、智力水平及所受教育应有的水平"。

这种基于与智力测验成绩与某种能力之间差异的分类法，开创了此类障碍命名的先河。每当学者们发现一种重要的心理能力与智力水平出现分离时，就感到有强烈的使命感和义务去创造出一种新的障碍分类，对这种分离现象进行命名。我所创造的"理性障碍"（dysrationalia），也正是基于上述逻辑。我提出的理性障碍定义如下：

理性障碍是指个体在智力水平正常的情况下，无法理性地思考与行动。该定义包括个体在信念形成、判断信念一致性，以及根据目标采取行动等方面遇到困难。虽然理性障碍常会伴随其他障碍一同出现（比如，感觉机能损伤），但这些障碍并不是导致理性障碍发生的本质性原因。理性障碍的主要诊断标准是思考与行为中所表现出来的理性程度明显低于个体的智力水平（智力测验成绩）。

不难看出，理性障碍的定义无论是措辞还是概念命名，都在有意与美国学习障碍联合委员会和美国精神病学会对"障碍"的定义保持一致[9]。我这样做的目的是想把理性障碍概念用作"直觉泵"。"直觉泵"一词是由哲学家丹尼尔·丹尼特（Daniel Dennett）提出的，意指"在思维实验中通过不同变量来激发系列直觉的工具。一般而言，直觉泵并不是驱动发现创造的引擎，而是说服或教育的工具——一种使别人采用与你相同的方式思考的方法。"于我而言，理性障碍就是一个直觉泵，用来帮助人们认清理性与智力之间的差异，知晓两者之间失衡的现象并不值得惊讶。

我们为什么需要这样一个直觉泵呢？绝大多数心理学家都已意识到智力测验并没有囊括全部重要的心理机能。多数教育学家也认可这一观点。不过，我仍然认为大部分人常常会忽略这个事实。也就是说，我认为智力测验愚弄了绝大多数人——包括理应对这个问题有深入了解的心理学家。通过承认理性障碍频繁发生这一事实，相当于为与MAMBIT同等重要但不属于MAMBIT的能力创造了概念空间，即形成理性信念与采取理性行动的能力。

第 3 章

反省心智、算法心智与自主心智

> 我们的日常行为通常是不经大脑的常规习惯，但是，某些关键性的举动有时会将我们导向一个尔虞我诈、精心设计好的世界。
>
> ——丹尼尔·丹尼特，《达尔文的危险》(1995)

智力作为文化话语中的一个概念，短时间内不可能消失。这个概念理应依然存在。不过，围绕着智力展开的许多争论倒是已经开始逐渐淡出人们的视野了。十多年前，理查德·赫恩斯坦（Richard J. Herrnstein）和查尔斯·默里（Charles Murray）写了《钟形曲线》(The Bell Curve)一书，轰动一时。估计今后都不会再有第二本关于智力的书能够引起如此关注了。那时的人们还没有意识到，围绕着智力展开的激烈争论似乎已经画上了句号。关于智力的所有主要疑惑，学者都已找到了满意的答案[1]。比如，我们已经知道智力约有一半源自遗传（由基因决定），另一半源自环境；我们知道智力对于人生成就起着重要作用（这就是为什么有些人可以成为人生赢家）。但是，人的命运轨迹又不是完全由智力决定的。那些智力测验没有涉及却对个体产生重要影响的心理能力是学者近期关注的焦点。其中一些能力的缺失是导致理性障碍产生的罪魁祸首。

有些智力概念的批评者认为，智力测验如同一场游戏，测不出什么重要的东西。而另一些批评者则认为，智力概念还不至于一无是处，它的存在具有一定的价值和意义，但其实"每个人都是聪明的，只是聪明的方式不一样罢了"。以上两种说法都有失偏颇。另外，还有的批评者认为智商高低不能预测个体在现实世界中的行为。这种观点也不完全正确[2]。不过，传统智力概念支持者的观点也并非无懈可击。比如，有些智力测验支持者认为，智力测验能够评估绝大多数重要的人类认知能力。稍后我将会引用大量实证研究来反驳这种观点。简而言之，无论是智力测验的严苛批评者还是传统智力概念的坚定支持者，他们的论据都已被最新的研究证明是过时的了。

在对智力进行讨论时，通常会在一开始就错把智力概念置于认知功能的语境中，进而接受"智力是人类心智的核心特征"的默认假设，使得后面的所有讨论都偏离正确轨道。我试图摒弃这个默认假设。我将先描绘出心智的大致模型，再把智力放入其中。过去 20 年，认知科学家在描绘心智运作的基本原理方面取得了引人注目的进步。十几年前，认知科学家史蒂芬·平克（Steven Pinker）写了一本极具影响力的书，名为《心智探奇》（*How the Mind Works*）。如果退后 20 年，谁要是敢给书取这样的标题，定会被当作不自量力的笑柄，不过，现在已经没人会怀疑这个题目无法回答了。然而，认知科学家研究的各种心智模型往往不接地气，对于大众喜闻乐见的问题，比如人们的思考方式如何不同？为什么会有这些不同呢？科学家很少给予关注。我将提出一个当代认知科学家都认可的心智模型，以期可以回答这些问题。与以往的理论模型不同的是，该模型更强调个体差异。这个模型的理论根基是已得到广泛认同的双重加工理论。

类型一与类型二加工

认知神经科学和认知心理学领域的研究证据都支持这样一个结论：大

脑的运作可分为两种不同的认知过程，功能各不相同，各有优劣。之所以这么说，是因为不同领域的学者（认知心理学、社会心理学、认知神经科学和决策理论）都相继提出了大脑同时具有类型一与类型二两种加工过程的理论[3]。

类型一加工的本质特征是其自主性。类型一加工又称为自动化加工，原因如下：①执行迅速；②只要触发性刺激出现，就会强制性执行；③不会加重中枢处理能力（central processing capacity）的负荷（换句话说，就是不需要有意注意）；④不依赖高层次控制系统的信息输入；⑤可以平行运作，而不会相互干扰，也不影响类型二加工。类型一加工包括：情绪对行为的调控；由进化心理学家提出的，为解决特定适应性问题而存在的封闭性心理模块；内隐学习的加工过程；过度学习联结而产生的自动化激活[4]。由于类型一加工的计算负担较小，因此成为人类信息加工的默认方式。类型一加工有时又被称为适应性无意识，以强调这种加工方式在完成很多重要任务时所发挥的作用，比如面部识别、本体感受、消解语言歧义、深度知觉等，这些加工都不在意识范围之内。类型一也常常称作启发式加工，意指其速度快、自动化、计算负荷低，以及无须对所有的可能性情况进行大量分析。

类型二加工的关键特质与类型一加工截然相反。类型二加工速度相对较慢，相对来说计算负荷也较高，它是意识的焦点。多种类型一加工任务可以同时执行，是平行式加工；而类型二加工只能在同一时间处理一个或几个任务，是序列加工。通常来说，类型二加工是基于语言和规则的，心理学家称之为控制加工。当我们说到"有意识的问题解决"时，指的就是这一类加工。

类型二加工的一个重要功能是压制（override）类型一加工。由于类型一加工速度快但粗糙，所以，很多时候类型二的压制是非常有必要的。在解决问题或做决策时，启发式加工可以帮助我们找到答案的大致范围。但是，当一些极为重要的情境（财务决策、公平裁判、雇用抉择、司法判决等）需要精细加工和分析时，启发式加工就无能为力了。启发式加工在良性环境下运行良好，可是一旦到了恶性环境，就会带来糟糕的后果。

在某些特殊的情景下，如果未能成功压制类型一加工，不同种类的类型一加工（情绪管理、达尔文模块、联结与内隐学习等加工过程）都有可能导致非理性行为反应。在后面的章节中，我们会讨论人是如何通过属性替代（attribute substitution）而成为认知吝啬鬼（cognitive miser）的。所谓属性替代是指使用容易衡量的特质来替代较难衡量的特质，时常以牺牲准确率为代价。比如说，认知吝啬鬼会用回忆起来毫不费力的鲜活记忆或者最突出的属性，替代那些需要费力获取的事实。但是，当我们对事关重大的情境进行风险评估时（比如与孩子有关的活动或环境），我们并不想用不假思索的鲜活印象替代对情境的仔细考量。在这种情况下，我们就希望类型二加工能够压制认知吝啬鬼的属性替换。

类型二加工必须拥有两种彼此相关的能力，方可成功压制类型一加工。第一，具备中断类型一加工并且抑制其反应倾向的能力。因此，类型二加工理应包含执行功能的抑制机制，抑制机制也是近期执行功能研究领域的焦点所在[5]。

第二，具备了抑制类型一加工的能力，万里长征只走完了一半。仅仅抑制了类型一加工的反应，对于解决问题并没有实质性帮助，此时还需要以更优化的反应替代原有反应。那么，更为优化的反应从何而来呢？一种答案是，它们源自类型二加工所独有的假设性推理和认知模拟[6]。当我们进行假设性推理时，我们创建一个临时的模拟世界模型，并在这个模拟世界中测试各种行为及其后果（或是备择原因）。

为了能够进行假设性推理，一项关键能力是我们必备的，这种能力就是不将真实世界表征与假想的情景相混淆。比如，如若个体正在思考的备选目标与当前目标状态不同，他必须能够同时表征出当前目标和备择目标，并且保证它们之间泾渭分明。与之类似，我们需要能够区分出即将要采取的行动表征和认知建模中尝试过的备择行动表征。在行动实施阶段，前者一定不能受到后者的影响。否则，我们将要采取的行动将会被曾经思考过的备择行动方案干扰。

认知科学家将这种表征状态混淆的现象称为表征滥用（representational abuse）。发展心理学家在试图探索儿童假装行为和假装游戏的起源（比如，小孩说"这根香蕉是电话"）时，表征滥用是他们研究的主要问题之一。儿童必须能够清晰分离香蕉与电话在心智中的表征，才能在游戏中把香蕉当作电话来玩。在一篇广为人知的文章中，发展心理学家艾伦·莱斯利（Alan Leslie）讨论了儿童假装的逻辑，提出了"去耦操作"（decoupling operation）一词，如图3-1所示[7]。图中，初级表征直接映射世界，和/或直接与某个反应相连。为了使假装模式化，莱斯利提出了次级表征。次级表征是初级表征的复制品，但与真实世界相分离，从而能够被操控，即模拟机制。

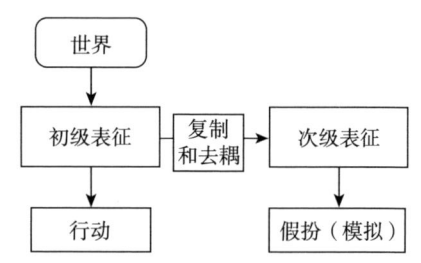

图3-1　认知去耦（改编自Leslie，1997）

诚如莱斯利所述，正在进行的模拟并不妨碍初级表征对外部世界的追踪："与此同时，原版的初级表征继续保有专属的参照物、事实和事物之间的关系，而初级表征的拷贝则上升至第二位（1987，p. 417）。"然而，从认知能力的角度来分析，处理次级表征，即保持它们的去耦状态，对认知能力的要求很高。为何去耦过程是高能耗的呢？进化理论给出了很好的解释。在我们逐渐进化为强烈依赖认知模拟的动物的过程中，有一点非常重要，那就是我们不能长时间地"脱离"世界。因此，处理对世界的初级表征必然有着独一无二的特殊地位。去耦的困难之处会表现在某些行为方面，比如苦苦思索时我们常常会闭起眼睛（或者抬头看着天空，或者转移视线）。此类行为旨在试图阻止初级表征发生改变，从而干扰正在进行模拟的次级表征。

第 3 章 反省心智、算法心智与自主心智

在莱斯利的设想中，我们拥有一个负责实现假扮和心理模拟，与此同时不动摇初级表征的机制。有些研究者将这个开展模拟，又不会破坏初级表征与世界两者之间关系的心理空间称为"可能世界箱"（possible world box）。此处，我们关注的重点是次级表征与世界的分离（去耦），并在类型二加工进行模拟时保持这种去耦化。这种加工需要消耗大量计算资源，从而限制个体完成其他类型二加工。去耦操作可能是导致类型二加工具有序列性特点的主要推动者。

临时的"双重加工"心智模型及个体差异

基于前述讨论，我提出了如图 3-2 所示的初级双重加工心智模型。通过终止类型一加工触发的早期表征，个体行为通常可以得到优化。类型二加工（慢、序列式、消耗较多计算资源）需要对类型一加工进行压制，并保持认知去耦过程，通过在世界模拟模型中对备择反应进行仿真模拟，以确保想象过程的顺利执行。该图体现了我们之前讨论的压制功能以及模拟的类型二加工。图中左一箭头表示类型二加工接收来自类型一加工计算后的信息。这些被称为"前注意"的加工过程确定了绝大多数类型二的加工内容。

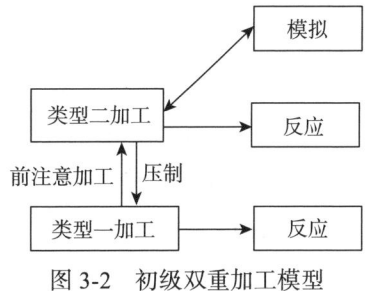

图 3-2 初级双重加工模型

在这个模型中，智力该置于何处呢？回答这个问题之前，我需要强调一个非常重要的问题。加工过程是认知的关键组成部分，但却不是导致个体差异的源头（因为人类在加工信息过程方面没有太多的差异）。很多类型一加工过程就是这样，不存在太多的个体差异。类型一加工过程帮助我们执行很多有用的信息加工操作以及适应性行为（深度知觉、面孔识别、频率估计、语言理解、读懂他人的意图、威胁检测、情感反应、颜色知觉等），

但是，人们在这些方面并不存在明显的个体差异。这就解释了认知科学领域围绕着"智力"概念的一些困惑。

在认知科学领域的学术杂志和教科书中，作者可能会对神奇的人脸识别机制大加赞赏，认为它是"人类卓越智力的体现"。与之相类似，通俗科普读物在讲到人类的语义分析能力时，会将其称为"人类智力进化的伟大产物"。进化心理学教科书有可能会介绍包括人类在内的很多动物都具有的伟大的亲属再认机制。面孔识别、语义加工、注视方向检测、亲属再认等，这些加工进程都涉及人类的大脑机制，有时也会被当作人类智能的组成部分。但是，大家所熟知的智力测验却没有对上述任何一个加工程序进行测验。为什么会这样呢？这难道不矛盾吗？

事实上，智力测验仅仅测量了那些能够体现个体差异的认知功能，如果我们考虑到这一点，上面的矛盾就迎刃而解了。智力测验并非对认知功能的所有方面都进行了评估。很多类型一加工过程对人类的种族延续十分重要，但是，它们的效能并不存在太大的个体差异，比如，面孔识别、语义处理、注视方向检测和亲属再认就是很好的例子[8]。由于人们在这些加工过程上的表现相似，因此，智力测验就没有对它们进行评估。智力测验就好像是刊登在报纸上的个人广告，关注的是个体与众不同的地方，而不是他和其他人的相似之处。就好比在进行自我介绍时，人们会说"我喜欢听迈尔斯·戴维斯的音乐"，而不会说"我渴的时候喜欢喝水"。

基于上述原因，智力测验并不关注自动化的类型一加工，而是重点对类型二加工进行评估。智力测验测量的是本章的焦点之一——认知去耦。如同所有的类型二加工一样，认知去耦需要消耗大量认知资源。去耦操作使得人们可以进行假设性思维。在心理模拟过程中，必须不间断地进行大量的去耦操作，维持模拟的同时保持去耦表征，这些操作体现了大脑的计算能力，也是智力测验评估和测试的能力。在同时关注执行功能和工作记忆的研究中，这一点体现得尤为明显。工作记忆和执行功能与智力测验之间的相关度都非常高[9]。所有的这些任务都需要保持去耦操作，这也许是工作记忆/执行功能任务上的个体差异和智力上的个体差异存在高度重合的原因。神经生理学视角的研究进一步印证了该结论。

与其说"维持认知去耦化是智力的重要方面"，不如换一种说法"维持认知去耦化是流体智力的重要方面"[10]。此处我引用了上一章中提到的卡特尔-霍恩-卡罗尔智力理论。流体智力（Gf）反映了个体在多个领域中表现出的推理能力，特别是在新异情境中。晶体智力（Gc）反映了文化学习过程中获得的陈述性知识。因此，类型二加工与流体智力关系密切。稍后我会将晶体智力也纳入该模型中，在此之前，我们先来讨论一个更为关键的难点。

思维倾向与认知能力

讨论至此，让我们退后一步，思考一下我们是如何解释现实世界中的人类行为的呢？让我们走近一位漫步在悬崖边的女士。三种场景，三个故事，可惜每个故事都是以悲剧收场。希望大家思考如何对每个故事中的死亡原因进行解释。

场景A：一位女士沿着海边悬崖散步，忽然一股劲风吹过，将她吹落悬崖，女士重重地撞到海边的巨石上而死。

场景B：一位女士沿着海边悬崖散步，她试图爬上一块巨石，然而她所爬的并不是石头，而是一道深渊的边缘，她不小心跌落，撞到巨石而死。

场景C：一位女士试图自杀，飞身跃下海边悬崖，撞到海边巨石而死。

试问，导致上述三则故事中女主角死亡的直接原因是什么呢？三个故事的答案相同。在场景 A 中发挥作用致使这位女士死亡的物理法则（万有引力），同样适用于场景 B 和场景 C。可是，我们会隐隐觉得仅仅用万有引力似乎无法给场景 B 和场景 C 一个完整的解释。没错，如果想究其死亡的本质原因，需要从不同层面对三个场景进行解释。

对于场景 A 来说，仅仅用物理法则（风力、重力和冲击力）即可对死亡原因做出清晰的解释。从物理学层面对死因进行科学解释无疑是非常重要的，但与本章讨论的主题关系不大，不是我们的兴趣所在。相比来说，场景 B 和场景 C 之间的差异对本章后续的讨论更加重要。

在分析场景 B 时，心理学家倾向于这样进行分析：当她对眼前的刺激进行加工时（看起来像巨石的深渊边缘），信息处理系统发生紊乱，给反应决策机制发送了错误的信息，导致她做出了灾难性的动作反应。以上过程被认知科学家称为算法层面的分析[11]。如果从机器智能的视角来看，这类似于操纵电脑的抽象机器语言（FORTRAN，COBOL 等）。在这个方面，认知心理学家做了大量工作，认为我们可以假定大脑中存在特定的信息处理机制(输入编码机制、知觉登记机制、短时和长时记忆存储系统等)。例如，一个简单的字母发音任务也许会涉及字母编码、短时记忆存储、与长时记忆中的已有信息进行比较等过程，如果经过比较后发现能够与已有记忆配对，则做出决策，执行动作反应。对于场景 B 中的女士死亡原因，从算法层面进行解释最为恰当。由于她的知觉登记和分类机制功能发生紊乱，给决策反应机制提供了错误的信息，导致她不慎跌落悬崖。

然而，对于场景 C 来说，就丝毫不涉及算法层面的信息加工谬误了。这位女士精确地知觉到了悬崖边缘，动作指令中心下达了操纵她身体的准确指令，让得她纵身一跃，跳落悬崖。单从算法层面来说，她的计算加工过程执行堪称完美。算法分析运行正常，无法为场景 C 中的女士死因提供解释。导致她死亡的真正原因是她的目标以及她对所处世界的信念与目标的交互作用。

1996年,哲学家丹尼尔·丹尼特(Daniel Dennett)撰写了一本关于人类心智与其他动物心智异同的书。他将这本书命名为《心灵种种》,认为人类大脑中存在多种心智控制系统。基于这本书的理念,场景 B 中的女主角存在算法心智问题,而场景 C 中的女士则有反省心智方面的问题。为了更好地理解场景 C 这一类案例,需要对个体的目标、欲望和信念进行分析。如果仅从算法层面进行分析,很难完美地解释场景 C 这类问题。因为算法层面提供了大脑如何加工特定任务(在本例中是如何跳下悬崖)的解释,而没有解释为什么要执行这个任务。如果想更深入地了解系统计算(系统试图加工什么?原因何在?)的目标,那么,就要把关注点转向反省心智层面了。简而言之,反省心智关注于系统目标、与目标相关的信念以及基于当前系统目标和信念的最优化的行动。只有在反省心智分析层面,理性才会参与其中。更为重要的是,算法心智的效率可以被量化评估,但理性的效率却无法被评估。

关于信息处理效率与理性相对立的担忧也体现在智力测验的现状中。这些测试是信息处理效率的测评工具,而非理性。心理测量学领域的一种经典概念区分为这一观点提供了清晰的解释。长期以来,心理测量学家区分了典型表现情境与最优化(有时被称为"最大化")表现情境[12]。典型表现情境中几乎没有限制和约束,没有要求绩效最大化的指令,对任务的解释在一定程度上由被试自行决定,任务目标具有开放性。这类情境关注的是在较少约束条件时,一个人通常会做出怎样的行为。典型表现测量评估的是反省心智,评估的是目标优先级和知识管理。与之相对比,最优化表现情境是指任务解释是由外部因素确定的。个体在完成任务时,得到了要让表现最优化的指示,并且被告知了达到最优化目标的具体做法。因此,最优化表现测量是对目标达成的效率进行评估,这种方法能够获取算法心智的加工效率。所有的智力测验或认知能力测验都是最优化表现评估,而对批判性思维和理性思维的测量则通常是在典型表现情境下的评估。

算法心智与反省心智的区别还体现为个体在认知能力和思维倾向方面的差异，已有充分证据表明这两者之间存在本质性区别。如前所述，认知能力测量实则是对算法心智效率的评估。思维倾向的称谓在心理学中尚存争议，不同的学者看法不一，比较常用的是"思维倾向"和"认知风格"两种说法。许多思维倾向方面的研究将关注点置于信念、信念结构，以及信念形成与改变的态度。另外，个体的目标和目标层级结构也属于思维倾向的研究范畴。心理学工作者已对积极开放的思维、认知需求（乐于思考的认知倾向）、对行为后果的深思熟虑、迷信思想和教条主义等思维倾向[13]展开了深入的研究。

有关这些思维倾向的文献数量繁多，在此我无意赘述。需要提请大家注意的是，经由思维倾向评估所得出的认知倾向，反映了人们在以下几方面的认知属性：为了做出决策而收集信息的认知倾向、为了得出结论而寻求多元观点的倾向、面对问题时思维广度的认知倾向、根据证据矫正已有观点的倾向、采取行动前考虑后果的思维倾向、做决策前权衡情境的倾向、寻求细微差别以避免绝对论的倾向。简而言之，思维倾向的个体差异可以通过对反省心智操作的测量而得出，具体包括：目标管理、认识价值观、自我管理认识论等。以上这些心理特质是支撑理性思维和行动的基石。

智力测验所评估的认知能力不包括上述任何一种。既没有高层次的个人目标及目标管理，也没有基于相斥证据而有意改变信念的倾向。然而，人们却通常认为"智力"的定义包含上述特质，下一章会对这个问题进行详细介绍。有些学者认为，智力的概念内涵应包含理性行为和理性信念。但是，不管持这种观点的学者如何呼吁，一个不可忽视的事实是：现行的各种智力测验所评估的都只是算法层面的认知能力。当前得到广泛应用的智力测验丝毫没有涉及对理性思维和行为的评估。

经由智力测试评估的算法心智决定了场景 B 中这位女士的命运,但是,却无法为场景 C 中的死因提出充分解释。如果想深入全面地了解场景 C 中的女士死因,我们不仅要知道她的记忆加工过程和模式识别速度,还需要更多额外的信息。我们还需要知道她的人生目标是什么?她眼中的世界是什么样子?我们最为迫切想知道的问题是,她跳崖自杀的意义何在?我们对她在跳崖时的认知效能是否最大化并不感兴趣(算法层面的问题),我们真正关心的是:她的自杀是否经过了理性思考?

三重加工心智模型

我们已将类型二加工分成了两类:反省心智和算法心智。如果再加上类型一加工的别名"自主心智",就构成了我们接下来要讨论的三重加工模型。三重加工模型与双重加工模型有所不同,双重加工模型不重视个体差异,因此会错过类型二加工过程中的关键个体差别。图 3-3 中的水平分界线,代表了旧的双重加工模型与新模型的分野,表明了三重加工模型视角下的个体差异分类。如图所示,个体流体智力的差异源主要是心智加工效率的个体差异,而思维倾向的差别反映的是反省心智的个体差异。反省心智和算法心智的个体差异都是连续性的,不过,自主心智的个体差异很少是连续性的。如果自主心智出现问题,这就意味着某些认知模块遭到严重损坏,所带来的结果是自闭症、失认症和失读症等非连续性认知紊乱现象[14]。

图 3-3 强调了一个很重要的事实,即理性的结构比智力的结构更具包容性。理性要求个体必须具有正确的信念,并基于信念采取合理行动以达成目标,两者都是反省心智的属性。除此之外,个体也必须具备一定程度的算法心智机能,使他能够对环

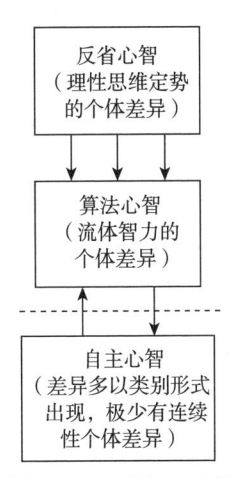

图 3-3 三重加工心智模型中的个体差异

境信息进行适当的加工并付诸行动，确保个体能够做到明思善行。因此，理性思维和行动的个体差异既可以源自智力（算法心智），也可以源自于个体在思维倾向（反省心智）方面的不同。换句话来说，理性的概念内涵包含两个方面的内容（反省心智的思维倾向以及算法心智的效率），而智力的概念内涵（至少是最广为人知的操作化定义）则仅局限于算法心智效率方面。

图 3-3 中的概念模型有两大优点。第一个优点是，它基于智力测验的评估范围定义智力。换句话说，当前所有的智力测验都是从不同的角度对算法心智效率进行评估（包括我在此处重点强调的维持认知去耦的能力），但是，没有一种智力测验对知识理性或是工具理性进行测量，也没有哪一项测验对与理性相关的思维倾向进行评估。一方面声称智力的概念内涵包含理性，另一方面，智力测试却并没有测量理性，这着实是一件很吊诡的事情！该概念框架的第二个优点是解释了被民间心理学广泛关注的一种现象——聪明人也会做傻事（理性障碍）。

根据图 3-3 我们可以清晰地看出智力与理性是如何分崩离析进而导致理性障碍的。只要思维倾向与智力的关系不是一一对应的完美相关，那么，从统计角度来说，理性与智力就有可能存在不一致的情况。大量的实证研究证据表明，思维倾向与智力之间的相关度并不十分高。有些大样本研究在对数千名被试进行分析后表明，智力与有些思维倾向（例如，积极开放的思维、认知需求）之间只有中等偏下水平的相关（低于 0.3），有的思维倾向（例如责任心、好奇心、勤勉）与智力甚至接近于零相关[15]。

在心理学家弥尔顿·罗克奇（Milton Rokeach）关于教条主义的经典研究中，他所提出的理论构想与智力测试分数之间几乎是零相关，他为此而深感困惑。"我们看似是在研究'智力'，但此'智力'非彼'智力'，我们的研究内容并不局限于智力测验所测量的'智力'范围。显然，智力测验并没有评估我们研究中讨论的认知功能。这一点看似有些矛盾，因为我们研究的认知过程与智力测验声称自己关注的认知过程其实是相同的。"罗克奇注意到,智力所圈定的概念范围与智力测验的实际测量内容之间存在巨大分歧。依据三重加工理论观点来看,罗克奇所研究的教条主义实际上是一种反省心智的思维倾向,而非智力的组成部分。教条主义/开放心态实则是与理性有密切联系的反省心智的一个方面。

需要提请大家重视的是,反省心智的思维倾向构成了支撑个体理性思维的心理机制体系。然而,思维倾向并不等同于理性思维本身。理性涉及最大化的目标实现,而目标实现的过程有赖于明智决策和信念与证据的优化契合。反省心智的思维倾向是通往这些目的的手段方式。当然,一些得到广泛研究的思维倾向,比如反省和灵活性等,对于理性思维和行为是必不可少的。但是,"优秀"并不一定意味着追求"最大化"。举个例子来说,个体没有必要在反省维度上不断追求卓越,反省维度最大化的人会迷失在无穷尽的思考犹豫过程中,可能永远都无法做出决策。与之相类似,个体也没有必要追求思维灵活性的最大化,这样的人有可能会成为病理性不稳定人格。反省和灵活性都是"好"的认知风格(由于多数人欠缺这两者,因此会形成"越多越好"的错觉),但是,这并不意味着要追求这两种思维倾向的最大化。

思维倾向:理性思维和行为的预测源

实证研究证据更进一步支持了我提出的三重加工心智模型。如果想从统计学角度精确预测某个人的理性思维和行为,此时,不仅要考虑到他的智商状况,还要将反省心智情况也纳入考量。例如,根据证据校准信念的能力是知识理性的重要表现方面。此类校准的原则是:由模棱两可的证据应该得出假设性信念。然而,人们经常会违反这个限制条件,尤其是在我方立场偏差发挥作用的情况下,这一限制条件更容易被违背。研究发现,遵循该规则的倾向与智力之间的相关较小,远不及与信任知识倾向和认知需要倾向之间的相关度。

我们实验室开发了一项论证评估任务，该任务可以剥离开个体已有的知识信念，对当前的论证质量进行独立评估[16]。使用这个任务进行研究发现，智力水平与避免信念偏差的能力之间确实存在相关。然而，即使在使用统计方法对智力水平进行控制之后，多种思维倾向都可预测个体的论证质量，这些思维倾向包括教条主义和极端化思维、分类思维、灵活性思维、信念认同、反证思维、伪科学思维和积极开放的思维。

理性思维其他方面的情况也与之相似。例如，人们会过度受到形象鲜活但不具代表性的个人证言的影响，而面对更为精准的统计学数字证据时却不为所动，这是非理性判断的一种特殊表现形式[17]。我们对此类情境进行了大量研究，发现具有积极、开放思维倾向的人，会倾向于依赖统计证据，而非证言证据。值得注意的是，在控制了智力水平的影响之后，这种相关性依然存在。对多种理性思维倾向进行研究后，都发现了类似的规律[18]。

控制智力水平后，除了思维倾向可以预测理性思维之外，反省心智的其他特征还可以预测理性思维的后果[19]。安吉拉·达克沃斯（Angela Duckworth）和马丁·塞利格曼（Martin Seligman）的研究发现，在排除掉智力因素带来的差异之后，自律（反省心智中反应管理和抑制的指标）可以预测八年级学生的平均学业绩点。追踪研究数据表明，学生在学期间平均学业绩点变化的最佳预测源是自律，而非智力。人格变量中的责任心涉及反省心智的高级管理属性，它可以独立于智力预测学业表现和工作绩效。政治心理学家菲利浦·泰特洛克（Philip Tetlock）对政治局势预测专家进行了研究，这些研究对象都具有博士学位（因此可推测他们的智商水平较高），菲利浦发现他们的非理性过度自信与认识管理思维倾向之间存在着密切关联。万狄·布鲁尼（Wandi Bruine）等人根据2000年全美人口普查数据从不同地区随机抽取了360名被试，让他们完成本书中提到的一系列理性思维任务。根据任务的完成情况，可以得出综合反映被试理性思维能力的分值。研究发现，该分值与糟糕决策后果（例如被拘留、吊销驾驶资格、信用卡欠账、遭到驱逐）之间存在负向相关。更为重要的是，研究者控制了个体的认知能力差异之后发现，理性思维依然可以预测糟糕决策后果。

基于我已介绍的几种研究任务来看（后面的章节会介绍更多的任务范式），个体在理性思维任务上的表现与智力之间存在中等程度相关。这就给思维倾向解释个体理性差异留下了很大的发挥空间。此外，由于很多研究都给被试提供了有助于任务完成的指导语，因此，上述研究也许高估了智力与理性思维之间的相关度。比如，有些指导语会提示被试放下既有观念，以无偏见的方式进行推理。如果被试没有读到此类指导语，他们会根据自身情况进行有偏见或无偏见推理（正如在现实生活中一样）。在有指导语的情况下，无偏见推理与智力之间的相关接近为 0（在有指导语的情况下，相关度为 0.3 ~ 0.4）[20]。

举例来说，发展心理学家保罗·克莱辛斯基（Paul Klaczynski）开展的一系列研究表明，如果不告诉被试在评估证据时需要"去情景化"，即抛开既有观点。在这种情况下，智力与无偏差推理倾向之间的相关度极低[21]。我的研究团队得出的结论与此一致。在一项研究中，我和玛吉·托普莱克让被试就一个颇具争议的话题收集论据（是否应该允许人贩卖自己的活体器官？）。与此同时，我们测量了被试对此事件的态度立场。结果发现，被试的论据收集情况严重受到我方立场偏差的影响（人们倾向于为自己所支持的观点提供更多的论据）。不过，我方立场偏差的程度与认知能力之间毫无关联。

简而言之，诸多研究表明，如果不明确要求被试在非正式推理情境中放下既有信念和观点，那么，智力水平与无偏见推理倾向之间几乎没有关系。现实生活中，我们身处没有"指导语"的世界中，没有人时刻提醒我们要进行无偏差思维。真实情境与研究情境之间的不同，意味着实验室研究也许高估了智力对理性的贡献率。在研究中，被试在完成实验任务之前，研究者往往会明确地告诉他任务的要求，以及该如何进行推理。在被事先告知该如何进行思考时，智力水平较高的个体会有更好的表现。图 3-2 的理论框架很难对这种现象进行解释。于是，我们提出了新的理论拓展模型，以期对该现象进行解释。

压制是算法心智的能力（见图 3-4 箭头 A）。可是，前面介绍的双重加工理论却忽略了发起压制功能的高级认知功能。这种高级认知功能是与理性有着密切关系的反省心智的属性。从机器智能的角度来看，图 3-4 中的箭头 B 表示反省心智要求算法心智采取行动，以压制类型一反应的指令。箭头 B 所指代的心理功能与压制功能（箭头 A）有所不同。我已提供了证据表明，反映个体在这两种认知功能上差异化的指标是截然不同的。保持抑制类型一反应（箭头 A）的衡量指标是流体智力，发起压制操作（箭头 B）的衡量指标是思维倾向，比如反省和认知需求。

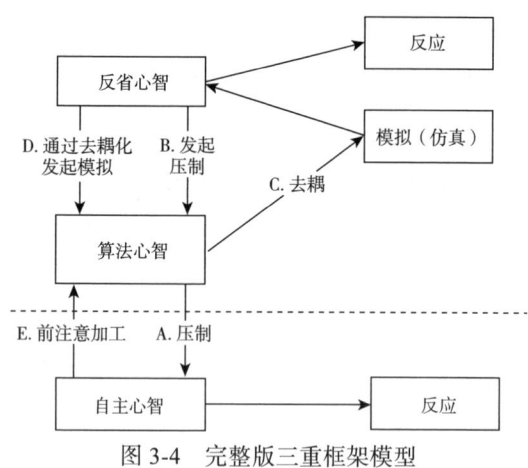

图 3-4　完整版三重框架模型

图 3-4 展示了被双重加工理论所忽视的一个重要认知方面。具体来说，双重加工理论放大了压制功能的重要性，而忽视了对备择反应进行计算以使压制过程变得有意义的模拟过程。图 3-4 清晰地说明了模拟功能以及反省心智发起模拟的指令过程。去耦操作（箭头 C 所示）由算法心智执行，反省心智给算法心智下达发起模拟的指令（箭头 D 所示）。与压制功能（箭

头A）和发起压制功能（箭头B）相类似，去耦操作和发起去耦操作的个体差异指标也是不同的。具体来讲，前者与理性思维倾向有关，而后者与流体智力关系密切。最后，算法心智通过被称为前注意加工的认知过程，接收来自自主心智的计算指令（箭头E所示）。

别忘了心智程序！

"心智程序"的概念由哈佛大学的认知科学家大卫·帕金斯（David Perkins）提出，指个体可以从记忆中提取出的规则、知识、程序和策略，以辅助决策判断和问题解决过程[22]。根据"人脑－电脑"的类比，帕金斯使用这个概念以突出人脑"软件"的重要性。如图3-5所示，三重加工模型的每一层心智在执行操作时都必须以获取知识为前提。反省心智不仅可以从常识结构中获取信息，更为重要的是，它还可以获取个体的观点、信念和目标结构。算法心智可获取认知操作的微策略以及产生行为和想法的系统规则。最后，自主心智不仅可以获取经由进化过程编译的封闭知识库中的信息，还可以获取经由过度学习或练习而进入到自主心智中的信息。

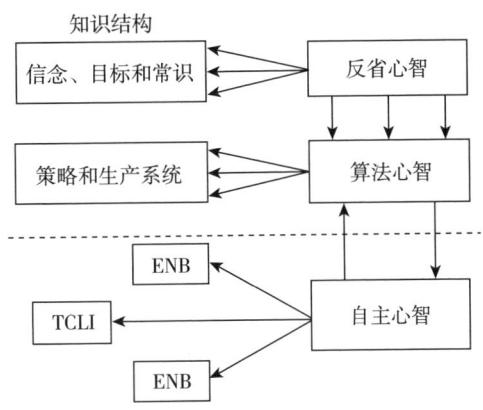

图3-5　三重加工理论框架的知识结构

注：ENB＝封闭知识车库（Encapsulated Knowledge Base），TCLI＝高度编译的习得信息（Tightly Conpiled Learned Information）。

值得注意的是，图 3-5 中列举的知识库和三重心智是一一对应的。算法心智和反省心智加工过程也接收来自于自主心智的计算指令（见图 3-4 的箭头 E）。自主心智中供提取的心智程序，尤其是反省心智可以提取的心智程序在某种程度上是过去学习经验的产物。此处与前面提到的卡特尔－霍恩－卡罗尔智力理论关系密切。反省心智获取信息的知识库所代表的是晶体智力（知识智力）。流体智力（加工过程智力）在图中也有所体现，即算法心智的综合计算能力，维持认知去耦能力就是综合计算能力的一个重要例证。

晶体－流体智力理论是综合性最强、科学效度最高的智力理论之一。晶体和流体智力怎么会漏掉理性思维呢？弄清楚这个问题十分重要。毋庸置疑，流体智力与理性之间有着千丝万缕的联系，因为它是算法心智维持去耦化计算能力的关键性衡量指标。由于压制和模仿是理性思维的重要操作，因此，在有些情境中，优秀的流体智力一定可以促进个体采取理性行动。然而，发起压制（见图 3-4 中的箭头 B）和发起模拟活动（见图 3-4 中的箭头 D）倾向都属于智力测验未涉及的反省心智。因此，评估流体智力的测验会漏掉这些理性成分。

晶体智力的情况与流体智力有所不同。仅从理论的角度分析，许多理性思维的心智程序都可归类于晶体智力。然而，智力测验有没有对这种晶体知识进行测量评估呢？很遗憾，没有。理性思维的心智程序具有一定的专业性（这些心智程序多集中于概略推理、因果推理、科学推理领域，我将在后面的章节详述）。然而，智力测试在评估个体的晶体知识时，为了保证测试的公平性，消弭不同知识背景受试者在接受测试时的优劣势，会故意消除题目的专业性。为了达到这一目的，智力测验的设计者将出题范围扩大到词汇、语言理解和常识领域。广泛取样确保了测验的公正、无偏化，与此同时，这也意味着对理性来说至关重要的专门化知识库未能得到评估。简而言之，晶体智力的传统评估手段不能用于测量理性的个体差异，流体智力的测量工具仅能通过间接方式对理性进行一定程度的测量。

通过上述关于心智程序的讨论，我们已证实理性需要有三种不同的心理特征。首先，需要具备算法心智层面的认知能力，以维持压制和模拟活动。其次，反省心智必须需具备以下两个特点：①发起对自主心智产生的劣质反应的压制；②发起产生优化反应的模拟仿真。最后，在模拟活动过程中，可以获取理性反应计算所需的心智程序。上述对理性思维和行为起决定性作用的3个特征，智力测验只评估了第一条。作为理性思维的测量工具，智力测验远不合格。

走近总统先生的大脑

在了解过心智的三重加工模型后，我们现在再回到本书开头提到的乔治·布什总统的思维加工过程。在政治领域中，人们通常不愿意同意既有现实。不过，在布什总统执政8年后，我们已经收集了相当数量的一致性证据和评论。用科学领域的术语来说，叫证据收敛。

事实上，布什总统别树一帜的认知方式是他的招牌特点，这一点哪怕是他的支持者也不会反对。他的支持者在很多书中详细描述了这些特点。在第一章中，我提到了两位支持布什政策的保守派评论员大卫·弗鲁姆和乔治·威尔（George Will），他们都曾对布什的认知特征进行过描述。弗鲁姆曾经是总统的演讲稿撰写人，他对布什智力的评价（"有些油腔滑调，不是非常教条主义；由于缺乏对事物的好奇心，所以看起来学识浅薄"）与共和党参议员约翰·麦凯恩（John McCain）的评价如出一辙。2000年，麦凯恩曾经与布什竞争共和党提名总统候选人，在党内竞选中输给了布什，后来成为布什在伊拉克战争问题上的有力同盟。曾经有人问麦凯恩："总统有没有咨询过你的建议？"麦凯恩回答："没有，没有，他从未咨询过我。事实上，他并没有什么求知欲"（Woodward，2006）。《新闻周刊》记者伊万·托马斯（Evan Thomas）和理查德·沃尔夫（Richard Wolffe）对布什总统处理伊拉克战争的新闻报道，则从另一个侧面展现了布什的认知模式。据美军驻巴格达的高级将领回忆，总统先生在参加电视会议时，"对于大段的细节讨论毫无兴趣，导致了会场上的寒蝉效应"。记者写道："据大家所说，他毫无求知欲和好奇心。少数有机会接近他的人表示，他在做决策时所依据的是信念，而非证据。"绝大多数新闻评论员都非常认同这些描述[23]。

很多批评布什总统思维方式的媒体评论员都认为他并不是智商低下。罗纳德·麦卡勒姆（Ronald McCallum）是布什总统在耶鲁大学求学时的好朋友，他说布什"非常聪明，但是不喜欢学习，除非学习内容极具实用价值"（Kessler，2004）。英国首相托尼·布莱尔（Tony Blair）认为，布什具有克林顿总统所缺乏的一项宝贵品质——可靠。他曾在多种场合告诉自己的同仁："布什非常聪明"。（Barnes，2006）

布莱尔所说的"非常聪明"与布什年少时学业优异的原因相同，皆因其优秀的流体智力[24]。不过，高流体智力并不能使他免受非理性思维倾向的影响。总统先生仅仅具备理性思维三特征之一：算法层面的认知能力。他缺少了另外两项核心因素——支持理性行为的心智程序以及支持理性思维的反省心智的思维倾向。总统先生的案例表明，那些未被智力测试评估的智力品质是多么重要啊！

绝大多数乔治·布什总统的招牌思维特征，都可以使用学者设计并发表的量表和实验任务进行评估。理性评估技术发展迅速。也许有一天，我们可以在总统就职之前对他的思维属性特征进行评估，以准确预测他就职后的思维方式。如果使用现有的量表和实验任务对布什总统的理性思维进行试估，结果可能是这样的：过度自信、低典型性智力投入、低经验开放性、高信念固着、高确认偏见、高度相信直觉、高冲动性、高片面思维、低认知需求、不进行反事实思维、把信念当作私有物（高信念认同）、高认知闭合需求、低思维灵活性。

布什总统在思维倾向量表和任务上的得分情况，预示着较低的理性水平[25]。高流体智力不能确保人们不受问题智力特质的影响。布什总统优异的学业成绩以及相熟朋友的评价可以证明他是一个聪明人，但不是一个理性的人。

第 4 章

给智力概念瘦身

> 在美国,人们常常将认知能力与心理技能(智力的心理基础)画等号。然而,这个等式是错误的。
>
> ——罗伯特·斯滕伯格,《智慧、智力、创造力》,2003b

我非常认同本章引言中罗伯特·斯滕伯格的观点。当前,"智力即认知能力的总和"这种观点大行其道,让我们错失了一些重要信息。10年前,我提出了"理性障碍"这个概念,希望引起大家对智力测试所忽视的重要认知领域(理性思维)的重视。智力测试无法全面衡量人类能力,这个观点并不新鲜,广义智力理论家近些年一直在关注这个问题[1]。在一定程度上,我是"停止高估 MAMBIT(智力测试测量的心智能力)批评家阵营"中的一员。但是,我迎战 MAMBIT 的策略与阵营中的其他盟友不同。比如霍华德·加德纳和罗伯特·斯滕伯格[2],他们试图拓展智力这一概念的内涵(提出了实操智力、身体运动智力等),以此来说明 MAMBIT 并非智力的全貌。虽然我赞同这些批评家的部分目标,但我认为他们挑战传统智力理论的策略是错误的,原因如下。

智力的概念与内涵在广义理论家的"鼓吹"下越来越丰富。之所以称之为"鼓吹",是因为他们将智力测试没有涉及的能力也统统划入"智力"的概念内涵中。当前最流行的做法是:在"智力"二字前加一个形容词,这样就把新提出的智力概念与传统的"智力"区分开来了。比如,斯滕伯格和加德纳作为广义智力理论家的代表性人物,他们提出了实践智力、创造性智力、人际智力、身体运动智力等概念。按照他们的说法,"智力"的意思就是"擅长某一领域"。例如,在斯滕伯格看来,高实践智力可以理解为擅长实践操作;高身体运动智力是指在身体运动领域有上佳的表现。"智力"这个词实则成了花架子。然而,他们的这种做法只不过给原本就存疑的领域加了一个状态定语。换句话说,可以这样来理解他们的做法:智力是一种宝贵的特质,我们希望身体运动天赋也升级为一种宝贵的特质。将"智力"和"身体运动天赋"融合在一起,变成了"身体运动智力",这样一来,可以给"身体运动天赋"增值不少。这也是教育者们如此热衷于"多元智力"理念的重要原因之一。教育者们看重的并非是这种理念的科学价值,而是把它用作一种激励工具向世人宣告:"每个人都是某个领域的天才!"同理,提出"情绪智力"和"社会智力"概念也是基于相似的考量[3]。

这种策略却带来一些意料之外却又极具讽刺意味的后果,而这些后果的重要性尚未被充分认识到。将不同的心理元素冠以相同的名称,其实是在为广义智力理论家的批评对象摇旗呐喊,反而助长了 MAMBIT 的志气。在某种意义上说,广义智力理论家正在做的事情打破了结构效度的规则,违背了基本的常识:有着相同名字的概念应该归于一类。如果这些心理属性具有本质性区别,我们希望强调它们的独立性和差异性,那么,就不应该将它们统统称为"某某智力"。广义智力理论家致力于将智力从智力概念中分离开来,只将其作为一种重要的认知品质(其他重要的认知品质还包括空间能力、创造力、操作能力等),但是,由于他们自己对"智力"概念的滥用,使得这一目标越来越难以实现。人们会不断地提出各类研究假设,声称 MAMBIT 与很多认知能力有关系[4]。

广义智力理论家的目标是区分"智力"与"智力测验所测量的智力"之间的不同,并削减后者的影响力。然而,通过不断地鼓吹"智力"概念,并将"智力"与越来越多的心理活动和行为联系起来,广义智力理论家成功地向着自己目标的反方向一路狂奔。如果"智力"的概念不断扩张,那么与"智力"相关的概念势必会跟着膨胀起来。心理测验100余年的积累与发展,成就了一个简单的历史事实,即与"智力"关系最为密切的非"智力测验评估的智力"莫属。

智力霸权主义

在霍华德·加德纳提出多元智力理论之初,他曾经考虑过使用"技能"或"能力"这些概念。但是,他认为"这些概念都潜存着各种各样的问题。最终,我迈出了大胆的一步,从心理学领域选择了一个已存在的概念,并从多个不同的方向对这个概念进行拓展……我提议扩大'智力'概念的范畴,纳入一些之前不在其内的人类能力"(1999)。与加德纳类似,罗伯特·斯滕伯格认为:"是时候拓展我们对'聪明'二字内涵的认识了"(2003)。显而易见,两位学者的目的都在于重视 MAMBIT(智力测试所评估的心智)之外的人类认知能力。同许多广义智力理论家一样[5],我非常支持他们的目标。但是,我搞不懂为什么要将人类认知的所有方面都贴上"智力"的标签,尤其是那些原本就有标签(包括民间的或科学的)的认知领域(如理性、创造性、智慧、批判性思维、思想开明、自省、明察秋毫)。

斯滕伯格、加德纳和我一直致力于抨击社会和学界对 MAMBIT 的神化。然而,如果当前这种将每一个积极认知特质都与"智力"联系起来的趋势继续发展下去的话,只会不断地给 MAMBIT 的神化过程添砖加瓦。让我们来做一个简单的实验。试想,如果有人反对在评价汽车时太过于强调马力这一指标的做法,于是,为了降低"马力"这一概念的重要性和受重视程度，他们提出了制动马力、转弯马力、缓和马力等一系列概念来描述汽车的特性。请问，这种策略可以让人们在评估一辆汽车的性能时，忽视发动机功率的重要性吗？我认为不行。反而，这种做法会使得本来希望被低估的特征得到更多的重视。当我们提及"好车的特征"时，人们会关注马力值，表示重视汽车的发动机动力。同理，当人们说起"卓越认知"时，智力概念的频繁使用会催化 MAMBIT 的神化过程[6]。

通过教育的方式培养认知特质的努力与尝试会受到这种策略的阻碍。例如，批判性思维这项重要认知技能就消逝在"智力"的广义概念框架中。假设"智力"概念继续不断扩张，批判性思维或者理性判断都将成为智力的一部分。智力测验的开发者们将受益于广义的"智力"概念，因为人们不断地将"智力"的广义概念与智力测验联系在一起。这些测验带着"智力"的标签，测验的开发者也不反对将智力测验与广义智力概念联系起来。例如，大卫·韦克斯勒（David Wechsler）在他的书中肆无忌惮地将智力定义为"个体执行有意行为，进行理性思考，以及有效应对环境的整体能力或能力集合体"（1958），并以自己的名字命名他开发的智力测验。然而，这个韦克斯勒智力测验根本没有测量他提出的这些能力！

另辟蹊径：用理性障碍驯服智力概念

与广义理论家不同，我认为应该区分出 MAMBIT 可以评估测量的内容，给它们贴上"智力"的标签，并且严格限制智力概念的适用范围。针对大众心理学领域智力概念被滥用的现象，我们可以告知非专业民众，有更为合适、准确的专业名词和日常用语可以用来描述生活中涉及的某些认知功能。并且，这些概念也有相应的测量工具。智力测验在短时间内不会发生任何改变[7]，这一事实让智力测验的批评者们痛心疾首。不过，我们的策略恰好可以利用这一点。只要给各种测试贴上"智力"的标签，那么 MAMBIT 将永远统治大众心理学领域中的智力概念，这一点是不容忽视的。

与加德纳、斯滕伯格等人的做法相反，我的策略是在心理学学科中为"理性"谋求一席之地，希望以此来对抗智力概念。我之所以提出理性障碍的概念，是为了阻止智力概念把"理性"也吞噬掉，因为在智力测验中全然没有评估理性。关于理性行为和信念形成，两者都有学界共识的操作化概念，MAMBIT 也是如此。由于理性与 MAMBIT 是截然不同的概念，因此，将它们融合在一起没有任何科学意义。相反，对不同的概念进行区分辨别，正是取得科学进步的重要途径。理性障碍的出现及高发生率，充分说明了"好东西"并非总是与 MAMBIT 有关。

智力的广义概念在不同领域中不断扩张。造成这种现象的部分原因在于，有些人希望可以通过这种方式打击智力测验的价值和威望。这种"稀释策略"通过拓展智力概念的方式，淡化智力测验的重要性，使得它看起来只是庞大智力概念中微不足道的一小部分。但是，把许多有价值的积极概念丢到智力中，并不能成功地切断智力与智力测验之间的联系。原因如下：首先，过去一百多年来，MAMBIT 都与智力概念紧紧地绑定在一起，这种浓厚的历史血脉关系不会说断就断；其次，在广义的智力概念中，MAMBIT 是最容易被测量的部分。无论概念的内涵有多么丰富，最可测的部分最终会获得最大的影响力，进而统治智力概念。

如果我的猜想是对的，广义理论家的这种策略会带来极为糟糕的后果——智力概念将具有前所未有的影响力（因为广义理论家把智力跟很多有价值的概念联系到了一起）。因为 MAMBIT 与智力概念关系密切，它的价值也将随之膨胀。更为重要的是，理性的概念也许就将寿终正寝，因为它没有从智力概念中剥离出来，而是与智力合并在了一起。终有一日，理性将迷失在宏大的智力概念中。这样一来，也没有必要对理性进行评估了，因为它的语义空间已经被智力的广义概念所吞噬。届时，再去强调 MAMBIT 不能对理性进行评估，将难上加难。虽然多数人都认同智力测验无法评估所有心理能力，但从人们的言行来看，却好像完全无视这一事实。如果认为理性与智力不是同一体，当聪明人做蠢事时，为何人们会如此惊讶呢？理性障碍概念（实证证据表明，理性障碍绝非凤毛麟角）的提出，应该可以减少人们面对此类事件时的惊讶。理性障碍创建了新的概念空间，使得人们能够对理性信念形成及理性行动的能力进行评估，而这种能力的重要性绝不逊色于MAMBIT。

MAMBIT：没有司机的大脑引擎

我认为应该将智力的概念内涵限定在MAMBIT所能测量的范围之内，这种观点对于资深心理学家来说并不陌生。他们会认为，这不就是把博林（E. G. Boring）提出的那个声名狼藉的观点换个说法重述一遍吗？有些人可能会因此而反对我的提议。博林认为，我们应该根据智力测验的测量范围来定义智力。由于他所处的年代（1923年）没有人知道智力测验能测量什么，因此，博林的观点一经提出立即招来一片抗议的声音。正因如此，博林对智力的定义实际上陷入了自证循环。现如今的情况与当时大不相同。我们现在已经从信息加工和认知神经科学的视角，对智力测验的测量内容有了更为深入的了解。

与一些批评传统智力概念的观点不同，在探讨智力测验和（狭义）智力概念所发生的变化时，我认为应该考虑到心理测量学研究的发展惯性。在科学哲学家看来，传统智力是一个不断发展进步的研究领域。种种迹象表明，传统研究范式如同庖丁解牛一般分解了人类智力。[8]首先，智力研究领域对流体智力和晶体智力的区分达成了共识。随后，许多研究都试图揭示流体智力的认知子成分。现在，我们已经知晓流体智力（Gf）与工作记忆容量之间存在许多重叠之处[9]，工作记忆的计算功能也在同时期得到验证。最为关键的发现是：工作记忆任务的研究发现，人类的中央认知功能是认知去耦，即次级表征的操控能力，而次级表征并非像初级表征那样，以一一对应的方式解读外部世界。

认知去耦是导致个体一般智力产生差异的关键认知操作，加之在模拟和假设性思维方面的重要作用，决定了它的关键性地位。传统的智力测验以及 MAMBIT 汇聚于心理生活的重要方面，它们是一系列科学研究成果的代表，在恰当、重要的节点上逐步对智力进行分解[10]。

我不希望弱化认知去耦的重要性，这是 MAMBIT 中造成个体差异的主要部分。去耦操作帮助我们执行认知改革：它评估信念，批判欲求。然而，这些测试所评估的认知去耦能力依然隶属于算法心智。这些方法并非评估个体参与去耦操作的典型操作；不评估反省心智使用去耦能力进行认知自我批评的倾向性；也不评估个体在问题解决时使用假设性思维的倾向。拥有认知去耦能力并不意味着这个人也可以产生理性的想法，做出理性的行为。当我们对流体智力（Gf）进行测量时，就好比是对汽车引擎进行了充分评估，却丝毫没有考察驾驶员的水平如何。

智力被误读为适应

智力的广义概念具有强烈的帝国主义倾向，其代表性特征是强调智力是"对环境的适应"（援引韦克斯勒的原话）。这种定义把工具理性也划拨到了智力的概念范畴中。将智力定义为"适应环境"，而最广为人知的韦氏智力测验却并未对理性进行测量，这种说一套做一套的做法着实令人困惑。

弗林效应是智力研究领域中的一个有趣现象，在围绕着该效应的激烈讨论中，这种困惑体现得尤为明显。20 年前，詹姆斯·弗林（James Flynn）对标准化智力测验的结果进行系统分析后发现，人类的智力测试得分在过去几十年呈显著上升趋势。自 19 世纪 30 年代开始，智力测试的成绩平均每 10 年提升 3 个百分点。相较于晶体智力，流体智力的增幅更大。受美国心理学会委托，由认知心理学家乌尔里克·奈瑟（Ulric Neisser）

主编了一本从不同角度解释弗林效应的书。书中提到可能导致弗林现象的原因包括：营养、程式化、学校教育、电视、学前家庭环境等[11]。弗林本人也参与了本书的编写，他对心理学家们提出的各种原因不置可否。他认为，智力测验所表现出来的智力提升是一种"假象"。简而言之，他认为在过去的几十年中，人类的智力测验成绩提升了，但智力水平并未发生改变。弗林指出，真正的智力增加会带来文化繁荣，而现实似乎并非如此。在过去几十年中，伟大发明的增长速度非但没有增加，反而有所减少，世界名人录上的伟大科学家也并没有骤增。

弗林期望 MAMBIT 分数的增加能够带来发明增长、科学家数量激增，这种想法是不切实际的。智力测验没有评估人类的理性或创造力，而理性和创造力恰恰是"文化繁荣"所必需的要素。实际上，弗林也多多少少接纳了智力概念的环境适应论，而 MAMBIT 并未达到全面评估人类适应环境能力的要求。因此，很多人认为弗林效应是悖论（智商增长与社会成就不匹配）。不过在我看来，智商成绩的增长与社会成就不匹配并不矛盾。大众普遍认为智力的概念包括环境适应，但智力测试没有评估个体的环境适应能力。如果上述关系未能厘清，人就很容易因弗林现象而感到困惑。智力测试评估的是认知去耦能力，不可否认这种心智技能非常重要，但是，它只不过是理性思维和行为所必需的三个要素之一。另外两个要素是心智程序和思维倾向，这两点才是滋养理性思维的温床。弗林效应被认为是一个未解之谜，这种看法足以证明把智力测验范畴之外的领域也纳入到智力概念中，企图扩展智力的概念以"去神化"智力概念是一件多么困难的事情。

神化智力概念的阴暗面

神化智力会导致不合乎情理的道德后果：人们会在不知不觉中诋毁 MAMBIT 低分者的尊严。说起这段诋毁的历史，可追溯到心理测量学的诞生之初。弗兰西斯·高尔顿爵士（Sir Francis Galton）认为低智商个体无法感知到痛苦，他曾说过："傻瓜的辨别能力非常低，他们不能区分冷与热。有些人的痛觉迟钝，有些人甚至都不知道痛为何物。在他们愚钝的生活中，痛苦对于他们来说是一件令人兴奋的事情，这些傻子会把痛苦当作惊喜去接受。"

时至现代社会，对低智商群体的诽谤依然屡见不鲜，只不过呈现方式更为温和微妙罢了。2004年，作家迈克尔·丹东尼奥（Michael D'Antonio）出版了一本题为《州立学校男孩的叛乱》的书，该书讲述了招收精神类残障儿童的沃尔特 E. 费纳德学校虐待学生的丑闻，以及该校的一群男学生与非人道疗法抗争的故事。令人深感不安的是，针对这本书的评论大多聚焦于那些被误诊的正常智商儿童。纽约时报的述评专栏（2004 年 6 月 27 日）曾发表了一篇题为《折翼天使的分类账：20 世纪 50 年代发生在学校中的低能儿童误诊与虐待》的评论文章。看到这样的题目让我不禁想问问这位作者，为何将"误诊"与"虐待"相提并论？两者之间有何关系？此处的潜台词是说，那些被"正确诊断"的低能儿受到虐待就不是人间悲剧了吗？就是理所当然可以发生的事情吗？智力神化的阴暗面在读者对此书的反馈中展现无遗。

罗伯特·斯滕伯格注意到了人们会"将智力测验分数与个人价值混为一谈的历史倾向"（2003b）。在现代社会中，此类倾向并未消失，而是改头换面之后以不同形式粉墨登场。斯滕伯格认为，智力被认为是预示个人价值的核心指标。神化智商以及诋毁低智商人群的思维倾向根深蒂固，绝大多数人希望自己拥有超高智商，而非卓越的生理条件或其他优秀心理品质。值得注意的是，过去三四十年间智力障碍的诊断病例减少了近一半，同时期，强调智商正常的诊断病例数量却持续激增（例如学习障碍、多动症、艾斯伯格症等）[12]。造成这种转变的原因主要是社会的变革和用户至上主义对诊断分类的影响，以及学校、临床医师和父母引入的测量偏差。例如，很多父母更愿意接受未贴有"低智商"标签的诊断分类，全然不顾某些情绪和行为障碍通常会比轻度的智力障碍给生活带来更多的困难和挑战。内科医生罗伯特·德隆（Robert DeLong）曾经说过："在我的职业生涯中，我遇到过很多同时深受智力缺陷和行为障碍困扰的年轻人，最终对他们的生活产生关键性摧毁作用的往往不是智力发育缺陷，而是他们的行为问题。这种现象说明'心智缺陷'的概念存在着本质性问题：智力能力（智力测试所测量的内容）并非是构成'心智'生活的全部。"（2004）

德隆医生的评论提示我们，接受广义智力概念的后果可能会极具讽刺性意味。如果接受了智力的广义概念，特别是以"适应"作为智力的区分标准的话，那么，近些年来诊断率暴涨的很多障碍分类都要被重新审视。许多情绪障碍、行为障碍、多动症都应该被划分为低智力，因为环境适应力差是这些障碍的标志性特征。如果智力的广义理论家在几十年前就有今朝的影响力，不知这些障碍分类还会不会像今天这样流行？试想，如果大众心理学根据多动症儿童的行为表现，把他定义为"智力低下"，普通民众对此会作何反应呢？人们的回应可能是：我觉得多动症儿童和智力低下儿童之间好像"有些不同"。这样的回答意味着什么呢？这表明，大众可以注意到MAMBIT的存在，并对其进行标签化。正如在本章伊始提到的那样，科学证据表明，MAMBIT确实能够对一些非常重要的心理操作进行评估筛选。但问题在于，普罗大众远远高估了这些量表评估出的心理操作。流体智力（Gf）只是一种心理机制，而非灵魂。

民间心理学能够区分智力与理性

综上所述，如果在对待"智力"二字时研究者的态度能更谨慎一些，不随便给非智力（比如理性）概念贴上智力的标签，不让"智力"概念继续膨胀，MAMBIT就会如很多智力研究者所期望的那样持续贬值。民间心理学可以在一定程度上区分理性与智力的不同之处。并且，在一定外力的协助下，民众对这两个概念的区分能力还有提升空间。

我之所以对民间心理学的区分能力充满信心，源于多年前与理查德·韦斯特合作开展的一项研究。在研究中，我们让被试写下他们所理解的智力是什么。具体的操作过程如下。

请谈一谈你们对以下问题的看法：当我们说一个人言行聪明时，意味着什么？当你使用"智力"一词时，请解释一下你想表达的是什么意思？聪明人思考和行为的特征是什么？"

随后，我们又在学习过广义智力理论的学生中施测同样的问题，这些学生常常会把理性纳入到智力概念范畴中。但是，如果在回答问题前，先让被试回答几个有关理性的问题，接下来的智力概念测试中，被试对智力范畴的定义就很少会包括理性了。比如，我们会问这样的问题："当我们说一个人思维和行为方式很理性时，具体是指什么？当你使用'理性'二字时，请解释一下你想表达的是什么意思？理性思考和行为的特征是什么？"

更有说服力的证据来自于问卷的第三部分。当被试分别对智力和理性给出个性化的定义之后（一半被试先回答智力的定义，另一半被试先回答理性的定义），要求他们回答智力和理性之间的差别。具体来说，他们需要回答如下问题："理性和智力有没有关系？请回答并做出解释。"绝大多数被试都能够发现两者之间的不同，他们常常会提到在前面讨论过的"聪明人做蠢事"现象（理性障碍）。以下摘选了几个典型答案。

被试9：理性和智力肯定有一定程度的相关，它们定义的含义范畴有很多重合之处，两者都包括推理或理性思考的能力。智力和理性通常相伴相生。理性的人通常是聪明人，但是，如果把这句话反过来说，就能发现两者之间的差别了。例如，一个聪明人的行为有时是毫无理性可言的。在很多人看来，萨达姆·侯赛因就是一个非常聪明但不理性的人。理性和智力的表达方式也存在差异。个体的理性或非理性更多的是通过外显行为表现出来，而非想法。

被试 10：理性和智力可以说既有关系又没有关系。我感觉一个人如果想理性地行动，那么他必须具备一定水平的智力作保障。因为理性行为是由头脑来控制的，智力在其中扮演着很重要的角色。而我觉得两者没有关系的原因是几乎所有的聪明人都会做出非理性行为。当聪明人被情绪所控制的时候，言行举止就不经大脑了。

被试 13：理性和智力在某些方面是关系密切的，不过，一个人可以非常理性但不聪明，反之亦然。很多人的行事风格非常理性，但是，并不是每一个理性的人都十分聪慧。虽然他们有很强的推理、思维和行为能力，但他们在理解、知觉、处理信息时也许会遇到困难（也就是说，他们也许不擅长学习，但有很多街头智慧，善于解决日常生活中遇到的问题）。另外，有很多聪明人很擅长理解、加工外在刺激和信息，但他们的思维僵化，不能灵活地运用知识。我认为理性和智力肯定是不同的概念，但它们之间又有着一定的联系。

被试 17：由于理性和智力都涉及推理能力和理解力，所以两者之间关系密切。但是，我认为智力水平，或者说一个人获取知识的能力在一定程度上是与生俱来的，而理性则是可以习得的。随着阅历的增加，人们可以通过学习使自己的决策越来越趋于理性。我觉得聪明人可以更快地掌握理性思维和行动，从这个程度上来讲，理性和智力之间是有关系的。如果一个人不够聪明的话，他理解概念、经历的方式都会有所不同。

被试 30：理性与智力之间的关系非常密切。两者都要求个体具有多角度看待事物的能力，以及对事物进行分解并分析的能力。理性表现为在决策过程中丝毫不掺杂情绪化的因素。基于此，有些聪明人可能会时常做出不理性的行为。有些理性的人在做事时可以不受情绪的影响，但是他们也许对于决策结果的预见能力稍差。在某种意义上，理性和智力似乎相关，但在很多方面却又十分不同。

这些答案表明，民间心理学可以觉察到理性障碍的存在，其标志性信号就是普通人也可以区分出智力与理性之间的差异。在我们的实验中，由于前面提出的问题会引起被试对理性概念的特别关注，有可能会提高被试对理性与智力的分辨能力。不过这也恰恰是我要重点说明的问题。如果先诱导被试思考"理性"的概念（通常我们都不会立即想到这个概念），他们可以轻轻松松地区分出智力与理性的不同，但在解释为何聪明人常做蠢事现象时会遇到一些困难。

行文至此，希望大家对本章题目"给智力概念瘦身"已形成了直观认识。需要"瘦身"的是智力的概念内涵，即将所有重要的心理品质都整合到智力概念中，或是将备受推崇的积极心理品质附加到智力概念中的理论发展倾向。我们应该根据MAMBIT约束智力的定义范畴。通过压缩智力的概念内涵，给那些由于智力测验未涉及而备受轻视的心理品质（比如理性思维）留足发展空间。由于我们的文化一直以来都只关注智能、智力这些概念，以至于其他同等重要的心理品质并未得到应有的重视。理性障碍的发生原因正是由于这些心理品质没有得到足够的关注和发展。在接下来的几章，我们将了解到理性障碍发生的原因，以及它为何如此普遍。简而言之，我们将了解高智商无法对非理性行为和思维产生免疫的原因。

第 5 章

为何聪明人常做蠢事

> 如果在丛林中遇到雄狮,当我那擅长内省、凡事深思熟虑的祖先还在思考接下来该做何反应时,恐已成为狮子的腹中午餐。但是,他那不假思索迅速逃命的表哥却得以幸存……很多证据表明,我们人类远远没有自认为的那样遇事都会进行审慎思考。
>
> ——纳西姆·尼古拉斯·塔勒布,《黑天鹅》,2007

> 实际上,所有动物在严酷的自然选择法则重压之下,都愚蠢到只残留了可以快速逃生的智能。
>
> ——彼得·理查德 & 罗伯特·博伊德,《只靠基因是远远不够的》,2005

若想找出一个理性障碍的例子,可谓不费吹灰之力。在个人理财领域,我们在第 2 章中讨论过的约翰·保罗斯(John Paulos)和大卫·丹比(David Denby)的案例并不鲜见。现在我们已大概知晓了为何像保罗斯和丹比这样绝顶聪明的人也会在市场低迷时严重亏损,而在市场繁荣时却会错失赚钱良机。试想我们现在正身处股票市场极其动荡的 1998 年年初到 2001 年年末这段时间。在这 4 年间,第一手技术价值共同基金（Firsthand Technology Value mutual fund）表现良好，公司公布的年盈利率为16%，也就是说，这只基金在这4年中平均每年净赚了16%。但是，这只基金的投资者在这4年间的平均亏损率约为31.6%[1]。1998～2001年，当第一手技术价值共同基金的年均盈利率是16%时，投资者在这只基金上总计亏损了19亿美元（是的，19亿！）。为何会发生这种事情？为何一支年盈利率为16%的基金，能够让同期的投资者损失如此惨重？

反思片刻，即有答案。年平均16%的投资收益率对那些1998年买入，之后一直持有该基金，直到2001年卖出的投资者来说是成立的。但是，多数投资者在这4年间并非一直持有该基金，而是在不同的时间点认购，并在不同的时间点赎回——投资者常常会反复多次认购、赎回。第一手技术价值共同基金在那段时间的表现非常不稳定。当它盈利时，盈利率很高；而当它亏损时，亏损率也很高。现在，上述悖论就很容易解释了（某种程度上说明了理性障碍发生的广泛性）。投资者之所以在这只基金上亏损巨额资金，是因为他们**恰巧在错误的时间**认购和赎回。换句话说，他们通常会在基金的高价位点上买入，并在低价位点上卖出。加之这只基金的波动幅度较大，当它升值时会升至非常高，而当它跌价时会跌至非常低，所以导致了这只基金投资者的巨额亏损。

这类"被自己打败"的行为并非仅仅发生在第一手技术价值基金这一则案例中。例如，同时期的骏利墨丘利基金（Janus Mercury Fund）的年均盈利率为13.9%，但是，这支基金的投资者却是亏损的（年均亏损率7.4%）；富达积极成长基金（Fidelity Aggressive Growth）年均盈利率为2.8%，而他的投资者年均亏损24.1%；景顺动力基金（Invesco Dynamics fund）的年均盈利率为7.0%，但是它的投资者却每年亏损14.4%。财经记者贾森·茨威格（Jason Zweig）在研究了1998～2001年间700家共同基金的表现后，他注意到"很显然，基金投资者的实际收益通常远低于基金公布的预期收益，有时缩水率甚至高达75%"（2002）。茨威格告诉我们，他研究的这700家基金的平均年收益率为5.7%，但是，投资者的平均年收益率仅为1%。茨威格引用福特基金会的劳伦斯·西格尔的话说："如果基金投资者的盈利率真的如基金公布的利润数据一般，他们早就已经赚得盆满钵满了。为何并非所有的投资者都有盈利？因为人们不断地在搬起石头砸自己的脚"。那些"搬起石头砸自己的脚"的人无疑是不理性的。由于多数股票投资者都来自于高收入群体，而高收入与高学历有密切关联，因此，我们有理由相信，这类大规模的投资表现欠佳行为（投资者在面对潜在盈利机会时，却总计损失了2 000亿余美元）表明了理性障碍发生的广泛性。

对于这类非理性行为的心理过程，心理学家已进行了很多探索，并初步了解了这类行为发生的心理机制。例如，许多人对他们的知识储备量过度自信。他们自认为知道的事实，远比真实知道的要多，这些人认为自己处理信息的速度和效率优于他人。对于一个股票市场投资者来说，这是一种非常糟糕的心理特质。大盘指数的变化是基于极其复杂的技术分析运算产生的，大盘的点数和股票的价值变化是对各种信息进行充分、全面的分析后得出。对于"周末投资者"来说，他们认为自己可以发现在分析过程被忽视的信息，并试图从中牟利。这种想法是非常愚蠢的。数以千计的投资者（多数拥有较高智商）饱受这种非理性思维特质的折磨。结果，他们的这种过度频繁交割的投资行为拉低了总的投资回报率。频繁交易增加了额外成本，由于他们的交易行为并非基于什么高深的知识，他们希望把握最佳"市场时机"（表现为反复地进出市场）的企图反而减少了投资回报。讽刺的是，不那么自信的投资者倾向于固守"购入并持有"的保守策略，而这恰恰被私人金融专家认为是最为明智的选择。这种对投资行为影响较大的心理特质被称为过度自信倾向。心理学家已开发出一些测评工具对其进行评估。

第二种致使人们犯投资错误的心理特征，在多数情况下是非常有用的。人类大脑通过进化发展出不断地搜寻各种既定模式的认知方式。我们不断寻求发生在我们身边的事物间的相互关系、究其原因并寻找其意义。这种思维特征无疑是极具适应性的，但是它带来的副作用会让人们给随机事件赋予意义。这种行为模式时常发生在股票投资者身上。股票大盘以及各只股票的走向不断受到一些不可预知事件的影响，但这些随机事件对于公司的分红（股票长期价值的主要决定性因素）并无影响。投资者试图对这些随机事件进行解读并做出反应，这种做法无疑是非常错误的。有一些投资者对消息的反应阈限非常低，任何风吹草动就会让他们过度反应。这种为随机事件寻求解释的心理倾向导致投资者频繁交易，进而减少了长期收益。

导致过度频繁交易的第三个因素是"短视损失厌恶"（myopic loss aversion）。这个理论是 2002 年诺贝尔经济学奖获得者、认知科学家丹尼尔·卡尼曼的获奖成果是判断与决策的前景理论（prospect theory）的组成部分。卡尼曼和他的合作者阿莫斯·特沃斯基提出，人们对预期损失的主观评估感受大约是预期收益的两倍。也就是说，损失 100 美元导致的痛苦强度，是获得 100 美元诱发愉悦感的两倍。"损失厌恶"（loss aversion）的概念就源自这种现象[2]。"短视"是说人们监控投资的时间尺度与投资期限的时间尺度出现不同步的现象。例如，一位 40 岁的投资者在进行退休投资时，如果他每小时、每天，甚至每周都检视自己的投资状况的话，这就是"短视"。金融专业人士建议这位投资者以每月一次的频率检视自己的投资状况即可，最理想的状态是每年四五次。

等一下，通常意义上讲，不是获取的信息越多越好吗？为何频繁地对财务状况进行监控却成犯错误了？对，大错特错。股票市场风云莫测，涨跌不定。人们害怕损失（请回忆"损失厌恶"），因此，会对股票市值下降做出更为强烈的行为反应。每一次股票下跌，都诱惑着投资者将股票卖出变现，进而避免或减少损失。那些频繁监控投资状况的投资者，他们在一次次地检视自己的投资账户时，面临着更多的诱惑，有更多的"机会"将股票卖出。相对比那些不经常查看投资情况的投资者来说，对自己账户状况了如指掌的投资者更容易臣服于卖出诱惑。当投资者将股票卖出变现之后，那些勤于监控账户状况的投资者常常能第一时间注意到跌势已止，价格开始上涨，简而言之，局势安全了，于是投资者又开始跃跃欲试。一旦他们在这种情况下买入，那么，他们就完成了股票市场上最忌讳的事情：高买低卖。

上述探讨的3个因素——过度自信、对随机事件的过度反应以及短视损失厌恶，是已被广泛接受的用于解释个人金融领域不良行为的理论。认知心理学的研究表明，上述思维特征具有个体差异性，并可通过在实验室中完成特定的认知任务进行测量。由于这些思维方式与智力水平无关，因此导致了理性障碍的大规模爆发案例：数以百万计的高智商投资者在原本该盈利的情况下，痛失数十亿美元。毫无疑问，理性障碍随处可见。为什么发生率如此之高呢？

人类是认知吝啬鬼

大脑有两个特征致使人类不够理性。一个是处理信息方面的缺陷，另一个是内容缺陷。对于这两种认知缺陷，智力均未提供让人类能够不受影响的免疫力。

人类在思考问题时，大脑对认知资源的分配和使用极为吝啬，我们称为"认知吝啬鬼"。围绕着认知吝啬鬼开展的研究是过去30年间心理学和认知科学领域的重要研究主题[3]。当遇到问题时，我们的大脑有多种可用的信息计算机制。但是，这些机制各有利弊，都需要在功率和消耗之间有所取舍。有些认知机制有强大的计算功率，它们可以非常准确地解决大量问题。但是，这种高功率需要付出一定的代价，即占用大量的注意资源，运行缓慢，并且会干扰到同时进行的其他想法和行为。相比来说，另一种信息加工机制的功率较低，但优点是低能耗。有很多问题难以使用这一类机制进行解决，并且这类加工机制在处理信息时的准确性无法得到保证。但是，它们的加工速度快，与同时进行的其他认知任务互不干扰，仅需要极少的专注力即可。它们就是我们在第3章讨论过的类型一加工，也称作启发式加工。

由于人类大脑默认的加工模式是低能耗的类型一加工,因此,人类在多数时候都是认知吝啬鬼。当人类同时加工处理两个任务时,其中一项任务占用的认知资源越少,意味着可被用以完成另一项任务的认知资源越多。这种机制看似是具有适应性的。然而,这种对简单认知机制(认知吝啬鬼)的默认偏好,意味着人类通常是不够理智的。在现代社会中,越来越多的决策需要我们做出精确的反应,这种精确性远非启发式加工可以达到的。类型一加工过程所能够提供的通常是与最佳反应接近的快速解决方案。但是,现代生活对于信息加工的准确性有着越来越高的要求。对于那些依赖自动加工机制的人来说,现代科技社会可谓危机四伏。蓬勃兴起的广告业,正是利用了这种加工机制的缺陷。市场经济体制下,到处都潜伏着试图利用人类的认知缺陷赚上一笔的陷阱,自动化加工机制日益威胁着人们的幸福生活。认知吝啬鬼将严重阻碍个体目标与理想的实现。

我们为何成了认知吝啬鬼

人类总在想尽办法减轻认知负担,试图让自己尽可能地处理更少的信息,然而,正是这种想法致使我们常常会深陷不理性的泥潭。人类为什么是认知吝啬鬼,而不是完全理性人?一言概之——进化。进化塑造了人类今日的认知机制,进化造就了人类的非理性。

进化为何没有将人类塑造为完全理性人?[4] 理性是基于"最大化原则"进行定义的(以工具理性为例,使行为的预期收益最大化)。而自然选择是基于"更好"原则。正如理查德·道金斯所说:"自然选择从当前可用选项中选出那个'更好的'方案……进化塑造的动物并非是完美设计方案的成果,也并非差强人意的无奈选择,而是历史变更过程中同时期诸多选项中那个更为适宜的选择"(1982)。简单来讲,进化论中变异与选择性保留的逻辑是基于一个生物相对于另一生物体的繁殖优势来说的，而非基于某一个特征的完美优化（包括理性）。有一种说法认为，进化应该被描述为幸存的"适应者"，而不是优胜劣汰后的"最佳选择"。

生物体在进化过程中不断地增加基因的繁殖适应性，而非人类理性。适应性的增加并不一定会带来理性的提升。以信仰为例，为了增加生物体的生存适应性，信仰无需引导人们精确的理解世界（参考本章引言中纳西姆·尼古拉斯·塔勒布的观点）。因此，进化并不能保证人类拥有完美的知识理性。例如，进化有可能不会选择高度准确的知识性思维机制，因为这种机制会消耗掉太多的资源（例如，金钱、能量和注意力）。信仰形成机制并非以最大化保存事实为原则的另一个原因是"相对比一个需要深思熟虑、证据确凿才能做出的判断来说，胆小甚微、风险厌恶的推论策略，即基于少许的证据快速得出即将身临大敌的结论，通常会带来较多的错误信念，较少的真实信念。然而，自然选择却钟爱这种不可靠、易出错、风险厌恶的策略。因为自然选择毫不在乎事实与真相，它只关心是否能够繁殖成功。"（Stich，1990）

目标和欲望领域的情况与之类似。进化的目的并不是最大化人类的快乐与幸福。近些年情感预测领域的研究表明，人类其实并不擅长做出让自己开心的选择[5]。这个结果完全在意料之中。大脑中存在快乐神经回路的原因是鼓励我们做出有利于基因传递事情（例如生存、繁殖、帮助亲戚），而非为了使我们享受更多的快乐时光。

进化之所以不能确保人类具有工具理性，还有另外两个原因。第一，由于环境的剧烈变化，原本根植于大脑中的许多基因设定的预订目标已无法达成。例如，千百年前，人类需要积累尽可能多的脂肪以获取更多的生存机会。脂肪越多，意味着可以活得越久。在远古时代，人类的平均寿命很短，只有少数人类可以活到适于繁殖的年龄，更长的寿命意味着更多的基因传递机会。简而言之，当储存能量是一件对生存和繁衍有益的事情时，人类通过进化改进了储藏和使用能量的生理机制。然而，在当今这个麦当劳随处可见的现代科技社会，上述生理机制已经不能达到提高繁殖概率的既定目标，这种生理机制背后的目标已经与相应的进化情境剥离开来。最后，由于理性标准的文化变革速度远远快于人类进化的速度，因此，提供了大量将效用最大化机制与基因适应最大化这两者分离的机会[6]。我们的进化史并没有提供给我们一个默认设置为理性的大脑。

第二，正如在第3章中讨论过的，对心智多重加工理论的研究告诉我们，大脑的某些处理过程时常与另外一些处理过程发生争斗。我们的部分心智是工具理性取向的——致力于实现个人目标。反之，脑内另一些处理过程倾向于简单粗暴取向——致力于实现远古基因的目标，而非是当下的个人目标（比如，许多类型一加工）。进化使得一些认知吝啬鬼信息加工倾向成了默认选项。在千百万年前，这些默认方式也许是非常棒的，但是，在环境发生了剧烈变化之后的今天，这些默认选项已不能很好地服务于人类需要了。

为什么理性障碍如此普遍

简言之，人类大脑天生懒惰。在没有具体线索提示个体需要避免最简化信息处理（比如，考试就是一种提示线索）的情况下，人们通常会成为认知吝啬鬼，受困于非理性。不过，认知吝啬鬼在信息处理时的方法也并非千篇一律，他们会采取多种多样不同的策略，这就意味着每个人的认知/行为特征都有所不同，人类的理性程度存在着个体差异。另外，我们还会发现，策略多样性与智力之间几乎没有相关关系。

在本章中我已提到过，人类大脑不理性的主要特征有两种：一是信息处理过程问题，二是内容问题。所谓信息处理过程问题就是受到认知吝啬鬼的影响。内容问题是指我们在进行理性的思维和行为时，所必需的某些具体知识结构。当理性行为所必需的思维结构缺乏时，我将其定义为"心智程序问题"，参考的是帕金斯对"心智程序"的定义，即个体在决策和问题解决时，能够从记忆中提取出的规则、知识、程序和策略。在第10章和第11章中，我会具体讨论导致人类不理性的心智程序问题。

评估人类行为的理性标准是社会和文化发展传承的产物，独立于基因得以保存和传承。21世纪概率理论、经验主义概念、逻辑和科学思维的发展，给人类提供了形成信念、修正信念以及行动推理的概念工具。它们以"心智程序"的形式安装进人类大脑，代表着孕育了人类理性的文化成就，随着社会发展，产生了越来越多的理性文化工具，这些工具逐渐在人群中流传开来。现代社会一名统计学专业大二学生，如果可以带着他已学的统计学知识穿越到几世纪前的欧洲，也许可以通过频繁出入赌局而发家致富（或是涉足保险或彩票业）。

概率思维、逻辑、科学推理等理性工具，通常是个体没有完全掌握或是根本没有注意到的心智程序。由于未掌握某些心智程序而导致的不理性，我将其称为"心智程序缺陷"。另外一类心智程序问题产生的原因在于心智程序本身是有害的、无用的，不能帮助个体实现目标（工具理性）或是建立正确的信念（知识理性）。事实上，很多心智程序都是导致非理性行为，阻碍目标实现的直接原因。我将这一类问题称为"污化的心智程序"。

每个人在思维过程中都会受到认知吝啬鬼的影响，这是一种具有普遍性的人类心理特征[7]。与之类似，心智程序故障在一定程度上来说也是多数人思维特征的一部分。简单来说，所有人都是认知吝啬鬼，都经历过心智程序问题所导致的认知谬误。非理性是所有人行为和思维的特点，只是程度不同而已。然而，不同认知吝啬鬼处理信息的方式不同、认知程序缺陷的程度不同、污化心智程序对人的影响深度也存在不同。所有的这些差异都无法通过智力测试进行评估。高智商群体成为认知吝啬鬼或是出现心智程序故障的概率仅比普通群体低一点点[8]。从统计学角度来看，理性障碍应该是一种不受智商高低影响的普遍现象。换句话来说，如果非理性是一种常见的现象，并且与智商之间仅有微弱相关，那么高智商群体中的非理性行为绝非罕见。

思维谬误和理性思维

虽然本书关注的是理性这种最优思维方式，不过接下来的几章我将着重介绍几种思维谬误的产生原因。究其原因，主要在于理性概念的多维性，它要求个体具备多种不同类型的心智程序。为了避免非优化的自主心智自作主张参与思维过程使其走捷径，需要多种反省心智倾向作为保障。现有的测量手段很难对思维成分的优化程度进行评估，也就是说，很难评价一个人是否具有"完美理性"。研究者发现，测量个体是否会违反某一理性规则，是否会犯某一类型的思维谬误，比评估个体的思维是否优质容易得多。这就好比我们在观看一场橄榄球比赛，四分卫在场上的技术细节表现完美时，我们通常很难察觉，但如果他传出一记糟糕的抛球，观众立即就能识别出来。

事实上，很多领域中的优劣评估都与观看橄榄球场比赛十分类似。相对于识别、分辨优秀的认知表现，别人的错误更容易被觉察到。评论家尼尔·博斯曼（Neil Postman）认为，优质思维的教育家和倡导者所采取的立场与医生或律师很相似[9]。对于医生来说，确认某人拥有"完美的健康"是一件非常困难的事情，但是，诊断某种疾病就容易得多。与之相类似，律师很擅长指出不公正和有违民权的做法，但却很难定义何为"完美的公正"或是"理想的公民权利"。博斯曼强调，教育家应该向医生和律师学习，聚焦于识别思维谬误，而不是试图定义何为"完美思维"。理性心理学领域的实证研究所遵循的正是这样的逻辑思路，聚焦于识别思维谬误，就像外科医生只关注疾病一样。

接下来的几章，我将依次介绍理性思维必需的多方面条件与要求。如果想同时具备知识理性与工具理性，要求个体必须表现出深思熟虑、自我行为约束力、审慎的决策、明智的目标优先级设定并对证据进行合理校正。例如，知识理性（信念与客观世界相吻合）要求个体具有概率推理和证据校正的能力。工具理性（最大化的目标实现）要求个体严格遵循各种理性选择原理。由于认知吝啬鬼、重要心智程序缺失和污化心智程序影响等原因，会让个体采用非理性的思维方式，出现各种思维谬误。若想避免思维谬误，可以通过获取理性思维心智程序的方式避免过度使用认知吝啬鬼的思维策略。

第二部分

人人都是认知吝啬鬼

大脑在使用认知资源时极为吝啬,喜欢走捷径,我们简称之为"认知吝啬鬼"。人类在大多数时候都是认知吝啬鬼。认知吝啬鬼常常致使我们深陷不理性的泥潭,严重阻碍我们实现目标与理想。

提高理性有两条途径,第一条途径是避免先天的信息加工缺陷(即认知吝啬鬼),第二条途径是给自己大脑安装好的心智程序,抵制坏的心智程序。

第 6 章

认知吝啬鬼

人类大脑所遵循的准则是：能不用，则不用，该用脑时也不用。

——大卫·赫尔，《科学与选择：生物进化与科学哲学论文集》，2001

请大家先来看一道思考题，这个问题是由赫克托·莱维斯克（Hector Levesque）提出的，我们的研究团队围绕着这个问题开展了很多研究。

杰克正看着安妮，而安妮正看着乔治。杰克已婚，乔治未婚。请问是否有一位已婚人士正在看着一位未婚人士？

A. 是　　　　　B. 不是　　　　　C. 无法确定

在继续往下读之前，请先给出你的答案：A、B 还是 C？

我们的研究发现，人们在这道题目上的错误率高达 80%（超过 80% 的人给出的答案都是错误的）。绝大多数人选择了 C(无法确定)，而正确答案其实应该是 A（是）。心理学中有个概念叫完全析取推理（fully disjunctive reasoning）[1]，当我们了解并使用这种推理方式来回答这个问题时，答案就显而易见了。完全析取推理是指面临诸多选项做出决策时，或是在推理任务中选出最佳问题解决方案时，对所有可能性及其结果进行分析、采择的思维过程。析取推理是一种系统性且速度较慢的信息处理方式，是前面几章中介绍过的类型二加工的一种。

如果想正确解答上述问题，就有必要对安妮所有可能的婚姻状态进行考量。如果安妮已婚，那么答案将是"A. 是"，因为她正在看着乔治，而乔治是未婚的。如果安妮未婚，那么答案依然是"A. 是"，因为已婚的杰克正在看着未婚的她。对所有的可能性进行分析（完全析取推理策略）后可以得知，无论安妮婚否，我们都可得出"一位已婚人士正在看着一位未婚人士"的结论。该问题的题干中未提及安妮的婚姻状况，让我们觉得这道题目因为信息不足而无法得出结论。这是人们最容易想到的答案，但是，不好意思，这却是一个错误的答案。"认知吝啬鬼"是以肤浅著称的类型一加工的显著特点。换句话说，人们倾向于寻找显而易见的表面信息，而不愿意对已有信息进行加工推论，进而得出更全面准确的信息。这种认知加工特点是多数人对这个问题给出"无法确定"答案的主要原因。人们往往会根据已知信息进行最简单的（错误的）推理，而不愿进行稍复杂但是能够得出正确答案的完全析取推理。

进行完全析取推理要求人们克服成为"认知吝啬鬼"的冲动，也就是说，避免在对信息进行肤浅加工的基础上给出答案。实际上，在被告知需要进行完全析取推理时（考虑到所有的可能性），绝大多数人都可以做到。然而，事实却是绝大多数人在遇到问题时都不会自动进行完全析取推理。我们也许会认为高智商群体在这一类需要使用析取推理的问题上会表现得优秀很多，其实，在没有明确告知需要使用析取推理的情况下，高智商人群采用这种推理方式的可能性和普通人相差无几。本章开始时提到的安妮问题就没有给出明确的线索让解题者使用析取推理。我的研究小组发现，高智商人群在解决安妮问题及其他相似问题时的正确率和普通人相仿。如果在解题时给予提示，请答题者考虑所有可能的情况，那么高智商人群的反应会更快，更有效率。不过，在没有提示的情况下，他们也会使用简单的认知方式去解决问题。如同其他所有人一样，高智商人群也是认知吝啬鬼。智商与自动使用析取推理之间并无关联。

在启用完全析取推理失败时（没有考虑到所有的可能性），我们通常对此毫无察觉，原因在于类型一加工迅速启动并取代了完全析取推理。丹尼尔·卡尼曼和他的同事肖恩·弗莱德里克（Shane Frederick）在一项研究中让被试解答下面这个问题[2]：

球和球拍的总价是 1.1 美元，已知球拍比球贵 1 美元。请问球的价格是多少？

许多人会脱口而出那个即刻进入脑海的答案：0.1 美元，而不去仔细思考这个答案的正确与否。试想，如果球的价格是 0.1 美元的话，那么球拍比球贵 1 美元，即 1.1 美元，球和球拍的总价则为 1.2 美元，而非题目中的 1.1 美元。只需稍作思考，即可知道 0.1 美元这个答案是错误的。然而，在卡尼曼的研究中，即使是就读于世界顶尖大学的学生，也常常会给出错误的答案，并且不假思索地开始做后面的题目，完全没有意识到自己因为使用了肤浅的信息加工方式而犯了错误。他们并没有意识到自己已臣服于类型一信息加工，未能采用类型二加工。弗莱德里克的研究发现，大量来自麻省理工学院、普林斯顿大学和哈佛大学的天之骄子，与研究中的其他普通人一样，都是认知吝啬鬼。

属性替换：认知吝啬鬼的惯用伎俩

为了减轻认知负担，我们的认知吝啬鬼常会耍花招。卡尼曼和弗莱德里克为我们揭示了认知吝啬鬼的惯用伎俩,即属性替换。当人们需要评估属性A时,却发现评估属性B更容易一些(A与B之间存在一定的关系),于是就改为评估属性B。简单来说,属性替换就是用简单的问题取代难题。

作为一种认知策略来说,属性替换在很多情况下是没有问题的。如果使用两种不同的策略都可以得到相同的答案,何不省省力气,选择那个简单一些的呢?即使替换后的属性并不是最完美的答案,至少可以让我们距离正确答案更近一些,总比找到答案却费尽周折要好。可是,在真实生活的特定情境中,过度概括的替代属性策略常常会导致严重的误差。

人们常常会犯的一个严重错误是违反支配关系原则。支配关系是决策理论中的一个专业术语,这个概念很容易理解。假设我让你拿起一个铲子,或者从一堆装饰画中选出带有桃心的一张,只要做到上述两件事中的任意一项,就给你100美金作为报酬;另外一个人提出,只要你画出一个桃心,就给你100美元。如果你拒绝了我,而接受了另外一个人的提议的话,恭喜你,你做了一个毫无争议的糟糕决定,因为你违反了支配关系原则。从支配关系的角度来看,我的提议处于支配地位。如果你赢得第二个提议中的100美金,那么你可以稳拿我提供的100美金;而如果你当初接受了我的提议,除了画一颗桃心之外,还有其他的渠道赢得报酬。

如果一个事件的结果集合中,包含另一个事件的所有结果,两者之间即是支配关系。当人们对较小结果集合的估值或概率估计高于较大结果集合时,就是违反了支配关系原则。卡尼曼和弗莱德里克通过研究发现了很多因属性替换而导致人们违反支配关系原则的例子。请看下面这个案例。研究者让一组被试估计在某个特定的年份中,密歇根发生的谋杀案数量。这是一个很难的问题,人们很难通过对既有知识的检索获取答案。为了给出这个问题的答案,被试需要回忆与问题有关的信息(包括该州的人口总数、听说过的犯罪事件及其他相关线索),在对这些信息综合考量的基础上进行估计。然而,这个研究的结果表明,人们在回答这些问题时并没有想太多（认知吝啬鬼）。研究中被试被分到两个小组中分别对底特律和密歇根州的杀人犯数量进行估计，底特律组的估值竟然是密歇根州的两倍！

显而易见，人们就上述问题给出的答案违反了支配关系（所有底特律的罪犯，都是密歇根州的罪犯）。人们在这个问题上犯错误的原因很简单，他们根本没有认真去思考并提取与这个问题有关的事实与信息，而是仅仅依据带有情感偏向的印象，估出一个或高或低的数字。相对于"密歇根州"这个地名来说，"底特律"三个字会让人们更多地联想到凶杀案画面，虽然从理性角度分析，底特律的凶杀案绝对不可能多于密歇根州，但人们仍然做出了底特律有更多凶杀案的估计。相似的原理还可以解释人们对下面这个问题的错误估计。在预估"一场发生在加利福尼亚州，由地震引发的洪水致使1 000人溺水身亡"和"一场发生于美国某处的洪水，导致了1 000人溺水身亡"两件事情的发生概率时，人们预计前者的发生概率高于后者。原因在于前者发生的画面更容易出现在脑海中，这种易得性影响了我们的概率估计判断[3]。

决策学领域的大量研究表明，属性被替代是根据对决策后果利弊的评估而做出的，是对当前可预见的前景的情感性评估[4]。这一类属性替代方式在多数情况下是非常理性的，因为情感确实会将结果的好坏转换成为是否有用的信号。可是，如果在进行情感价值评估时完全不进行分析性处理以及调整，问题就出现了。例如，仅仅依靠情感评估，会让人对影响结果的概率和数量特征失去敏感度。一项研究让人们对可能导致自己休克的情境进行评估，由于人们的思维被对当前情境的情感评估所占据，导致人们对于休克可能发生的概率非常不敏感。人们在回避1%的可能性休克和回避99%的可能性休克这两种情境中，愿意付出相同的代价。很明显，对休克的强烈情感反应吞噬了被试对概率进行评估的能力。

无独有偶，资源经济学中一项公众对环境破坏进行评估的研究也发现，情感反应会干扰人们处理重要量化信息的能力。这项研究请被试回答如下两个问题。

情景1：要拯救200 000只沉溺于油潭中的鸟，你愿意为此付出多少钱？

情境2：要拯救2 000只深陷油潭的鸟，你愿意为此付出多少钱？

结果发现，人们愿意在情境1（均值为88美元）中付出的金钱仅仅比情境2中稍微多一点点（均值为80美元）。研究者推测，成千上万只鸟集体沉溺油潭的这种画面所引发的强烈情感反应干扰了对实际需要救助的鸟的数量的关注，从而决定了人们对这个问题的判断与反应。奚恺元（Christopher Hsee）及其同事在另一项研究中进一步证实了这个推论。在这个研究中，研究者告诉一组被试："如果有科学家在亚洲发现了4只大熊猫，你愿意捐多少钱来拯救这4只大熊猫？"另一组被试需要回答相似的问题，只不过熊猫的数量由4只变成了1只。在这个研究中，两组被试都只读到一段阅读材料，没有看到任何其他的视觉图像刺激。相对于上面的鸟类研究，这个研究中涉及的数量较小，因此可以更为清晰地评估人们在决策过程中的所思所想。在这个情境中，相对于拯救一只大熊猫来说（均值11.67美元），人们愿意捐出更多的钱去拯救4只大熊猫（均值为22美元）。第二个研究，所有研究设计完全相同，只不过在提供了阅读材料之后，还为被试提供了非常可爱的大熊猫照片。结果发现，人们救助4只大熊猫与救助1只大熊猫的捐款金额完全相同。可爱照片所引发的情感反应使被试忽视了对数量的考量。

在股票市场上，人们都知道应该遵循"低买高卖"的交易原则，但情感导致的属性替换时常会阻挠这一原则的贯彻执行。当股指高开时，股市沉浸在一片欢乐祥和的氛围中，这种积极的情绪氛围鼓励非专业的投资者（以及许多专业操盘手！）受到积极情绪的影响而做出买入的决定。当股指下滑时，情况则完全相反。投资者已经开始亏损，而担心进一步加深亏损的恐惧情绪控制了决策氛围。股票市场触发了负性情感反应，导致人们通常不会做出低价买入的行为，而是会选择卖出。因此，情感性评估使得投资者高价买入、低价卖出，与"低买高卖"的投资原则南辕北辙。在金融投资领域，作为一个认知吝啬鬼所付出的代价是非常高昂的。在我们上一章讨论过的共同基金案例中，投资者由于高买低卖，导致他们在1998～2001年损失了数十亿美元的未得收益。情感性替代是导致这类昂贵的非理性行为发生的主要认知特征之一（其他的包括损失厌恶、过度自信以及对随机事件的过度解读）。

认知吝啬鬼的工具：生动、出众与可得性

认知吝啬鬼对信息的生动性和鲜活性异常敏感。非理性行为和信念之所以一而再再而三地不断发生，主要原因在于人们无法抗拒那些活灵活现却不具代表性的数据的影响。让我们来看看下面这个例子。假如你的朋友驾车20英里送你到机场坐飞机，你飞行距离是750英里。当你们离别时，你的朋友很有可能会跟你说："一路平安！"然而，你朋友说的这句话细想起来是非常搞笑的，因为他返程驾车20公里在路上死于车祸的概率是你飞行750公里死于空难概率的三倍！相对于我们日常生活中的大多数活动，驾驶机动车是非常危险的，但是，在我们头脑中，汽车事故的画面并不像飞机失事现场画面那么鲜活、真实[5]。这种信息的鲜活性影响了个体的理性判断，因此，身处死亡高风险的A反而去祝福较为安全的B一路平安。

在2001年的"9·11"恐怖袭击之后，由于人们害怕飞机失事，导致选择飞机作为出行工具的人数骤减。然而，人们并不会因为恐怖袭击而宅在家里，放弃出行计划，只不过选择了其他交通工具。汽车是多数人排除飞机之后的首选项。然而，汽车出行比航空出行要危险得多，因此，从统

计学上可以得出肯定的结论：出行工具更改为汽车，会导致更多的人死亡。实际上，研究者通过调查发现，仅在2001年的最后一个月，由于放弃飞机选择驾车而增加的死亡人数就超过了300人。一个研究小组用更为直观的方式向我们展示了驾驶汽车的危险性。他们通过计算得出，如果使航空飞行和驾车的危险程度相同，那将意味着"9·11"事件每个月都发生一次！

这一类由媒体传播的生动画面导致的决策偏差在各行各业都广泛存在着。例如，虽然每年有4 500万的美国人深受糖尿病的折磨，而在医院中感染葡萄球菌的人数仅为1 500人，但我们身患糖尿病的风险远远小于在医院感染葡萄球菌的风险。尽管有真凭实据摆在眼前，但就我自己而言，我更愿意改变自己的饮食结构和锻炼习惯来控制糖尿病的发生风险，而不会操心感染葡萄球菌的事儿。

认知吝啬鬼喜欢加工那些与众不同的信息，这种倾向常常会让认知吝啬鬼误入歧途。某些特定形式的信息似乎格外与众不同，公彦山岸（Kimihiko Yamagishi）的研究向我们揭示了这类信息形式。在他的研究中，使用了两种不同的疾病描述方式，一种是每万人死亡1 286名；第二种是24.14%的致死率。被试对这两种疾病的危险程度评估结果发现，被试将前一种疾病的危险等级评定得更高。当人们读到"1 286人死亡"时，脑海中浮现的画面肯定要比一个抽象的百分比数字更为生动鲜活，这种画面所引发的情感反应导致了不准确的判断。为了表明这个研究巨大的潜在应用价值，山岸将这篇文章命名为"在什么情况下12.86%的死亡率比24.14%的死亡率更加危险？——基于风险沟通的启示"[6]。

毫无疑问，一张图片或照片的鲜活生动性要远远高于统计数字，也就是说，将一个死板的数字变成一个具体的人物会大幅提升信息的生动性。认知科学家保罗·斯洛维克（Paul Slovic）做了这样一个实验。在研究中，请求被试向"拯救孩子"（Save the Children）慈善基金会捐款。在被称为"统计的受害者"的实验情境中，被试看到了很多相关的统计信息，比如：

"马拉维的粮食短缺问题影响了超过300万儿童;在赞比亚,大暴雨导致了2000年来玉米产量下降了42%,致使约300万赞比亚人面临着饥荒;埃塞俄比亚有超过1 100万人急需食物援助。"在看过这些数据后,请求被试捐款来改善这些问题。在第二个"可辨认的受害者"的实验情境中,给被试展示了一个受害者的照片,并讲了一个故事,故事中包含以下信息:"Rokia,7岁,来自非洲马里,她的家庭非常贫困,常常吃了上顿没下顿,甚至会面临饿死的威胁。她的生活,会因为您的捐赠而变得更好。"研究结果发现,人们在"可辨认的受害者"情境中捐出的金钱数额是"统计的受害者"情境中的两倍[7]。

"货币错觉"是一种与出众效应相关的现象,得到了行为经济学家的广泛关注与研究[8]。这种错觉发生于人们过度地被货币价值的名称所影响时。简单来说,就是认知吝啬鬼仅仅关注货币的表面价值,而不综合考虑影响实际购买力的其他因素,比如通货膨胀、时间和货币兑换汇率等。一项有趣的研究证实了货币错觉现象的存在。在这个研究中,当人们使用数额是本国货币数额若干倍的外币购买东西时,人们的花费会更少(例如,1美元 = 4马来西亚令吉);当使用数额较小的外币时,人们会花费更多(例如,1美元 = 0.4巴林第纳尔)。这种现象表明了货币表面价值带来的影响:当一件商品用数倍于本国货币的数值标价时,它看起来更加昂贵(因此人们会减少花费);当商品用较小的金额标注时,它看起来很便宜(会刺激人们花更多的钱)。上述现象说明,即使人们清晰地知道,在将货币数额转换成本国货币之前,数额本身并没有太大价值,但是,依然很难抑制住对货币表面价值做出反应。

"货币错觉"会给公共政策带来一些实实在在的影响。在2006~2007年间,美国上下因汽油价格一路飙升至历史最高的3美元/加仑而陷入了恐慌(民众呼吁采取政治行动干预)。然而,这个价格并非史无前例的高点。如果考虑到通货膨胀因素,2006~2007年间的汽油价格远低于1981年。事实上,如果从居民购买力的角度来分析,2006年的汽油价格比

1978～1981年间的价格都要低。

启发式加工：决策过程的量与质

前面列举了很多认知吝啬鬼常用的思维捷径以及陷阱，但我并不是说使用这些思维捷径是完全错误的。相反，心理学领域有大量的研究表明，在很多情况下使用这类启发式加工是非常有效的[9]。启发式加工常常被用来指代类型一加工，这种加工速度快、自动发生、计算简单并且不会充分分析所有的可能性。因此，一种用来形容认知吝啬鬼的方式是：它大量地依赖启发式加工。

毫无疑问，我并没有否定启发式加工的作用。我所强调的是要警惕不分场合、随时随地使用启发式加工的危险性，尤其是在现代社会，越来越多人为设计的陷阱故意诱使认知吝啬鬼中圈套。如果过度依赖启发式加工，将失去个人的自主性。成为认知吝啬鬼会使得我们对广告推销毫无抵抗力。面对人为操控的环境，如果我们放弃了思考，那么，我们的行为将被那些开发出触发自动化思维模式倾向刺激的人牵着鼻子走。我们的生活方向将被那些控制着符号化环境的人所引导。这使得启发式加工成为一把双刃剑。认知吝啬鬼可以为我们节省很多认知资源以备其他的任务使用，与此同时，当一个情境需要精确反应而不仅仅是一个快速、粗略的回应时，启发式加工未免太过概括笼统。

不宜使用启发式加工的情境也许并不算多，但这些情境往往是非常重要的。一种思维策略的重要性并不是简单地通过计算它的使用数量所决定的。我们不能因为启发式加工在98%的情况下都可以得到一个足够接近的结果，就放弃对其做审慎的分析，因为剩下的2%可能是会扭转我们人生的关键事件。这一观点来自《货币》(*Money Magazine*)杂志对一位共同基金领域的领导者拉夫·瓦格纳所做的访谈。瓦格纳在访谈中说："我们在日常生活中所做的 99% 的事情，我将他们归于'洗熨衣服类决策'，是指一些我们必须完成，并且没有机会比其他人完成得更好，且没有什么太大价值的事情。我们偶尔会做出一些给生活带来巨大改变的事情，比如决定结婚、生子，或者如果你是一个投资者，你买了一只价值翻了 20 倍的股票。也就是说，我们的生活是被为数不多的事情所掌控的。"

简而言之，我们在生活中做过数不清的决策，但真正对生活满意度产生影响的仅仅是决策总体中一个很小的集合而已。决定从事的职业领域，从事哪一份工作，与谁结婚，如何投资，定居在何处，如何置业，以及是否要孩子，当我们几十年后回看人生时，也许正是这几个简单的问题，决定了我们人生的全部。从数量上来说，我们的一生做过成千上万的决策，而这些支配我们一生的决定，大概只有二三十个。剩下的几千几万个决定，就是瓦格纳所说的"熨洗衣服类决策"。这二十几个决策，才是最有价值的。这些"非熨洗衣服类决策"通常是很特别的，这种与众不同的特征会致使启发式加工毫无用武之地，原因有以下两点。第一，这些数量很少、不经常发生的事情使得潜意识的内隐学习机制没有机会学习到用于启发式加工的信息。第二，如果这些事情是独一无二的，那么从进化角度来说，没有太多加工此类信息的经验，因此，不会有具有进化适应性的潜意识模块来帮助我们加工相关信息。基于上面两个原因，我们有理由怀疑启发式加工是否有足够的资质去处理这些问题。启发式加工可以提供的那些"快速但劣质"的答案，很可能被用于我们生命中这二三十个"非洗熨衣服类决策"，引导我们的生活误入歧途。

认知捷径和个人自主性

有些非常有用且有效的启发式加工，很容易变身捣蛋鬼，给我们惹来麻烦。原因就在于这些启发式加工太容易被触发了。几十年前，阿莫斯·特沃斯基和丹尼尔·卡尼曼发现了锚定与调整启发式[10]。当我们必须要对一个不知道的数量做出估计时，锚定和调整启发式加工就开始发挥作用了。使用这种认知策略时，我们会先锚定一个最容易从大脑中提取出来的相关数字。然后，基于已知的特定信息调高或调低这个锚。

这个信息处理过程看起来还不错。可是，当这个可以被用于锚定的数字与我们即将要处理的问题毫无关系时，问题就出现了。在一个经典实验中，特沃斯基和卡尼曼向我们展示了锚定倾向在使用认知资源时是何等吝啬——它完全懒得对锚定数据与问题间的关联性进行评估。实验让被试看着一个数字转盘，当指示器停留在任意一个数字上时（通过故意操作使这个数字是65），询问被试：非洲国家在联合国所占的百分比是高于还是低于这个数字。在回答完是高还是低之后，要去被试尽量准确地估计非洲国家在联合国所占的百分比。另一组的被试所经历的实验程序与之相似，唯一不同是指示器停留的数字是10。他们也被要求回答是高还是低的问题，并尽量对真正的百分比做出最为准确的估计。由于在第一个问题中使用的是随机数字转盘，按道理说，第一个问题中出现的数字与被试回答第二个问题应该是毫无关联的两件事情。但是，研究结果发现，出现在转盘上的数字严重影响了被试对第二个问题的回答。第一组被试（45%）对第二个问题的估值远远地高于第二组（25%）。

事实已经很清楚了，两组被试都在使用锚定和调整启发式加工——高锚定组调低了锚定值,低锚定组调高了锚定值——但两组的调整都太过"黏性"。他们两组的调整力度都不够，因为他们并没有充分考虑到这个锚定值其实是以随机的方式选择出来的。锚定和调整启发式揭示了锚定过程中对认知资源的吝啬，而无暇顾及锚定值与当前问题之间的关联性。

哪怕在锚定值非随机选取的情况下，认知吝啬鬼对锚定值的依赖性也太强了。因为，相对于从记忆中回忆、提取与当前问题相关的信息，使用锚定值是一个更为简单易行的捷径。研究发现，即使是经验丰富的房产中介在对地产的真实价值进行评估时，也会受到挂牌价格的影响。在汽车销售过程中，锚定与调整也发挥着关键的作用。销售人员希望引导顾客将预期价格锚定在 MSRP 上（官方指导零售价），然后以这个价格为基础开始讨价还价。因为他们知道，锚定调整过程是"黏性"的，在很大程度上受到 MSRP 的影响，最终的调整结果并不会偏离 MSRP 太远。消费者类杂志和网站给出的建议与上述做法完全相反，他们建议消费者获取经销商的进货价，并以此为锚定点往上还价。对于二手车来说，情况也很类似。销售人员希望从广告价格为锚定点开始议价，而消费者导刊则建议消费者参考蓝皮书⊖中的价格议价。销售人员和消费者导刊的做法都是对的。他们都知道协商的起点对于最终的协商结果有着举足轻重的作用。他们都知道，控制了锚定点的那个人，也意味着控制了整场谈判。

依赖于锚定的启发式加工在很多重要的情境中都会产生影响，比如司法判决。在人身伤害案件中，原告所要求的赔偿金额在一定程度上会影响法官对案件的判决以及原告最终获得的赔偿数。另外，统计数据表明，检方提起公诉的罪名也会影响到法官的保释决定。看来，大法官们也是认知吝啬鬼，他们屈服于简单的启发式加工，以减轻自己的认知负担。

锚定效应的产生与参照点的盲目使用有关。这类不动脑的信息处理过程会导致荒谬的行为。例如，它会让人放弃较多的收益，而选择较少的收益（例如，倾向于选择 5 美元，而不是 6 美元）。怎么会发生这种事情呢？斯洛维奇及其同事的研究为我们提供了一个案例。这个研究让被试对两个赌局的好恶进行评价，赌局一是 7/36 的概率赢得 9 美元和 29/36 的概率输掉 0.05 美元；赌局二是 7/36 的概率赢得 9 美元和 29/36 的概率一文不赢。结果发现，人们对赌局一的偏好度更高。他们还报告了另一项相似研究的结果，在对两个都会输钱的赌局进行好恶评价时，人们对 7/36 的概率赢得 9 美元和 29/36 的概率输掉 0.25 美元的偏好性高于上面的赌局二！在两场都会输钱的赌局中，人们以 5 美分和 25 美分作为参考值，认为 9 美元

⊖ 蓝皮书（bluebook），是美国查询旧车价格的手册。——译者注

是一笔大数目金钱。在无损失赌局中,并没有提供可作为参照的点,因此,人们对它的好感度较低。值得注意的是,这个研究中的被试违反了前面讨论过的优势结构,即理性选择的基础性规则[10]。

现状偏见:默认启发式加工

认知吝啬鬼剥夺个人自主性的另一种方式是过度使用"默认启发式"这种信息加工方式[11]。默认启发式的操作遵循一个非常简单的原则:如果你获得了一个默认选项,持有到底!这种启发式是基于20年前决策领域中关于现状偏见的研究提出的。20年前的研究还向我们展示了由于过度使用默认启发式加工,致使无法最大化实现目标。对于那些过度使用默认启发式加工的人们来说,他们的生活由那些有权设置"默认值"的人所掌控,使用默认启发式使得他们失去了个人自主性。

默认启发式加工会在经济和公共政策选择过程中发挥作用。一个研究小组报告了太平洋煤气电力公司(Pacific Gas and Electric)在19世纪80年代做的一项市场调查。由于地理因素的差异(城市-乡村,等等),电力公司所能提供服务的稳定性在不同地区存在着差异,某些地区的客户不得不忍受更多的电力中断状况。在服务不稳定地区,客户接受调查询问是否愿意付更多的钱以获得更稳定的服务,如果愿意的话,他们是否愿意接受特定比例的涨幅?而在服务稳定的地区,客户被调查的问题是,是否接受更不稳定的服务,以换来一定比例的费用折扣?(降价比例与涨价比例相同)虽然两个地区的人均收入并无显著差异,但是,没有一个地区的人愿意接受改变。绝大多数人愿意保持现状。实际上,两个地区的电力服务质量差异很大。服务不稳定地区每年断电15次,每次持续4小时;而稳定地区每年仅断电3次,每次持续两小时。但是,极少有客户愿意交换!

启发式加工的有利和不利环境

我并不认为使用启发式加工总是会将我们引入歧途。正如我前面讨论的那样，在特定的情境下，启发式加工通常可以在不增加认知负担的情况下，快速给出一个非常接近最佳答案的解决方案。事实上，由于启发式加工有着诸多优点，有些心理学家大肆宣扬启发式的优点，甚至到了极力贬低理性思维规则效用的地步[12]。不过，大多数心理学家虽然深知启发法加工的好处，但仍然认为上面那些启发式鼓吹者太过偏激。原因如下：

认知吝啬鬼使用启发法加工以减轻认知负担，这种做法是否有效主要有赖于环境是否是良性环境。所谓良性环境，是指环境中包含可以被不同启发式加工利用的线索（比如，情感触发线索、生动和与众不同的环境刺激以及便捷可用的锚定值）。除此之外，良性环境还需要满足以下条件：没有人能够识别并利用启发式加工的线索，去剥削那些依赖启发式加工的人。与之相对应的，恶性环境是指环境中没有可用于触发启发式加工的线索。另外，在一个普通环境中，如果有人能辨别可以触发认知吝啬鬼采用启发式加工的线索，并故意设置线索为自己牟利，那么，这个中性环境则变成了认知吝啬鬼的恶性环境（例如，广告、刻意地操纵超市楼层及空间的安排以增加营业额）。

我们以一本大加赞扬"再认启发式加工"（recognition heuristic）[13]功效的书为例，来进一步说明这个现象。书中的相关章节名为"为何无知反而使人变得聪明？"所谓"基于无知的决策"，是说一个子集中的未知信息可能有利于决策。简而言之，刺激是否能够被再认识别，可以被用作估计线索。例如，菜鸟级网球迷仅靠再认启发式加工对2003年温布尔登男子网球比赛成绩进行预测。这种启发式的使用方法是：如果认识交战双方其中一位运动员的名字，而不认识另外一名，则预测认识的那一位选手将取得比赛的胜利。菜鸟使用这种策略的预测正确率高达72%。这个准确率堪比温布尔登专家做出的排名。

第6章 认知吝啬鬼

盖德·吉泽伦泽尔（Gerd Gigerenzer）和他的同事通过一系列设计精妙的实验刺激向人们展示了特定情境中的"少即是多效应"：对环境信息了解较少的人，在做出推论决策时的正确率反而更高一些。有人在读过他们的研究之后，可能会立马相信再认启发式的有效性。而有些人可能会对此感到隐隐担心，尤其当他想到现实生活中无处不在的营销陷阱，更是忧虑万分。假如我明日全天使用再认启发式加工，那么，可能会发生以下事情：

（1）当我仅仅需要1杯1.25美元的咖啡时，我却买了1杯3美元的咖啡。
（2）吃超高热量的零食，一次就摄入了整整一天所需的脂肪量。
（3）缴纳了最高额的银行手续费。
（4）刷爆信用卡，而不是量入而出。
（5）购买了1只需缴纳6%手续费的共同基金，而不是免佣金基金。

上述行为没有一条有利于我实现个人的长期目标。当我在现代社会的迷宫中试图寻找出路时，再认启发式却在不断地给我制造障碍与陷阱。城市中高度发展的商业环境对于一个认知吝啬鬼来说，可谓险象环生。

还记得前面提过的有关个人投资的著名发现吗？金融服务的购买者常常会难以自控地购买高手续费的金融产品，而不是像专业投资人建议的那样购买低手续费的产品（例如，美元成本投资法与免佣共同基金），结果导致业余投资者的回报率降低。这个例子充分说明了在个人金融领域成为一名认知吝啬鬼的危害以及使用类型二加工的必要性。人们之所以会这样做的原因在于，高手续费金融产品和服务在金融产品市场上随处可见，反之，那些低手续费的投资策略需要投资者查阅金融或消费者专业出版物才可获知。英国一家杂志曾经刊登过一篇文章佐证了这种现象的存在。这篇文章的题目为"70%的人都错了吗？"，而这个问题的答案是：是，事实正如此。通过这篇文章我们可以了解到，在那段时期，7/10的英国人将钱存放在四大银行（巴克莱银行、汇丰银行、劳埃德银行和苏格兰皇家银行）

之一的支票账户上，利率为 0.1%；然而，同时期消费者导报最佳推荐榜上的支票账户利率是 0.1% 的 30 倍之多。数百万人损失数十亿美元利息的原因很简单——四大银行是认可度最高的银行，所以成为认知吝啬鬼的默认选项。个人金融市场环境险象环生。投资者在涉足该领域时要审慎地思考各种替代性选择，警惕自己不要成为认知吝啬鬼[14]。

马望·希纳克（Marwan Sinaceure）研究团队的工作为我们展示了认知吝啬鬼偏爱加工简单信息刺激的癖好是多么容易被利用[15]。他们给被试呈现了以下假设情境：如果你的晚餐是从超市买的牛肉套餐，饭后你在新闻上得知，食用这种牛肉套餐有可能会导致人感染牛脑海绵状病。接下来，让被试回答在 7 点量表上回答这两个问题：①假设你身处上面的情境，你将在多大程度上减少购买这类牛肉套餐？②假设你身处上面的情境，你将在多大程度上改变你的饮食习惯，减少红肉并增加其他食物的摄入？毫无疑问，被试在听过上述情境后，都决定要减少牛肉的摄入。可是，另一组被试在听过相同问题之后，愿意做出的改变程度更大。两个实验过程完全相同，唯一不同的是改变了情境描述中的一个词，即把"牛脑海绵状病"改为"疯牛病"。这种情况很好理解，我们的老朋友"生动性"又出来捣乱了。相对于"牛脑海绵状病"来说，"疯牛病"更容易引发我们对一种令人毛骨悚然的动物病毒的想象。当认知吝啬鬼当班时，措辞上的微小改变都会引起情感效价和生动性的改变，进而影响到人的行为和想法。我敢打包票，如果当前的社会保障金改名叫"老年人福利金"，那么，社会保障金的收入肯定会大幅下降。

简而言之，极端的认知吝啬鬼全然没有"独立之思想"，决定他们的心智如何加工信息的是眼下最生动的刺激、最唾手可得的信息或是最与众不同的线索。认知吝啬鬼会被那些掌握了如何标签化、如何设定锚定值、如何控制信息生动性的人占尽便宜。在下一章中，我们将讨论框架效应，届时你将会看到关于类型一加工威胁个人自主性的更具戏剧性的案例。

第 7 章

决策效应与认知吝啬鬼

决策者通常是非常被动的,他们愿意接受任何决策框架的影响。

——丹尼尔·卡尼曼,《选择、价值与框架》,2000

法律与经济学教授爱德华·麦卡弗里(Edward McCaffery)与认知心理学家乔纳森·巴伦就民众对税务系统的态度问题,合作开展了大量研究[1]。他们的研究发现,人们在思考税务相关问题时,思路常常是非常不合逻辑的。接下来,我将着重介绍该研究中涉及的诸多非逻辑性思维中的一种,因为这种非逻辑性思维为我们完美展示了一个专为认知吝啬鬼设下的陷阱。

假设你将为一个虚拟国家制定税收规则。在这个虚拟国家,收入 35 000 美元的无子女家庭需缴税 4 000 美元,而收入 100 000 美元的无子女家庭需缴税 26 000 美元。假设该国的政策规定,针对收入为 35 000 美元的无子女家庭,若生育一个孩子,则可以享受 500 美元的税收减免,即该家庭需缴纳的税款由 4 000 美元降为 3 500 美元。那么,针对收入为 100 000 美元的家庭,是否应该执行相同的生育税收优惠政策?也就是说由 26 000 美元减少为 25 500 美元。还是由于他们收入更高，因而应享受更大力度的优惠额度？

诺贝尔经济学奖获得者托马斯·谢林注意到，人们对后一种做法（高收入家庭享有更大力度的税收减免）存有很多争议。"高收入家庭在儿童身上的支出更多，也就是说抚养孩子的成本更高"（1984）。简而言之，高收入家庭在抚养孩子时投入更多，所以他们应该享受更高的减免额度。也许你认为这种说法站不住脚，实际上，多数人都不认同这种观点，他们会毫不犹豫地拒绝这个论点，认为高收入家庭养育孩子的税收减免额度至少应该与低收入家庭相同。如果非要区别对待的话，低收入家庭应该享受更高额度的税收优惠。

经济学家谢林以这个问题为介入点，教我们厘清情境背后的真实逻辑。其实，我们也许并没有真正弄懂这件事情，尤其是我们并没有想到换一个框架去理解这个情境。谢林指出，我们以无子女家庭为初始状态来为事件设立框架的做法太过武断。在设定这个假设的税收系统时，我们也可以考虑选择不同的基线水平，比如，以最典型的"四口之家"（两个成人和两个子女）作为初始状态。与前面一样，子女数量会影响税率，以四口之家为出发点，让我们来计算一下无子女家庭和独生子女家庭的税率。

试想在这个虚拟国家，家庭收入为 35 000 美元并且有两个子女的家庭需要缴税 3 000 美元，家庭收入为 100 000 美元并且有两个子女的家庭需要缴税 25 000 美元。按照这种情况来计算的话，无子女家庭的税率应该是多少？我们应该提高税率，因为无子女家庭有能力负担更高的税额。这里不谈生育可减免赋税，而是将这种税率调整计划称为"不生育的惩罚"。关于谢林试图教给我们的框架和税收政策（麦卡弗里和巴伦通过实证的方法对其进行研究）——我先透露一点小线索。实际上，针对每一种特定家庭（子女、房屋所有权、自由创业以及其他在免税代码中的项目）的"税收减免"，都是对那些不符合条件家庭的"惩罚"（因为政府开支的总额是确定的，政府即使去借款也要支付各类公共开支）。

第 7 章 决策效应与认知吝啬鬼

好，下面我们假设有一个年收入为 100 000 美元并育有一个子女的家庭应缴税款为 26 000 美元；相同收入但没有子女的家庭应缴税款为 27 000 美元。也就是说，在这种情况下，少生育 1 个子女所缴纳的罚款是 1 000 美元。问题在于，收入为 35 000 美元的低收入无子女家庭是否也应该与高收入家庭缴纳相同的罚款？当高收入家庭的赋税由 25 000 美元增加至 27 000 美元时，低收入家庭的赋税是否也应该由 3 000 美元增加至 5 000 美元？

多数人会本能地感觉到这样做有失偏颇。他们会认为，对于低收入家庭来说，2 000 美元的惩罚实在太过严厉了，针对低收入无子女家庭的罚款应低于高收入家庭。但是，人们对高、低收入家庭不生育税收罚款与对高、低收入家庭生育子女税收减免的态度完全不一致。人们希望高、低收入家庭享受相同的生育红利，却不希望他们接受相同的不生育惩罚。这是一种不合逻辑的想法，因为红利和惩罚实际上都是一回事儿——只不过名称和人们关注点的引导方向有所不同罢了。这就是本章想要说明的观点，认知吝啬鬼允许他人来决定自己的关注点。认知吝啬鬼俯首甘让环境框架来决定他们的思考方式，他们接受问题的各种表述方式，并不假思索地开始对其进行加工，却从未意识到不同的表述方式可能会让人得出不同的结论。

在认知科学领域，人们往往会对本质相同但表面看起来不同的问题给出不同的答案，这种现象称为"框架效应"。框架效应违背理性的选择。在决策理论的技术性文献中,对这种违背的指责被称作"描述性不变原则"，即人们的选择不应该因为问题的表述方式发生变化而改变[2]。在框架实验中，当给被试呈现同一问题的不同表述方式版本时，他们中的绝大多数人都认为问题的不同表述方式不应该影响他们的最终选择。如果被试的选择判断会被那些他们自认为不相关的问题特征改变，那么可以说，这样的被试还没有形成稳定的、有序的偏好。如果一个人的偏好因为无关紧要的问题措辞变化而发生逆转的话，那么这个人则不具备最大化预期效用的能力。

因此，是否违反描述性不变原则在判断一个人是否理性时有着重要意义。

税收政策是一个很好的用于检验框架效应的议题。因为，虽然在这个议题中更换框架是一件很容易的事，但是人们却从未想到要这么做。对于绝大多数人来说，"降低赋税"是一件无可争议的好事情，任何有关减税的政策通常都会得到支持。但是，甚至连经济学家都很少注意到这样一个问题：对一部分群体的减税，对于不符合减税条件的其他人来说，相当于是变相惩罚。诚如两位经济学家对这种情况的描述："由于补助金的来源是增加赋税，那么，补助金政策可谓是对未能领取人的变相惩罚……减税通常会很受百姓的欢迎，因为它们被冠以"减少赋税"的美名，但需要注意的是，这些减税政策是不可能孤立存在的。"通过上面的引文希望大家注意到，无论你认为政府应该提供怎样的公共服务（国防、医疗保障、公路、养老保险等），可以肯定的是，政府早晚需要筹集到一定数额的钱去为这些公共服务买单。因此，对特定群体的减税政策，必定意味着那些不符合减税条件的人将缴纳更多的税款。

让我们再来看看购房贷款利息的减税政策。表面上看来，这似乎是一件好事，但如果换一种说法来描述，称为"租房者的罚金"，那么这个政策听起来就没有那么友好了。上面两种说法所表述的含义其实是相同的。不难发现，"房屋抵押贷款应该享受税收优惠吗？"这种措辞方式会影响人们对这个问题的回答。"为了减少买房者缴纳的赋税，应该让租房者缴纳更多的税吗？"这种提问方式又将问题的答案导向了相反的方向。与之相类似，"对资本收益实行低税率"这种说法听起来比"对工薪族收取罚金"更容易让人接受。

框架与个人自主性

我们对税收政策的主张仅仅会因为措辞的不同而发生改变，这充分说明了个人的自主性会在认知吝啬鬼的淫威下缴械投降。毫不夸张地说，那些有权选择"框架"的人在一定程度上控制了我们的决定。

研究者对决策领域中的"平等启发式"进行了深入探索[3]。该领域有一个经典实验，研究者对两组被试的行为表现进行了批判性比较。在情境一中，被试面临的问题是分配某公司的利润给各位合伙人。在这家公司，每位合伙人为公司创造的年度总收入各不相同，有些人为公司赚得的收入远高于其他人。这组被试最常采取的分配策略是将利润平均分配给所有合伙人。之所以采取平均分配方式，多数人给出的理性解释是"他们在一起共事"。

然而，从情境二被试的表现来看，这种分配依据实际上毫无理性可言。在情境二中，被试也被要求为一家合伙人年度总收入各不相同的公司制定分配政策，只不过这一次分配的不是利润，而是分配当年的支出（包括房租、员工薪水等）。这一组被试在进行分配时，多数也采用平均分配原则，也就是说认为每位合伙人的支出都相同。毫无疑问，在年度收入不同的情况下，合伙人的支出相同必然导致利润不同（利润＝收入－支出）。第一组被试将利润平均分配给合伙人的同时，即意味着各位合伙人的支出不同，因为在年度收入不同的情况下，支出和利润不可能同时相同。有趣的是，第二组中对支出进行平均分配的被试，他们给出的解释与第一组平均分配利润的被试完全相同——"他们在一起共事"。

上述研究结果表明，人们无论在决定利润分配（情境一）还是在决定固定支出是否公平（情境二）时，都未经过理性审慎的思考，而是选择采用占用较少认知资源的"平等即公平"启发式加工。被试在研究中一味寻求"平等"，他们并没有意识到在这个问题中存在多个维度，而这几个维度不可能同时相等。被试在问题框架的影响下，仅仅注意到了问题的其中一个维度，并将其进行了平等化处理。

毋庸置疑的是，那些使用"均分"启发式的人会自认为他们做出的社会决策是公平公正的。但是，基于上述研究的设计逻辑，被试的行为结果表明，人们根本没有做出富有道德感的判断。仅仅是问题措辞上发生细微的变化，就能够让人由一个平均主义者（情境一）变成《华尔街日报》社论专栏的坚定支持者（情境二）。这些研究结果再度支持了我先前提出的警告，框架效应（以及其他认知吝啬鬼思维倾向）是对个人自主性的巨大威胁。该实验以及麦卡弗里和巴伦的其他研究结论提示我们，那些提出问题的人，也就是设置框架的人，才是实际控制你的政治经济行为的一方。

人们的选择偏好多受到外部因素的影响（那些有权力塑造环境，或是决定问题措辞方式的人），而非基于个体内部的心理特征及偏好，这个一直潜藏在我们身边的问题着实让人不安。由于绝大多数情境都可以基于多个框架，这意味着与其说人们有着稳定的个体偏好，不如说是环境的引导方式不同，引导过程决定了所谓的个体偏好！

医学教授彼得·尤贝尔（Peter Ubel）研究了分配稀缺医疗资源时由于过度使用平等启发式加工（equality heuristic）而产生的非理性框架效应。研究者让被试将100个活体肾脏分配给200个正在等待器官移植的患病儿童[4]。如果将200名患儿平均分成两组，每组100人，那么，绝大多数被试会将100个活体肾脏平均分配到两组中，每组50个。平等启发式用于此处看似是合乎情理的。虽然研究中并没有详细说明每组儿童的特征，但有理由认为两组儿童来自于不同区域、不同种族、不同医院、不同性别等，在人口统计学特征属性上存在差异。在尤贝尔与乔治·勒文施泰因（George Loewenstein）合作进行的一项研究中，平等启发式加工似乎带来了更大的麻烦。研究发现，在两组患儿的诊断结果不同的情况下，被试依然会使用平等启发式加工。研究中A组患儿进行器官移植手术后的生存率为80%，而B组患儿进行器官移植手术后的生存率仅为20%。在尤贝尔的研究中，超过1/4的被试仍然将活体肾脏平均分配到两组，A组50个，B组50个。这个决策将导致30个无辜患儿的死亡（如将100个肾脏全部分配给A组，则将有80名患儿治愈生还；如果使用平等启发式加工，则只能救活50名患儿）。

在我们开始谴责平等启发式之前，或许应该先听听实验中的被试是怎么想的，没准他们这么做有自己的理由呢？也许除了获救患儿数字之外，他们还受到其他准则的约束呢？事实上，许多被试在解释自己为何进行平均分配时，都有自己的道理。为平等启发式加工辩护的常见理由有"哪怕机会渺小，也应得到希望""无论生存概率是多少，只要患者有需要，就应该得到器官移植的机会"。这些听起来有理有据的辩词不禁让我们疑惑，这些辩词究竟代表了被试的理性思考，还是仅仅是为他们使用平等启发式加工寻求一个合理化解释？尤贝尔为此设计了一个实验进行进一步的探索，研究结论支持了后者。研究者将等待器官移植的患者按照病情的严重程度从 1 到 200 进行排序（也就是说列出患者个体的名单，而不是将其分成两组），"被试很乐意将器官分给排名前 100 位的患者……但是，如果将排名前 100 的患者称为 1 组，而将排名后 100 的患者称之为 2 组，很少有人愿意彻底'放弃'2 组。从该研究中我们发现，仅仅是'组'这个字即可触发某些被试的平等启发式加工。这个研究结果也暗示被试之前所说的'哪怕机会渺小，也应得到希望'实际上不过是将自己行为合理化的一个幌子罢了，因为当那些'机会渺小'的患者没有被分为一组时，被试压根没有想到'渺小与希望'的伟大道理。总之，启发式的问题在于，它让我们的行为、观点和态度屈从于他人设定的框架，个体的立场会因框架的变化而发生剧变。

翻手是云，覆手是风：框架效应研究

关于框架效应的发生机制，丹尼尔·卡尼曼认为"框架的基本原理是对给定表达方式的被动接受"。呈现给被试的框架好比是一个对焦点，被试在之后进行的思考或认知加工都是基于这个对焦点展开的，如果选择其他框架进行重新对焦，会花费更多的心力。卡尼曼的观点一方面揭示了认知吝啬鬼是框架效应背后的始作俑者，与此同时，也提出了免受框架效应影响的方法。

在研究框架效应的实验结束后，研究者会向被试说明实验的详细情况，包括解释研究的真实目的，并展示任务的另外一个措辞版本。例如，在上面税收政策的案例中，研究者会在实验结束后向被试一并呈现"生育子女减免"和"不生育子女罚款"两个版本的说法。被试在同时看到这两个版本后，几乎无一例外地意识到这两种称呼方式的本质实际上是相同的，他们仅仅因为问题的呈现框架不同，而给出了不同的答案，犯了错误（与人们的政治观点不一致）。这个研究提示我们，人们需要学会从多个视角思考同一问题，学会习惯性地去打破框架，并由自己来重设框架。从实验后情况说明的结果可见，一旦人们觉察到不同框架下的答案出现了不一致时，就会采取措施试图解决不一致带来的失衡。由此可见，人们似乎意识到了一致性的价值，然而，他们的行为却反其道而行之，习惯性地不断制造视角转移，凸显了思维过程中的不一致性。实验中的被试由于未能做到一致性，致使自己屈从于框架效应，即违反了描述性不变原则，是人类选择模式中的一种常见的非理性行为。

在探索框架效应的早期研究中，同一个问题不同描述版本的等价性非常明显，研究者只需给出一点提示，被试就可以立即意识到这种等价性。当时最引人瞩目的一个研究设计来自于特沃斯基和卡尼曼的早期工作[5]。请看下面的决策1，阅读后请做出判断。

决策1：假设，美国正在准备应对一场不同寻常的传染性疾病，疫情导致的死亡人数预计达600人。科学家提出了两种会带来不同后果的应对方案。如果采取方案A，那么200人将获救；如果采取方案B，有1/3的概率600人全部获救，有2/3的概率600人无一获救。你更倾向于选择哪一个方案？A还是B？

大多数人面临这个选择时都会倾向于A方案——选择那个确定可以拯

救 200 人生命的方案。这个选择没有任何不妥。但是，当将这个研究与另一个相关研究联系起来看的时候，奇怪的事情就发生了。第二个研究中要求被试（有时是同一组被试，有时是不同组被试，两种条件下结果相似）再回答一个问题。请阅读决策 2，阅读完后你的第一反应是什么？

决策 2：假设，美国正在准备应对一场不同寻常的传染性疾病，疫情导致的死亡人数预计达 600 人。科学家提出了两种会带来不同后果的应对方案。如果采取方案 C，400 人会因疾病而丧生；如果采取方案 D，有 1/3 的概率没有人因此而丧生，有 2/3 的概率所有人会丧生。你倾向于选择哪一个方案？方案 C 还是方案 D？

当给被试呈现决策 2 中的阅读材料之后，多数人会选择方案 D。由此可见，针对上述两个问题的解决方案最受欢迎的是方案 A 和方案 D。然而，我们不难看出，决策 1 和决策 2 在本质上实际是相同的，它们是针对同一个问题的两种不同描述方式而已。方案 A 和方案 C 是等价的。方案 C 中 400 人死亡也即意味着 200 人获救——与方案 A 完全相同。同样的，方案 D 中 2/3 概率所有人会死亡与方案 B 中 2/3 的概率 600 人无一获救是同样的意思。如果你在决策 1 中倾向于选择方案 A，那么你在决策 2 中应该选择与之等价的方案 C。但是，很多被试因为问题的提问方式不同而做出了不同的决策。

这个案例表明，被试在损失情境的收益与风险权衡中，是厌恶风险的。在这场生命赌局中，被试认为决策 1 中"确定可以拯救 200 人"这个方案极具吸引力。与之相对应，在决策 2 中，"确定会有 400 人死亡"这个方案看起来就不那么有魅力了。毫无疑问，在决策 2 中备受冷落的"确定失去 400 人"与决策方案 1 中"确定拯救 200 人"两个结果是完全相同的。上述是一个有显著等价性的示例。当同时呈现给被试两种决策方案时，被试认可两个问题的等价性，并认为对问题的不同措辞方式不应左右最终的决策结果。正如我上面所讨论的，由于人们无法严格遵循描述性不变原则，致使人们无法做到效用最大化（utility maximizer），即无法做到认知科学家所定义的"理性"。

卡尼曼和特沃斯基所提出的前景理论解释了框架效应发生的原因，该理论也为卡尼曼赢得了 2002 年的诺贝尔经济学奖。在上面提到的传染性疾病案例中，被试基于当前所处的既无损失也无收益的零点对后果进行编码，这是前景理论的重要假设之一。另一个关键假设是，损失比收益的效用函数更为陡峭（朝负方向）[6]，这就解释了人们为何会在预期盈利的赌局中通常做出风险厌恶的行为。假如你我玩抛硬币游戏，人头朝上你给我 500 美元，字面朝上我给你 525 美元，你愿意与我赌一局吗？由于潜在的损失，多数人都会拒绝这个有利于自己的赌局，虽然这场赌局的收益会更多，但在心理上损失被放大了。

让我们来看看尼古拉斯·艾普利（Nicholas Epley）及其同事所做的一系列研究。在他们的研究中，被试在到达实验室时会收到一张 50 美元的支票[7]。在向被试解释为何会收到这张支票时，一组被试得到的答案是"额外津贴"，而另一组被试得到的答案是"学费退款"。艾普利团队预测，"额外津贴"会在心理上被编码为从当前状态发生的正向改变，而"学费退款"会被编码为过去财富状态的改变。研究者认为，相对于学费减免框架来说，额外津贴框架会导致被试做出更多的即时消费行为。事实正如预料一样，在一项实验中，研究助手一周后再次联系被试询问这笔钱的去向时，"额外津贴"组的被试报告这笔钱已经花光，甚至超支。在另一项实验中，拿到支票后的被试可以以特惠价在大学书店（也售卖零食）内进行消费，与上一个实验结果相类似，"额外津贴"组在店内消费金额更高。

身为芝加哥大学商学院教授的艾普利，在 2008 年 1 月 31 日的《纽约时报》上发表了一篇与这些研究相关的时事专栏文章。2007～2008 年的次贷危机之后，美国总统和国会议员想尽各种办法去刺激摇摇欲坠的经济。

为了刺激消费，政客一度想到实施退税政策（退税政策曾被用于2001年，当时也是作为刺激经济的一种手段）。艾普利在他的专栏文章中指出，如果政府的目标是希望民众增加消费，那么这笔钱应该被称之为"税收红利"，而非"退税款"。一个"退"字，意味着曾经属于你的钱回来了，你的财务停留在"维持现状"的状态。而前景理论预测你在"维持现状"时，花钱的概率较小。但是，"税收红利"的说法意味着这笔钱是"额外增加的"，即在当前状态的基础上增加了。相比之下，人们更乐意花掉这部分"额外增加的钱"。通过对2001年减税政策的研究发现，人们仅仅消费了退税金额的28%，如此低的消费比率，部分原因应归咎为"退"字的使用。

艾普利的文章表明，政策分析师应该熟识框架效应及其可能带来的后果。与政客相比，广告商们充分意识到了框架的重要性。我敢肯定某商品的广告会标明"95%脱脂"，而不会说"含有5%的脂肪"。框架制定者对其效用心知肚明。问题就在于你，作为框架的消费者，是否能够理解框架的重要性，并且让自己成为一个更加独立自主的决策者。

经济学家理查德·塞勒（Richard Thaler）讲述了若干年前信用卡行业就现金和刷卡支付之间的手续费差额该如何称呼展开的激烈讨论。经过讨论，最终决定使用"现金消费享有打折"，而不是"刷卡收取额外费用"的说法[8]。他们隐隐地意识到，任何额外收费都会使消费者在心理上编码为损失，进而带来负面效应，而"打折"则会被编码为收益。由于收益的效用函数比损失的效用函数更为平缓，从心理上放弃折扣比接受额外收费更容易一些。当然，两者从经济效益的角度来看是完全一样的。信用卡行业让人们将额外收费视为常态，进而使得信用卡收费更容易被接受。

框架能够轻易地改变人们的选择，这一事实有着巨大的社会应用价值。詹姆斯·弗里德里希（James Friedrich）及其同事进行了一项人们对大学录取过程中采取平权措施㊀态度的研究[9]。研究者就在多所高校中取

㊀ 平权措施即依据宪法的平等保障原则保护黑色人种公民权利的行为。——译者注

消平权措施并采取种族中立录取政策的后果，向两组被试呈现了不同的统计描述方式。实验中所使用的这些统计数字都是真实存在并准确无误的。一组被试是"比率组"，他们接收到的信息是：如采取种族中立的录取政策，黑人学生的录取率将由42%下降至13%，而白人学生的录取率将由25%上升至27%。另外一组被试是"频次组"，他们收到的信息是：如果采取种族中立的录取政策，黑人学生的录取数量会减少725人，而白人学生的录取人数会增加725人。两组被试所接收到的统计数字是等价的，只是使用了不同的表述方式来描述同一件事情的同一个结果（设置不同的框架）。"比率组"中两个比率之间的差异（黑人学生29%的降幅，白人学生2%的增幅）则说明了高校申请者中白种人远远多于黑种人的事实。

研究结果发现，"比率组"对平权措施的支持率远远高于"频次组"。在"比率组"中，种族中性政策给黑人学生带来的损害（录取率由42%降低至13%）似乎远远高于白人学生的收益（录取率由25%增加至27%）。而在"频次组"中，强调"一一对应"这一事实，在平权措施的影响下，每多录取一个黑人学生，即意味着有一个白人学生落榜。两个实验条件实际上是从不同的角度来看待相同的事实，选择不同的视角势必会影响对政策的选择。

许多政见上的分歧实际上就是不同框架之间的抗衡，其实所有政党都心知肚明，能够设置框架的一方，可谓不战而胜。许多改革者的战术就是向公众说明传统的观点通常是所有人都接受的默认框架。认知心理学家乔治·莱考夫（George Lakoff）对隐含在政治术语中的框架进行了许多颇具影响力的分析。他注意到乔治·布什第一任期内的白宫行政团队一直在坚持使用"税收减免"一词。莱考夫指出，一旦这个术语被大众所接受，围绕着征税制度的争论就可以画上句号了。我们先来看看"减免"这个词。莱考夫注意到，"既然有'减免'的需要，则必然存在着重负，减免者为大家移除了这个负担，因此成为大英雄。如果有人试图阻止这个英雄行侠仗义，那么这些人必然就成为带来苦难的恶霸。当减免被冠以'税收'二字之前时，结果的隐喻是：征收税款是负担，消除这个负担的人是英雄，而任何试图阻挠英雄的人都是坏人！"大家众所周知的另一个例子是遗产税。民主党希望人们称之为"不动产税"（多数人不认为自己拥有不动产），而共和党则希望人们称之为"死亡税"（意味着所有人在去世时都会被课税）。

机会均等框架

如果人人都不当认知吝啬鬼，那么框架效应就没有可乘之机。无框架效应的政治，换句话说，就是在决定所有事务时都完全基于真正的是非曲直，在近期来看似乎只是一个美好的愿望。但是，从个人角度来看，不受框架效应制约，个人充分实现自主性的决策却是我们自己可以掌控的。

框架效应是理性障碍的主要来源之一，因为人们被动地对给定框架做出反应的倾向性是独立于智力水平的。这里，有必要简单介绍一下此类研究的方法论。框架实验以及大多数关于理性思维的实验，可以是被试间研究设计，也可以是被试内研究设计。比如我们前面讨论过的流行性疾病框架问题，就是一个被试间研究设计，一组被试看到的文字资料是收益版本（200人获救），另外一组被试看到的则是损失版本（400人死亡）。研究将被试随机分配到两个情境中以确保两组被试的同质化，以及结果具有可比性。而被试内研究设计，则是所有被试都需要对同一个问题的两个情境作出自己的反应。通常这两个版本的情境是间隔一段时间呈现给被试的，因此两个情境之间的关系并非显而易见。在被试内实验设计中，需要进行平衡处理，即一半被试先看到收益版本，而另一半被试先看到的是损失版本。

毫无疑问，上述两种研究设计比较来看，被试间实验中的框架效应更为明显，因为在这种设计中，没有任何线索表明一致性正面临威胁。有趣的是，在这种研究设计中，框架效应的大小与智力水平毫无关系[10]。当没有线索提示被试应该注意一致性问题时，实验中的高智商被试与低智商被试一样都受到了无关情境框架的影响[11]。而被试内实验设计的结果有所不同。被试内实验中的框架效应虽然不及被试间实验那么显著，但依然存在。另外，在被试内实验中，框架效应的大小与智力水平之间存在着显著性相关，高智商个体表现出的框架效应较小。

简而言之，当实验中有线索提示一致性受到威胁时（同时呈现同一问题的两个框架版本），会在一定程度上减少高智商被试受到非理性框架效应的影响；但是，当没有线索提示时，他们就难逃框架的影响了。在这里我们稍作停顿，请随我想一想上述关于智力水平的被试间/被试内研究带来的启示。通俗点说，认知科学家得到了一个令人震惊的结论，这个结论的重要应用价值值得我们单独列出：

聪明人只有在被告知要怎么做的情况下，才会表现优异。

上面这句话非常适用于理性思维与行为领域。如果你告诉一位聪明人何为理性，也就是说，告知他们理性思维所需遵循的特定规则（如避免框架效应、不要对已有知识过分自信、避免非可迁性等），然后再让他们完成一个涉及该规则的理性任务，高智商人群比低智商人群在该任务的表现上更加优秀。但是，如果在布置任务的时候，没有事先提醒被试该任务将涉及的理性思维规则，也就是说，需要他们自己去发现问题中隐藏的理性思维陷阱，在这种情况下，高智商人群与低智商人群的表现无异。

在被试内实验中，智力水平与框架效应规避之间确实存有具有统计学意义的显著性相关，但是这种相关性较小，给理性障碍留下了大量施展拳脚的空间。这就好比上一章中讨论的认知吝啬鬼特征——属性替换、生动性效应、完全析取推理失败，这些特征无一和智力水平之间存在高相关[12]。本章与上一章讨论过的这些认知特征对于理性思维和行为至关重要，但是，任何智力测验都没有对其进行测量。如果现有的智力测验中纳入了对理性思维的测量，那么人们的智力水平会出现不同程度的提高或下降。为何会这样呢？我们前面列出的实证研究证据表明——智力水平与理性加工特征之间的相关性极小。认知吝啬鬼的另一个标志性特征也具有相似的智力无关性，即下一章将要讨论的——"我方立场信息加工"（myside processing）。

第 8 章

我方立场信息加工：

正反都是我赢

> 如果一切都可行的话，大脑会以最适合你的方式解释问题。
>
> ——克莉迪亚·法恩，《大脑里的 8 个骗子》，2006

最近，我和同事理查德·韦斯特合作完成了一项研究。实验中，我们给被试呈现了下列问题情境：

根据美国交通运输部发布的一项综合调查表明，某德国品牌汽车在交通事故中致对方驾驶员和乘客死亡的数量是其他品牌家用汽车的 8 倍。美国交通运输部现正考虑对该德国品牌汽车颁布销售禁令。

被试阅读完毕后，需要在"同意"或"不同意"的程度量表上回答以下两个问题：①你认为美国是否应该禁止销售该德国品牌的汽车？②你认为美国是否应该允许该德国品牌的汽车像其他汽车一样在美国的街道上行驶？结果发现，多数被试支持禁售该品牌的汽车——78.4% 的被试认为应该禁售这个品牌的汽车，73.7% 的被试认为不应该允许该品牌的汽车上路行驶。

上述问题情境中所出现的统计数字是真实存在的,但是,这些数据并不属于某德国品牌汽车,而是属于福特探险者汽车[1]!对于在马路上行驶的其他汽车而言,福特探险者是一款相当危险的交通工具。

实验中的第一组被试需要对上述情境做出反应,即评估一款危险的德国汽车是否应该行驶在美国街道上。第二组被试面临的是一个相似却又截然不同的问题情境——评估是否应该让一款危险的美国汽车行驶在德国街道上。

第二组被试看到的问题情境是这样的:

根据德国交通运输部的一项综合调查表明,福特探险者汽车(Ford Explorer)在交通事故中致对方驾驶员和乘客死亡的数量是其他品牌家用汽车的8倍。现在,德国交通运输部正考虑对福特探险者颁布销售禁令。

①你认为德国是否应该禁止销售福特探险者?②你认为德国是否应该允许福特探险者像其他汽车一样在道路上行驶?

被试在相同的"同意"或"不同意"程度量表上对这两个问题进行作答,51.4%的被试认为德国应该禁售福特探险者,而有39.2%的被试认为探险者不能像其他汽车那样自由地行驶在德国的马路上。第二组被试支持危险的美国车在德国禁售的比例,远远低于第一组支持同样危险的德国汽车在美国禁售的比例。

在该研究中所呈现的现象称为"我方立场偏差",也就是说,人们倾向于仅仅基于自我的视角对情境进行评价。在评估证据、道德评判、评价他人时,人们常常会受到偏向自己的立场偏差影响。比如,在上述案例中,美国被试认为,相对于在德国马路上行驶的危险美国汽车,在美国行驶的危险德国汽车更应该受到禁令的制裁。

我方立场偏差是一种极为常见的现象，很多设计精妙的心理学研究都证实了这种现象的存在。德鲁·威斯汀（Drew Westen）及其同事使用一个非常有趣的任务，研究了言行不一侦测过程中的我方偏差现象[2]。研究者要求被试阅读一段讲述某位政治人物言行不一的文字材料。例如，一段美国前总统乔治·布什发表的一篇关于安然公司（Enron）CEO 肯·雷（Ken Lay）的声明。该声明是布什在 2000 年作为总统候选人时发布的，他说："首先，我想说明的是，肯·雷是我忠实的支持者。我非常欣赏这个男人。我与雷相识多年，他对我的竞选给予了慷慨无私的支持。如果我能够当选美国总统，我将会像 CEO 管理企业一样去管理政府。在这方面，肯·雷和安然公司无疑为我树立了一个优秀的榜样。"阅读完这段资料之后，研究者给被试呈现了布什总统近期做出的有关肯·雷的行为，事实是："现如今，布什先生在任何场合都尽力避免提及肯·雷先生，而安然公司更是成了烫手山芋，避之唯恐不及。"随后，研究者要求被试在 1～4 级量表上对布什的言行一致程度进行评价，1 表示强烈不同意布什言行不一，4 表示强烈同意他言行不一。

研究中还有一些关于其他政治人物言行不一的事例。例如，实验呈现给被试这样一段文字材料："1996 年竞选期间，约翰·凯瑞（John Kerry）告诉《波士顿环球报》（Boston Globe）的记者，应该对社会保障系统进行大幅调整，国会应考虑提高退休年龄，并深入研究这一系列措施所能带来的经济益处。他在报道中说'我知道这样做将会招致很多人的反感，但是，解决这个问题是我们这一代人的责任。'"随后，研究者给被试呈现了另外一段论点截然相反的资料。"今年，凯瑞在媒体见面会上声称，他绝不会减少老年人的福利或对福利征税，也不会提高合法领取社会保障金的年龄。"阅读完这两段资料后，研究者让被试在同样的 1～4 级量表上对约翰·凯瑞的言行不一致性程度进行评价。

第 8 章 我方立场信息加工：
正反都是我赢

在上述侦测言行不一的实验范式中，我方立场偏差的威力极强。被试的政治立场直接影响了他们能否检出政客的言行不一。例如，对于布什总统言行一致性的评价，自我认同是民主党成员的被试给出的评分均值是3.79（强烈同意布什的言行不一致），而自我认同是共和党成员的被试给出的评分均值为 2.16（认为布什的声明与行为是基本一致的）。而对凯瑞的言行一致性评价，自我认同是共和党成员的被试给出的平均分是 3.55（强烈同意凯瑞的言行不一致），而自我认同是民主党成员的被试给出的评分均值为 2.60（对言行一致性持中性态度）。简而言之，人们可以看到反对党派的言行不一，而当自己支持的党派出现同样的问题时，却如同一叶障目，察觉不到了。

人们不仅会心怀偏见地去评价已有的论据，有时还会带着偏见去制造论据。我和同事玛姬·托普莱克等人在一项研究中让被试为一些公共政策同时寻求支持和反对的论据。结果发现，如果研究者指示被试要消除偏见，尽量平衡正反两方，或者被试对某个论题事先没有太过强烈的主观立场（例如，是否应该允许个人出售自己的内脏器官），他们提供的正反两方论据在质和量上都基本均衡。但是，当被试（大学生）对某问题有着明确、强烈的个人主张时（例如，大学学费应该上涨，高等教育成本全部由个人承担），即使研究者在实验过程中告诉被试要尽量避免已有立场偏见的影响，被试提供的己方论据仍然远远多于反方论据。

我方立场信息加工不仅会损害我们客观评价证据的能力，对我们产生证据的能力也有负面影响。在保罗·克莱辛斯基和他的同事合作完成的一系列研究中，研究者给被试呈现了一些有设计缺陷的假设性实验，实验得出的结论与被试之前的立场观点有可能一致，也有可能不一致[3]。被试群体年龄跨度较大，涵盖了各年龄段的成年人。随后，研究者让被试评价实验设计中存在的缺陷（通常都是非常严重且明显的缺陷）。此时，强大的我方立场偏差效应出现了——当实验结论与被试之前的观点立场不一致时，被试能够发现更多的实验缺陷，而当实验结论与被试自己的观点一致时，这些实验设计缺陷仿佛忽然隐身了一般，被试看不到了。

从他人立场考虑问题是一件很耗费认知资源的事情，这一点我们早已熟知[4]。因此，人们不愿意从他人立场出发去考虑问题也情有可原，我方立场信息加工是认知吝啬鬼的基本属性。然而，采用我方立场信息加工方式所需付出的代价，有时会超出我们的预期。我们没有意识到，这竟是很多非理性想法和行为的根源所在。另外，拥有高智商并不能让个体对我方立场信息加工方式成功免疫，详情请看下文分解。

过度自信：关于我们知道的那些原本不知道的事情

开始这一节之前，让我们先来看几个小测验。请阅读每个问题，并写下一个数值区间，确保你有九成的把握让准确答案落在该区间内。

好了，现在请开始写下你的答案：

1. 我有九成的把握认为马丁·路德·金去世时的年龄是___岁到___岁之间。
2. 我有九成的把握认为旧约全书的总卷数在___卷至___卷之间。
3. 我有九成的把握认为沃尔夫冈·阿玛迪斯·莫扎特诞生于___年到___年之间。
4. 我有九成的把握认为亚洲象的妊娠期是___天至___天。
5. 我有九成的把握认为已知的海洋最深点是___英尺⊖至___英尺。

这些问题涉及认知的一个重要方面，在这里，人人都是"我方立场信息加工员"。该认知领域关注人们如何调控自己对已有信念的自信程

⊖ 1 英尺 = 0.304 8 米。

度。心理学家使用一种称为"知识标尺范式"的实验设计完成了大量研究[5]。在这种实验范式中,需要形成对知识自信度概率判断的集合。毫无疑问,单一事件的概率判断是无法评估的。比如,你说你的外甥今年有95%的可能性会结婚,我们怎么能判断这个概率估计是否正确呢?但是,概率判断的集合却是可以被评估的,因为该集合必须遵循特定的统计标准。

举例来说,气象预报员说明天的降水概率是90%,而实际上明天却是一个艳阳天。虽然天气预报不准确,但我们也不能说预报员的判断错误。气象预报员也许已经充分分析了所能获取的所有数据,并对数据进行了正确的处理。根据现有的气象数据来看,降水概率很大,只不过今天刚好没有下而已。但是,如果天气预报员预测降水概率90%的所有日子里,其中有一半都是晴天,那么我们就有理由质疑天气预报的准确性了。在天气预报员预报降水概率是90%的所有日子中,你会期望有90%的时间会下雨。虽然气象预报员不能确定10%的晴天会发生在哪一天(不然的话就可以说是100%的降水概率了),但是,如果天气预报员有50天预测"降水概率90%",那么50天中至少应该有45天是下雨的。

对人们知识标尺的评估过程,就好比我们评估气象预报员的准确性一般。研究者让被试对一些多项选择题或判断题进行作答,每道题目都注明了被试对答题正确性的把握程度,即被试认为答案正确的主观概率。只有当主观概率与正确率一一对应时,才能说他具备了知识理性。也就是说,被试对标注为70%把握度的所有问题集合,答题正确率应达到70%;对标注为80%把握度的所有问题集合,答题正确率应达到80%,以此类推。如果比率一一对应,就可谓是拥有优秀的知识标尺。如果两个比率差距较大,未达到一一对应,那么他就不能称为具有知识理性。知识标尺失准会导致个体无法选择出最佳的行动方案。

在很多不同种类的知识标尺实验中,我们都可以看到过分自信现象的身影。这些实验发现,人们的主观概率估计始终都高于实际的答题正确率。比如说,当被试认为自己有100%的把握可以正确回答问题时,实际正确率往往只有88%;当被试说他们有90%的把握能够回答正确时,实际正确率大概是75%。在判断正误题中,通常来说,当被试对自己的答案有七八成的把握时,他们的实际表现和瞎猜差不多,正确率只有50%左右。

对于知识标尺的过度自信效应,部分源自于我们对首先跳出脑海的念头的执着。我们会对这个念头是哪儿来的稍作思考,之后,本着节省认知资源的原则,我们会快速得出答案:这个想法是"我自己思考后得出的"。被试会将这个首先跳出的答案作为焦点假设(类似于我方立场偏差),并将注意力着重放在这个焦点假设上,进而忽视了其他的非焦点答案。简而言之,"导致过度自信的原因之一,是未能找到自己错误的理由"(Baron,2000)。对最终答案的信心,来自于排除其他答案的证据,但是被试并没有意识到提取证据的过程是存在偏差的——只有首选的答案才有机会获得认知资源的垂青,为其寻找支持的证据,那些非焦点答案只有少得可怜的认知资源可供使用。这种做法的结果就是被试对于他们的答案信心爆棚。

下面是本节伊始提出的那些问题的精确答案,你可以对照答案了解一下你是否也是过度自信现象的受害者[6]:

(1)39岁;

(2)39本;

(3)1756年;

(4)645天;

(5)36.198英尺。

请回想一下,在回答这些问题之前,实际上本节的标题已经警告过我们要小心过度自信现象,在已经收到提示的情况下,你还会不会中招呢?我们拭目以待!由于所回答的问题都是你有九成把握回答正确的,按理说,你的答题正确率应该有90%。10道题中应该只有1题的答案不在你给出的数字区间。由于我们只出了5道题，因此你给出的数字区间应该全对，最差的情况也是仅错一道。基于我们过去的研究经验来看，如果你给出的数字区间错误数多于一次，说明和多数人一样，在进行概率判断时受到过度自信的影响（虽然本节题目已提出过警告）。

研究者在知觉、运动领域以及知识标尺实验范式中都证实了过度自信效应的存在。过度自信现象不仅仅只出现在实验室中，在现实生活中也非常常见。比如，人们会高估自己对体育比赛结果、行为后果、经济走势等未来事件的预测准确性。过度自信在称为"计划谬误"的现象中表现得淋漓尽致。所谓计划谬误，是指人们常常会低估自己完成某项任务（比如完成一篇优秀论文、完成当年的税务表格、完成一项基建项目等）所需的时间。诺贝尔获奖者丹尼尔·卡尼曼曾经讲述过一个有趣的故事，告诉我们计划谬误有多么棘手，甚至连决策研究领域的专家也难免中招。数年前，卡尼曼加入了一个由决策研究专家组成的委员会，该委员会致力于开发一门适用于高中生的决策与判断课程。这个委员会成员每周定期开会以商讨课程内容并完成教科书的写作。在一次会议上，卡尼曼让大家估计课程设计和教科书写作全部完成所需要的时间。包括教务长和卡尼曼在内的专家给出的答案是最短为18个月，最长为两年半。当时正值20世纪70年代，很多课程和教科书都处于重新设计阶段。卡尼曼问教务长，他负责过多少门课程的开发工作？那些和当前课程相似的课程大概用了多久才能全部完成？教务长想了一会儿，面带羞愧地说，他负责的课程中，大概有40%的课程建设半路夭折，从未完成。听闻教务长这句话，房间里立刻弥漫着尴尬的气氛。卡尼曼觉察到这一点，为了缓和氛围，问教务长："那些完成的项目呢？用了多长时间？"教务长再次陷入尴尬，告诉课程编撰委员会，那些已完成的项目，用时全部是7年以上[7]！

对知识标尺过度自信的认知偏差带来了很多严重的现实后果。那些自认为懂得很多、实则并非如此的人，继续学习或修正错误的动机和意愿较弱。那些自认为拥有卓越的动作与知觉技能的人，常常会对他人的表现吹毛求疵，但对自己的错误却浑然不知，也不愿意接受批评。举例来说，很多调查表明，绝大多数人认为自己的驾驶技术处于中上游水平。加拿大安全委员会的一项调查表明，75%的驾驶员承认他们曾经有过驾车时打电话、吃东西、刮胡子或化妆的行为。奇怪的是，同一批被调查者中有75%的人报告说，当他们看到其他驾驶员一边驾车一边吃东西或打电话时，会因此而抓狂和害怕。成千上万的驾驶员过度自信地认为，自己开车时打电话对驾驶行为不会造成干扰。这些"自信"的驾驶员为自己缺乏知识理性所付出的代价是惨重的。数据表明，由于驾驶环境中增加技术性干扰而导致的交通事故在逐年增加。缺乏精确的概率标尺是人类缺乏知识理性的一种表现形式，它无处不在，往往会带来深远的后果。例如，医生群体中的过度自信现象就是广泛存在且非常危险的[8]。

人们对自己的驾驶技术标尺失准和社会心理学研究中的自我评价偏差有着密切的联系。人们常常会扭曲对自我的知觉，虽然并非每一次的扭曲方式都相同，但绝大多数时候，扭曲的结果倾向于自我提升[9]。在一项以参加SAT测试的800 000名学生为调查对象展开的评估中，仅有不到2%的学生认为自己的领导能力低于同龄平均水平。有超过60%的学生认为自己与人交往的能力位居同龄人中的前10%。贾斯汀·克鲁格（Justin Kruger）和大卫·唐宁（David Dunning）的研究发现，在一项逻辑思维测试中，得分为倒数25%的学生的自评成绩平均是年级前38%，也就是说，即使是得分最低的学生也认为他们的测验成绩高于平均水平！

最后，为大家介绍我方立场信息加工的螺旋循环。普林斯顿大学的心理学家艾米丽·普罗宁（Emily Pronin）通过调查研究发现，人们的自我评估偏差还表现在对自我评估偏差程度的评估[10]。普罗宁对研究社会和认知心理偏差的文献进行了总结归纳，比如光环效应、自我服务归因偏差（成功时归因于自己，失败时逃避责任）等。在这些研究中，让被试对自

第 8 章 我方立场信息加工：
正反都是我赢

己受到各种偏差影响的易感性进行了自我评估，同时，也评估了他人的易感性。普罗宁和她的同事发现，在 8 类社会认知偏差研究中，人们一致认为他人对认知偏差的易感性高于自己，也就是说，认为他人比自己更容易受到认知偏差的影响。简而言之，人们承认认知偏差的存在，但却坚信自己是不受影响的特殊个例。

为何会出现这种称为"偏差盲点"的现象呢？根据普罗宁的推测，当估计他人的认知偏差程度时，人们依赖的是对通俗心理学理论的肤浅了解。可是，当评估自己的认知偏差时，他们却栽在了对意识层面内省过程的监控上，这也是我方立场信息加工的一部分。现代通俗心理学理论的传播让人们对各类认知偏差略知一二，认为自己可以预测他人的认知偏差。可是，绝大多数社会和认知偏差是在被试对偏差毫无意识的情况下发现的。因此，当人们在意识层面寻找自己的认知偏差时，会一无所获。在预测他人的认知偏差行为时，我们依据的是心理学理论；而在预测自己的认知偏差行为时，使用的却是内省法，因此会得出他人更易受认知偏差影响的结论。

我方立场信息加工的另一个重要方面是人们对事件控制力的不合理自信。心理学家艾伦·兰格（Ellen Langer）对"控制错觉"（illusion of control）现象进行了研究。所谓控制错觉，是指个体相信通过个人的能力和努力，可以控制随机事件的结果。在一项研究中，两名员工在两家不同的公司向同事兜售彩票。他们卖给一部分人的彩票号码已随机选好；而卖给另一部分人的彩票则可以自选号码。毫无疑问，在一个随机抽奖的奖池中，自选号码和随机号码的获奖概率没有任何区别。第二天，这两名员工告诉那些买彩票的同事，他们希望买回昨天卖出的彩票。结果发现，自选号码被试开出的价格比那些分配到随机号码被试的价格高出 4 倍！朗格通过一系列类似的实验设计进一步验证了她的理论假设，即人们误以为自己的能力、技巧可以决定随机事件结果。

那些屈从于控制错觉的人，常常会基于错误的因果关系理论而采取行动,最终导致差强人意的结果。在马克·芬东-欧克里夫（Mark Fenton O'Creevy）及其同事的一项研究中,为我们充分展现了如果依控制错觉行事,会产生怎样的实际后果。他们对伦敦 4 家投资银行的 107 位交易员进行了研究。首先,研究者让交易员完成一项实验室任务,以评估他们的控制错觉特点。在该任务中,交易员被告知按键行为也许会对一个即时变化的指标产生影响。而实际上,按键并不会影响任何指标的变化。被试认为按键对指标变化的影响程度,即代表了该名被试的控制幻觉特征。芬东-欧克里夫发现,被试的控制幻觉特征与他们的绩效指标之间存在着密切的联系。交易员的控制幻觉水平越高,年度收益越少,控制幻觉水平每增加一个标准差,平均年收益减少高达 58 000 英镑[11]。

我方立场信息加工：沟通与知识假设中的利己主义

我方立场信息加工会干扰我们的沟通意图,在特定场合中尤甚。克鲁格（Kruger）及其同事对电子邮件沟通中的利己主义进行了研究[12]。众所周知,由于缺乏音调、表情和着重音等沟通线索,任何形式的书面沟通都需要一定的我方立场信息加工。从这个角度来讲,电子邮件尤其危险,因为它的便捷、非正式和互动性可能会让我们误以为它与面对面沟通很相似。在他们的第一个研究中,克鲁格让第一组被试给第二组被试发电子邮件,并询问第二组被试如何对邮件内容进行解读。这些邮件中有一半是用讥讽的口吻（例如："我真的好喜欢约会啊,因为我喜欢自己局促不安的样子"）,而另一半电子邮件则是非讥讽口吻。收信人需要判断这封邮件是否含有讥讽的意思,发信人则需要预估收信人将邮件成功归类的准确率。研究结果发现,发信人的预估非常乐观,认为收信人的分类准确率能达到 97%,而事实上,收信人的分类准确率只有 84%。发信人如果不调整自己的我方立场观点,很难理解对方在没有表情线索和音调的情况下,成功辨认出讥讽口吻是一件很困难的事情。

第8章 我方立场信息加工：
正反都是我赢

人们难以认识到使用电子邮件进行沟通有可能会造成误解，究其原因是自我中心主义在作祟，克鲁格等人通过实验研究证实了这一点。在这个实验中，要求发信人大声地读出他们即将发送的电子邮件内容。不过，这个音频版邮件内容并没有发给收信人。同上个实验一样，收信人需要独自解读这封电子邮件的内容是否具有讥讽意味。之所以要让寄信人读出邮件内容，目的是要减少部分寄信人的自我中心主义倾向。实验要求一组寄信人读邮件时使用与邮件内容相符的语气。也就是说，如果邮件内容含有讥讽意味，则使用讥讽的语气；如果不是，则使用较为严肃的语气。另一组寄信人被要求使用与邮件内容相反的语气大声朗读。克鲁格研究团队这样解释他们的实验设计："我们的设计原理很简单，如果人们高估自己使用电子邮件能力的原因之一是由于难以站在收信人的角度考虑，那么，通过迫使被试站在与自己观点截然不同的立场进行思考，可以降低被试对电子邮件有效性的过度自信。也就是说，邮件内容与朗读语气不一致的被试的过度自信程度应该会弱于内容与语气一致的被试。"

实验结果发现，邮件内容与朗读语气一致的被试表现出了较强的过度自信效应。这一组对应的收信人对邮件的判断正确率仅为62.2%，而寄信人预估有81.9%的人可以准确地解读他们的电子邮件。反之，邮件内容与朗读语气不一致组的被试就没有前一组那么乐观了，他们对应的收信人对邮件的判断正确率为63.3%，而这一组寄信人认为只有62.6%的收信人可以准确地解读邮件内容。

克鲁格的研究为我们展现了人们将自己头脑中的想法投射到他人头脑中的自动化过程。克鲁格的系列研究受到了伊丽莎白·牛顿（Elizabeth Newton）博士论文的启发。在伊丽莎白的研究中，人们的自我中心倾向展现得更为淋漓尽致。伊丽莎白让实验被试用敲打的方式打出一首大家耳熟能详的歌曲的旋律，并预测如果有一群人听到这个旋律，大概有多少听众可以识别出这首歌。被试估计大概有50%的听众可以正确识别出歌曲的名称，而实际上只有3%的听众可以听出这是哪首歌。这种现象我们并不陌生。一曲熟悉的旋律在我们头脑中异常清晰，我们坚信其他人可以通过听我们哼曲儿或者打击旋律很容易地识别出这首歌。人们常有这样的错觉，认为自己头脑中的影音能够原样重现在他人的头脑中，这种错觉的力量是如此强大，即使在知道了存在我方立场偏差的情况下，人们也难以对这种错觉免疫。

我方立场信息加工与电子设备消费行为研究中的"特征蔓延"（feature creep）和"功能疲劳"（feature fatigue）现象有着密切的联系[13]。研究发现，随着电子设备的功能越变越复杂，这个设备反而越来越无用了，人们不愿意花费太多的时间去学习如何使用这个复杂的设备。飞利浦电器公司对退回商品进行了一项调查，结果发现有一半的退货商品本身并没有任何质量问题，消费者之所以退货是因为他们没有掌握正确的使用方法。

很多公司都致力于让他们的商品拥有更多的功能，而这样做的结果却是让商品变得越来越无用。作家詹姆斯·索罗维基（James Surowiecki）曾以微软文字处理软件（Word）为例来说明这种现象，在2003版Word软件中，总共有31个工具条和超过1 500个操作指令。为什么会出现特征蔓延现象？缘由在于产品设计者陷入了我方立场信息加工的泥潭无法自拔。认知科学家奇普·希斯（Chip Heath）曾经描述过一个出现在设计师身上的我方立场偏差的经典例子："我注意到自己家中的DVD遥控器上竟然有52个按键。之所以有那么多的按键，是由于某个工程师知道该如何使用这些按键，并且坚信我会和他一样想使用复杂的遥控器。但是，产品设计师是这方面的专家……他们意识不到我这样的电器菜鸟会和他们的想法完全不同"[14]。

智力与我方立场信息加工

在本章中，我们仅仅讨论了心理学家研究发现的我方立场信息加工倾向诸多形式中的几个个例[15]。我方立场信息加工普遍存在于我们日常生活

第 8 章 我方立场信息加工：
正反都是我赢

的方方面面。那么，智商高的人可以对此免疫吗？

我和同事理查德·韦斯特在完成了很多类似于本章伊始提到的福特探险者难题研究之后发现，智力与我方立场偏差程度之间毫无关联。在我们的研究中，智商高于中数水平的被试与智商低于中数水平的被试表现出了相似程度的我方立场偏差。比如说在制造论据研究范式中（"大学学费应该上涨，高等教育成本应该全部由个人承担"），被试无论智商高低，制造的我方立场论据均多于对方立场论据[16]。克莱辛斯基及其同事的研究发现，高智商被试与低智商被试在评估实验中的证据时，会采取相同的偏差方式。为数不多的几个研究发现，过度自信效应与智商之间存在中等程度的相关，高智商被试的过度自信水平较低。不过，这仅仅是统计学意义上的中等程度相关，现实生活中依然存在着很多智商与过度自信水平无关联的情况（高智商人群也会出现不合理的过度自信）。

多数旨在证明智商与我方立场偏差无关的研究，采用的是被我和韦斯特称为"自然我方立场偏差"的实验范式。这种范式是人们在没有任何明显的指示或线索提示需要谨防我方立场偏差的情况下，从自己的视角出发对情境进行评估。需要注意的是，在这种范式中，被试在实验前不知道自己即将面临我方立场偏差的挑战，研究者也没有告诉他们思考问题时采用多种视角可以降低犯错的概率。如果有这些提示的话，高智商被试更有可能遵循这些提示的建议，减少思维偏差的出现。

在这方面，我方立场偏差的研究发现与上一章框架效应相似，即聪明人只有在被告知该如何做的情况下，才会表现得聪明。如果你告诉一个聪明人对其理性思维有哪些方面的要求——比如你告诉他们要小心我方立场偏差或是框架效应的影响，然后让他们完成一个会涉及这类理性思维的任务，与低智商的个体相比，高智商的个体会更好地遵循并执行这些理性思维要求。

值得引起注意的是，教育领域中有大量的文献资料都在强调批判性思维的重要性，在一定程度上，其实就是在关注如何避免自然我方立场偏差。根据我们的观察，包括大学生在内的很多人在完成批判性思考任务时常常会失败。这些大学生都是经过了层层的测试筛选才进入高校，但是，这些考试工具并没有涉及对批判性思维的测量。理论上讲，批判性思维和理性水平是可以通过考试测量出来的。我在本章中所提到的这些任务，仅仅是用于测量我方立场信息加工的诸多任务的冰山一角。除此之外，还有大量可用于测评的任务，它们为测量被智力测试工具所忽视的理性思维提供了可能。我方立场偏差，是被智力测验忽视的一个重要认知方面。

第 9 章

认知吝啬鬼的另一个缺陷：

深思熟虑后依然战败

> 随着现代文明的日益繁荣，人类行为变得越发不理性、不合乎常理，与文明的进步形成了强烈的对比。这些非理性行为使得现代人的生活还不及茹毛饮血、食不果腹的祖先快乐。现代科技让人类免受饥饿、寒冷、疾病的折磨，甚至远离了无聊乏味的生活，然而，个体违抗自己意愿的矛盾却越来越突出。在多数情况下，这些非理性行为并非是无心之过，而是在人们能够意识到行为后果的情况下，依然执意而为。
>
> ——乔治·安斯利，《意志的崩溃》，2001

1999年7月的一个夜晚，小约翰·肯尼迪（John F. Kennedy Jr.）与妻子及妻姐乘坐一架小型飞机前往玛莎葡萄酒庄园，在距离目的地仅有几英里时，飞机因在夜晚的薄雾中迷失方向而坠入深海。记者马尔科姆·格拉德威尔（Malcolm Gladwell）认为肯尼迪的这次失误是压制失败的一个典型例子[1]。肯尼迪未能让类型二思维战胜并取代类型一思维，也就是说，他未能让自己在飞行学校学习并掌握的仪表引导飞行技术战胜思维倾向。给他带来致命一击的是，当他找不到标记水平线的灯光时，全然没有意识到飞机正沿着海岸飞行，在这种情况下没能保持机翼平衡，最终导致飞机陷入死亡螺旋，俯冲入海。

当地平线不可见时，飞行员无法通过重力感判断河岸的位置，也无法感知到飞机的非水平状态。在这种情况下，大脑的无意识子系统会发出一个只能够勉强应对当前情境的劣质指令，意识需要察觉到这个指令，并用后天获得的知识技能取代这个无意识的自动化反应。在肯尼迪的案例中，这个劣质指令就是操控飞机上下翻飞，试图飞离云雾，寻找到地平线。而后天习得知识所教的正确做法是使用仪表数据来保持飞机水平，慌乱之中的肯尼迪未能做到这一点。根据格拉德威尔的说法："在那种情况下，肯尼迪需要打破在能看到水平线时所依赖的直觉飞行思路，将注意力集中于仪表引导上。"联邦运输安全委员会对这起飞行事故进行了深入调查，公布了飞机在失事前最后几分钟的飞行路线，揭示了飞机不顾一切地寻找可视地平线的各种尝试和努力。寻找地平线是一种人类本能，但是，夜间飞行需要的并非是依赖直觉和本能，而是要执行后天学习到的飞行知识与技巧。

在前面几章，我们讨论了由于认知吝啬鬼未能做到有意识地加工信息，不假思索地使用默认信息加工方式，进而导致了对某些情境的非理性反应。然而，上述理论不能为肯尼迪的坠机事件提供合理的解释。他既没有被动地受到给定框架的影响（第7章），也没有像解决第6章的莱维斯克难题（杰克正看着安妮，而安妮正看着乔治。杰克已婚，乔治未婚）一样，轻率地对新异问题做出反应。从是否进行主动的思考这个角度来看，肯尼迪在面对当时的情境时，并不是认知吝啬鬼。另外，他知道正确处理危机的方法。肯尼迪学习过在当时那种情境下的处理方法，当他和另外两位乘客命悬一线时，很显然，他的顾虑太多了。在某一瞬间，正确的应对方式也许曾闪现在肯尼迪的脑海中，但是，正确的行为模式最终还是输给了错误的行为模式。那一刻，肯尼迪进行着紧张的思考，但是，正确的思路却已惨败出局。这让我们不由得想问，输给了谁？考虑到我们所有的想法都源自于同一个大脑，正如第3章中所提到的三重加工心智模型理论，大脑中可能有若干种不同的心智。大脑中的无意识子系统经常会打败反省的、有意识的心智[2]。在肯尼迪的例子中,他输给了古老的关于平衡、知觉和方向定位的进化适应模块。这种现象很常见。然而,日常生活中更为我们熟知的,是与情绪管理有关的进化适应模块战胜理性反应的行为倾向。

电车难题:压制情绪

为了能够更好地讨论情绪这一话题,现在,让我们先做一个热身活动:想一想如何杀掉一个人。别恐慌,这是一起完全出于善意的杀人预谋。这是一个在道德哲学领域中得到广泛讨论的假设性情境——电车难题。电车难题在学术文献中有很多不同的变式[3],它的基本形式是这样的:假设,你看到一辆因刹车失灵而失控的电车正从山顶上往下急速行驶。这时,不远处山下的电车轨道上站着五个人,如果他们被这辆电车撞到,将必死无疑。唯一可以避免这场悲剧的做法是你扳动一个开关,使电车驶入另外一条轨道,而在这条轨道上仅有一个人,也就是说,将有一个无辜的人遇难,而另外五个人获得了生存机会。你是否会扳动这个开关?这样做对吗?

大多数人认为应该扳动开关,牺牲一个人而拯救五个人的生命是值得的。

现在我们来看一种电车难题的变式,这是由哈佛大学心理学家约书亚·格林研究设计的,用认知神经科学视角研究道德判断。该变式称为人行天桥难题。与电车难题的基本形式相同,一辆刹车失灵的电车正冲下山,站在前方轨道上的五个人命悬一线。此时,你站在横跨轨道的人行天桥上,天桥的位置刚好处于电车与行人之间。在你的身边,站着一位膀大腰圆的陌生胖子。如果你将他推下天桥(没有人会看到),他的身体可以阻止电车继续前行,而他也将命丧车轮下,但是,前方轨道上的五个人却可以因此获救。你是否会将这位陌生人推下去?多数人说他们不会这样做。

我们都心知肚明为何在第二种情境中人们拒绝将这位陌生人推下去。

人们普遍认为第二种情景让人为难、很讨厌，而第一种情境就不会给人带来不愉快的困扰。人们普遍对这两种情境有相似的直觉判断，这是可以理解的。问题在于，有些人试图去论证这两种直觉反应的合理性，也就是说，认为在第一个情境中牺牲一个人去拯救五个人的做法是对的，而在第二个情境中牺牲一个人救五个人的做法是错误的。正如格林所说："每当有人试图为这两种直觉反应提供前后一致的原则性辩护理由，这些辩词通常是漏洞百出的……这些直觉反应难以评判……如果这些结论并非是基于某些公认的道德准则得出的，那它们一定是基于直觉。问题是，这些直觉源自何处呢？"

为了解决这个问题，格林和其同事开展了一系列神经科学领域的研究。研究人员让被试尝试解决各种两难问题，例如电车难题（亲身难题，涉及较少的个人困境）、天桥难题（非亲身难题，涉及较多的个人困境），等等。在被试解决问题的同时，对他们的大脑进行扫描。扫描结果显示，被试在解决亲身难题时，与情绪和社会认知有关的脑区（后扣带回、杏仁核、内侧前额叶皮质和颞上沟）会被激活。与之相对应的，当被试解决非亲身难题时，更多地激活了大脑的两个认知脑区，即与工作记忆功能息息相关的顶下小叶和背外侧前额叶皮质。这两个脑区与压制人的无意识决策密切相关。

在研究天桥难题的过程中，研究者还发现了一个有趣的现象。那些不按常理出牌，决定要把无辜胖子推下天桥的被试，也就是在亲身难题中决定牺牲一个人去拯救五个人的被试，他们在做决策之前的思考时间格外得长。格林和同事对这一现象进行了更为深入的研究，比较了在解决天桥难题时艰难给出肯定答案（拯救五个人）和快速给出否定答案（不做任何反应，不救那五个人）的两组被试的脑成像结果。通过比较后发现，当被试做出肯定回答时，大脑中压制情绪脑的部位，即顶下小叶和背外侧前额叶皮质，表现出更多的激活。这说明肯定答案组的被试在决策过程中使用了类型二信息加工，压制了与情绪调控密切相关的类型一信息加工。这些被试意识到，如果通过扳动开关改变轨道的方式拯救五个人牺牲一个人是正确的事情，那么，把身边的陌生胖子推下天桥以拯救五个人的做法也同样正确。

然而，多数人并不像这些肯定回答组的被试一样，可以在面对天桥难题时战胜自己的情绪。虽然这些被试也陷入了苦苦的认知挣扎，但是，他们的高级智能最终输给了情绪。在实验结束后，当研究人员询问被试是基于怎样的原则最终决定不牺牲一人以换取更大的收益（五个人）时，他们常常无言以对。对于这个结果我们早就有所预料，因为这些被试在做决策时，压根儿就没有考虑到原则二字。他们的大脑中处理"原则"类信息的心智，早已输给了情绪。这些人试图为自己前后不一的行为寻求解释框架，思前想后，唯有"他们思考时没走脑子"这一个理由可以解释通了。

当无意识心智左右了被试的行为反应时，个体常常觉察不到，反之，他们还常常为此而争辩，认为他们做出的决定是经过审慎思考的、有理有据的选择。我们倾向于为自己的各种行为寻求一个前后连贯如一的解释，全然不顾多数决定与选择其实是由大脑无意识的信息加工过程所产生的这一事实。这种做法导致的结果就是，我们会为无意识行为编造出虚构的理由，以证明它们是在有意识的情况下做出的理性选择。这种现象已被大量研究报告所证实[4]。人们为无意识行为虚构解释理由的倾向，在一定程度上可能会阻碍认知方式发生改变。因为，只有当人们意识到大脑正在使用自动化子系统时，认知方式才有发生改变的可能。

战败"冷"启发式思维倾向

心理学家区分了有情绪负荷和相对来说无情绪负荷的想法，认为压制情绪对思维的污染效应是"暖加工"的一个例子。但是，即便在没有情绪卷入的情况下，即心理学家所谓的"冷加工"，有意识思维也常常会被无意识思维所取代[5]。事实上，即使是在我们清晰地意识到何为最佳答案的情况下，依然有可能让无意识信息加工过程肆意控制行为。举个例子来说，你会选择10%的概率赢得1美元，还是选择8%的概率赢得1美元？不需细致的计算也知道这个问题的答案！但是，如果你身处在西摩·爱泼斯坦（Seymour Epstein）等人的研究中，你很有可能会选择8%赢钱概率的赌局[6]。

没错，爱泼斯坦发现，在某些特定情况下，人们会倾向于选择8%概率获得1美元的机会，而非10%。下面，就让我们一起来了解一下他们的实验。在研究中，被试看到两只装有橡皮糖的碗。在第一只小碗中，有9颗白色橡皮糖和1颗红色橡皮糖。在第二只大碗中，有92颗白色橡皮糖和8颗红色橡皮糖。接下来，被试可以选择任一只碗，从中随机摸出一颗糖。如果拿到的是红色橡皮糖，那么，被试将赢得1美元。虽然两只碗的赢钱概率显而易见，第一只是10%，第二只是8%，但是，依然有很多被试选择从装有100颗橡皮糖的大碗中抽取，人为地降低了自己的赢钱概率。虽然多数被试做出了理性的最佳选择，但依然有相当数量的被试（30%～40%）选择了8%赢钱概率的大碗。绝大多数选择大碗的被试都意识到，从统计角度来看，选择100颗橡皮糖的碗意味着较低的赢钱概率，但是，这只大碗中却有更多的红色橡皮糖啊！这8颗诱人的红色糖果迷惑了他们的心智，很多人在明知道赢率较低的情况下，仍然无法抗拒地选择了盛有更多红色糖果的大碗。在实验结束后，有一位被试说："我选择了盛有更多红色橡皮糖的碗，因为它看起来有更多的获胜机会，虽然我意识到它同时也盛有更多的白色橡皮糖，赢的概率较小。"也就是说，在明知道哪一个是最佳选择的情况下，被试对绝对数量的偏好战胜了理性规则（选择有最佳赢钱概率的碗）。

也许，你认为自己会选择那只小碗，做出正确的选择（也许你是对的，实验中多数人都选择了小碗）。也许，你认为这个冷认知问题并没有难倒你。那就请随我一起看看下面这个例子，在这场认知战役中，你也许会为之抓狂，没准儿还会输掉。

第9章 认知吝啬鬼的另一个缺陷：深思熟虑后依然战败

请看下面这则三段论推理。你认为该推论是否成立？也就是说，根据给定的两个前提，得出的结论是否符合逻辑？

前提1：所有的生物都需要水。

前提2：玫瑰需要水。

因此，玫瑰是生物。

怎么样？在继续往下读之前，请先判断上述结论在逻辑上是有效的，还是无效的呢？

70%的大学生认为这个结论是合乎逻辑的，没准你也是其中一员。如果你认为"玫瑰是生物"的结论在逻辑上是有效的，那么你就犯错误了[7]。前提1说所有的生物都需要水，但是并没有说所有需要水的东西都是生物。因此，仅凭玫瑰需要水这一条，我们无法得出它是生物的结论。如果这样解释还不清楚的话，让我们再来看下面这组具有相同结构的三段论推理，看过之后，也许你就明白上述结论为何是不符合逻辑的了。

前提1：所有的昆虫都需要氧气。

前提2：老鼠需要氧气。

因此，老鼠是昆虫。

现在，我们可以很明显地看出，根据给定的两个前提，所得出的结论在逻辑上是无效的。

逻辑结构上相同的"老鼠"三段论和"玫瑰"三段论，为何在解决时一个易如反掌，而另一个却令人困惑呢？原因有以下几点。首先，玫瑰三段论的结论（玫瑰是生物）是符合情理的，在现实世界中是真实存在的。

难点就在这里，逻辑的有效性并非等价于结论的可信度，而是根据前提得出的结论判断是否符合逻辑推理规则。使得玫瑰三段论难度升级与老鼠三段论难度下降的原因是相同的。"老鼠是昆虫"在现实世界中是错误的，这使得我们很容易判断出这个结论不符合逻辑推理规则。

在上述两个三段论推理问题中，人们关于自然世界的已有知识（玫瑰是生物，老鼠不是昆虫）理应独立于待解决的问题，即对逻辑有效性的判断，但事实上，却对问题解决产生了干扰。在玫瑰问题中，已有知识阻碍了问题的解决；而在老鼠问题中，已有知识对问题解决产生了促进作用。玫瑰三段论是涉及自然反应与基于规则的反应发生冲突的冷认知的一个典型例子。即使你正确地回答了这个三段论问题，你依然会感受到这种冲突。如果你回答错误，那么，你所经历的正是这种情况：经过深思熟虑，但却输给了更为自然的加工倾向，即基于可信性而非逻辑有效性做出反应。

逻辑有效性与既有知识发生冲突的三段论推理可以用于评估一种重要的思维技能，即在解决问题的过程中专注于理性推理，抵抗加工简单线索的诱惑（甘当认知吝啬鬼的先天倾向）的能力。这些问题探测了人们在指导语告知要避免属性替换的情况下，依然依赖它去解决问题的倾向。解决这些问题时，最简单的线索是直接评估结论在现实世界中是否正确。相对来说，对逻辑有效性的评估较为困难。但在解决三段论推理问题时，人们必须专注于此，与此同时，忽视或压制对结果现实真实性的评估。

值得引起重视的是，在智力测试中没有涉及"玫瑰"三段论这一类问题，这种类型的三段论推理问题更有可能会出现在评估思维倾向和认知风格的批判性思维测试中。这一类焦点开放式问题（焦点在结论的真实性或是推论的有效性上）在批判性思维测试中很受欢迎，因为这类测试的主要目的就是判断个体的思维过程更依赖于推理还是语境。然而，这种开放式问题在智力测试中就不那么受欢迎了，因为智力测试关注的是人在解决毫无争议的问题时的原始推理能力。在智力测试中（或者其他任何的认知能力倾向测试），但凡涉及三段论推理题，都会把题目和语境剥离开来，比如，题目会以这种形式呈现："所有的 A 都是 B"。或者使用陌生的语境，比如与"玫瑰"三段论相类似的题目会以如下形式呈现：

前提 1：所有 Hudon 类的动物都很凶猛。

前提 2：Wampets 非常凶猛。

因此，Wampets 是一种 Hudon 类动物。

"玫瑰"三段论推理的标志性特征是"多重心智冲突"，而这一类题目将心智冲突从三段论推理问题中剥离开来。不涉及心智冲突的三段论推理问题仅仅可以用来评估算法心智，而不能对反省心智进行评估。例如，有研究发现个体在"玫瑰"三段论推理问题中的表现与智力水平之间仅有微弱的相关。但是，思维倾向可以预测人们在冲突性三段论推理问题中的表现，而智力水平则不能。认知灵活性、思维开放性、语境独立性等都是思维倾向的表现形式，是反省心智的重要组成部分[8]。

虽然"玫瑰"三段论推理问题看起来有些小儿科，但它却是现代社会中一种日益重要的认知能力的风向标。这种能力就是根据给定信息进行推理，并且在思考过程中，暂时摒弃过去已掌握的信息，不受其影响。例如，现代司法系统在对证据进行评估时，十分重视将已有的信念知识与当前的证据评估剥离开来。那些与法庭上呈现的证据无关，而是根据已有的背景知识和个人经验所做出的离奇判决，势必会引起人们的公愤。20 世纪 90 年代发生的两起经典案件为此提供了绝佳的例证。社会调查数据显示，大多数美国公民对于陪审团做出的辛普森无罪判决感到愤怒。同样，人们也因警察殴打罗德尼·金案件的初审结果而感到震怒。在这两起案件中，陪审团成员都未能将自己的既有信念与评估当前证据剥离开来。

现代社会的很多工作场所都需要员工具备将已有知识经验与当前工作

行为剥离开来的能力。比如，在零售服务行业有一句箴言，"顾客永远是对的"。这句话被理解为，哪怕顾客对员工有不合理的言语侵犯时，服务人员也应该秉承"顾客是对的"这一理念。员工必须要遵循这种奇怪的零售行业逻辑，将常识所认为的顾客行为失范置之一边，依然提供高质量的服务，不然他就有可能面临被解雇的风险。服务行业从业者被认为应该谦恭有礼地提供服务，并且应该意识到这种行为模式是基于市场经济交换的社会建构。服务人员必须意识到，他们与顾客之间所发生的互动并不是严格意义上的人际社会互动，而是处于一种非自然的特殊互动领域，在这个领域中需要遵守特殊的交往规则。

我并不是在宣扬在任何情况下都应该完全无视自己的已有知识。很显然，在多数情况下，为了解决问题，我们需要积极调动已掌握的知识技能。在这里，我仅仅是想指出一个现象，即现代化社会创造出了越来越多的非自然、去情境化情境。基于现代科技社会的科学研究常常要求人们"忽视已有知识和信念"。比如，在你认为控制组的表现一定会弱于实验组的情况下，依然对控制组进行严格检测，这就是忽视已有信念的一种形式。对摒弃已有知识的需求，并非仅局限于科研和法律领域。现代社会通过日益强调公平公正、遵守规则、"一碗水端平"、制裁任人唯亲、消除偏见、普世主义、包容、契约制强制性平权和消除家族、种族、信仰歧视等理念，以要求个体剥离既有的以个人化为中心的认知，达到去情境化。

本能冲动与意志力：深思熟虑后的失败

我们在进行信息加工时，通常并不知晓自己有着吝啬使用认知资源的倾向。当个体面临一个待解决的问题时，他们常常想不到这个问题可以有不同的呈现框架。人们往往没有意识到自己在思考时并没有尽力而为。当人们深陷于我方立场思维时，常常并没有察觉到自己也可以基于其他的立场去思考问题。当我们使用锚定和调整策略，或是思维方式受到信息生动

第9章 认知吝啬鬼的另一个缺陷：深思熟虑后依然战败

性的影响时，我们对其他可能的处理方式毫无觉察。这一点很好理解。认知吝啬鬼之所以选择走认知捷径，其目的在于不占用意识资源的情况下提供答案。如果我们意识到自己正面临着不同策略可供选择，这就不能被称为认知捷径了！如果我们在做决策和解决问题时意识到了多种可供选择的途径，那么认知吝啬鬼的诡计就无法得逞。

然而，本章所讨论的情境有所不同。如果你在爱泼斯坦的橡皮糖任务中选择了有8%赢钱概率的那只碗，你多多少少都会意识到10%赢钱概率的碗也许是一个更好的选项。在天桥任务中，如果你认为把身边的无辜胖子推下天桥是一件错误的事情，想必你一定经历了一番思想斗争，因为你能够意识到由于保全了一个人的性命，多牺牲了四条生命。在玫瑰三段论问题中，如果当你看到"玫瑰是生物"时，仅仅根据大脑对这句话的第一反应，就做出了"有效"的判断，你也许能够觉察到自己的大脑此刻有些偷懒，并没有对给定的两个前提进行审慎的思考。在上述这些问题情境中，人们能够意识到在"深思熟虑"和"不假思索"之间所存在的认知冲突。人们在解决这些难题时，或许能够觉察到"深思熟虑"和"不假思索"正在将你的思维拉向两个截然相反的方向。

在有些情境中，人们可以很清楚地意识到多重心智的存在。实际上，个体在不同心智之间挣扎犹豫是这些情境所共有的显著特征。在这些情境中，人们必须抵抗住认知捷径的诱惑。这就好比早上虽然很想赖床，但必须起床做早餐；很想花三美元喝上一杯午后咖啡，但由于本月预算捉襟见肘而必须放弃；减肥期间应该吃胡萝卜作为零食，而非薯条；虽然周末有密歇根-圣母橄榄球对抗赛，但知道自己必须利用周六的时间将车库清理干净；周末有两个聚会邀请，但自己必须为即将到来的期中考试做准备；在赌场给自己定下的止损额度是100美元，现在已经输掉了107美元，实在是该立即收手了，但是……

在上述例子中，大脑的不同部分好像在打架一般，这一点我们再清楚不过了。人类的语言体系中甚至有一个专门的名词,用来形容这场"深思熟虑"试图战胜"不假思索"的战役。"意志力"并非是一个学术概念,而是日常生活中的常用名词。过去 20 年间,认知科学家对这一个概念进行了深入的科学探索[9]。

本章开始时提到的小肯尼迪飞机失事事件,是人类基本的知觉和认知加工过程需要被压制的一个经典案例。可是,这并不是我们日常意义上常提到的意志力。口语中的"意志力"是指延迟满足或是压抑本能反应的能力,使得我们在做决策时不短视,能够着眼于长远利益。缺乏评估即时奖励与延迟奖励的能力,是导致很多人非理性行为的来源,这些非理性行为阻碍了目标的最大化实现。很多成瘾行为背后的逻辑都充分说明了这一观点,比如酗酒、暴饮暴食、透支购物等。从长远角度来看,个体毫无疑问应该更喜欢适度饮酒、节食、保持较低数额的信用卡欠费账单。

心理学家使用延迟满足实验范式对这个问题进行了研究。在这种实验范式中,人们常常会表现出一种称为"跨时间偏好翻转"的非理性行为[10]。这是一类关于偏好的非理性行为模式,它阻碍了个体获得自己从长期视角来看最想要的东西。举例来说,假设你现在面临两个选择,一是立即可以获得 100 美元,二是一周后获得 115 美元(假设这笔钱由联邦政府作为第三方机构暂为保管,延迟收款不存在任何风险)。当面临这个选择时,并非所有被试都选择了一周之后获得 115 美元这个选项。不知是基于什么原因,有些人倾向于立即获得 100 美元。接下来,同一批被试面临着第二个选择:52 周后获得 100 美元或是 53 周后获得 115 美元。无论在第一题中做出了怎样的选择,几乎所有的被试都选择了多等一周获得 115 美元。对于那些在第一题中选择即刻获得 100 美元的被试来说,存在着两个题目中偏好排序不一致的情况。52 周之后,他们所面临的情境与第一题完全一致——即刻获得 100 美元或是等待一周后获得 115 美元。

为何一周的等候时间在一种情境中是至关重要的(重要到可以为此

第 9 章 认知吝啬鬼的另一个缺陷：
深思熟虑后依然战败

损失 15 美元），而在另外一种情境中（提前一年做决策）又似乎变得无关紧要了呢？人们之所以表现出这种前后不一，可以用双曲线贴现曲线（hyperbolic discount curves）来解释。该双曲线是决定预期收益打折速度的函数，它的存在具有深远的进化意义。问题在于，虽然这种功能有利于基因适应，但对于一个试图将个人效用最大化的个体来说，不应该让理性也同时大打折扣（最理想的人类选择函数应该是指数曲线）。双曲线函数会让人们高估近在眼前的奖励，而忽视长期目标。它还会让人们的偏好随着时间变化而变化。对于任何项目或行动的策划人来说，这样的做法都会让人抓狂。前期做的项目计划，可能会在实施中途被推翻或放弃，而随着时间的推移，又有可能会后悔当初的决定！

双曲线贴现曲线可以用来解释我们为何会屈服于非理性的诱惑。深夜临睡前，我们设定了早上七点钟的闹钟，因为第二天要做的事情很多，早起一会儿可以保证一整天工作任务的顺利完成。但是，当七点钟闹钟准时响起时，我们在迷迷糊糊之中按下了"再睡一会儿"的按钮，反悔了昨晚的决定，再过一会儿，又会因刚刚"再睡一会儿"的新决定而后悔万分。我们会在冰箱里装满减肥食物，预期未来一段时间将瘦身成功，然而，当快餐店的收银员询问："请问您需要加大号套餐吗？"我们几乎都会本能地点头，脱口而出"好"！在以上这些情境中，我们必须抑制住自己想要满足眼前欲望的冲动，如果未能做到这一点，就会被大众心理学贴上"缺乏意志力"的标签。

让我们看一则《新闻周刊》刊出的有关意志力的例子。在一篇描写参议员乔治·爱德华的妻子伊丽莎白·爱德华的文章中，作者向读者讲述了爱德华夫人参加 2004 年总统选举期间的一则轶事。当时，爱德华夫人正在艰难地实行南滩减肥法。在机场转机时，空乘人员端着一只装满甜点的托盘走过，询问爱德华夫人是否想要来一块布朗尼蛋糕。爱德华夫人回答道："我的答案是'好的，来一块'。但是，如果你端着它们走开，从长远来看，我会感到更开心。"在这个情境中，爱德华夫人使用了她的意志力。

另外，这个例子也是使用认知工具的一个例子，在这个故事中，爱德华夫人使用了支持理性思维的心智程序（mindware），即"捆绑策略"。心理学家乔治·安斯理（George Ainslie）和霍华德·拉查林（Howard Rachlin）对捆绑策略进行了这样的描述[11]。我们想要达成一个长期目标（例如，通过节食减肥），但是，眼前有个小奖励在诱惑着我们（一块布朗尼蛋糕）。我们心里清楚地知道，在节食期间每天吃一块布朗尼蛋糕是绝对不应该发生的事情，这种行为势必会阻碍我们长期目标（节食减肥）的实现。另一方面，我们发现，在决策前的那个时刻，对当前即时奖励的本能反应占据了绝对支配地位。他们甚至还有为自己开脱的说辞：为何不先把这块布朗尼蛋糕吃掉，明天再开始减肥？然而，算法心智和反省心智主导下的类型二信息加工过程告诉我们为何不能明天再开始减肥：明天，你将面临与今天相同的挣扎，到那时，你依然会选择吃掉眼前的布朗尼。日复一日，都将如此。

现在，让我们来认真思考一下这件事情。我们可以制定一条规则，以重新定义"今天吃一块布朗尼蛋糕"这件事情：今天吃一块布朗尼蛋糕，意味着未来的每一天我都会吃一块蛋糕。依据这个规则，事情就很明朗了。"今天吃一块蛋糕"这件看似不起眼的小事情，实际上威胁到了我们的长远减肥大计。如果我吃了这块布朗尼蛋糕，会毁了整个减肥计划。如果能够这样想的话，就放大了吃一块布朗尼蛋糕带来的损失，放大后的损失可以与被高估的强烈即时欲望满足感相抗衡。

为了增强长期目标的动机性力量，我们对问题进行了重述，使得它有实力与短期的本能欲望搏斗一番（并不是说重述后的规则必将胜出，而是仅仅增强了长期目标的力量，使得这成为一场势均力敌的竞争。使用体育术语来说，试图让长期目标和短期目标之间进行一场加时赛，而非一上场长期目标就全线失守）。我们可以用语言为工具来设定规则，以将未来可能做出的所有行为都"捆绑"在一起，进而使个体可以获得足够强大的动机性力量，以压制当前可能对长期目标产生威胁的行为。

第 9 章 认知吝啬鬼的另一个缺陷：
深思熟虑后依然战败

这个例子也引出了我们在下一章中将要深入讨论的一个重要话题。压制无意识心智做出的反应，其实是使用语言内容的过程。在压制过程中，大量使用了陈述性知识和策略性规则（这些策略都是语言编码的）。这种心智程序是基于语言形式的论点或主张，具有可以启动反应系统的动机性力量。这些信息通常是朗朗上口、易于理解的，以名言警句的形式口口相传，比如"少花一分，就相当于赚了一分""美貌只是皮囊"，这些是为了阻拦由本能或情绪模块启动的反应。

问题在于，假如个体还没有掌握与某个情境相关的心智程序，除本能反应之外的备选控制系统就不可能对当前的行为产生影响了。因此，在有些情境中，个体想要压制自动化的反应，但苦于还未加载适用于当前情境的心智程序。这是导致非理性行为发生的一个心智问题，我称它为"心智程序缺陷"。

第三部分

给大脑安装好的心智程序

"心智程序"是指个体可以从记忆中提取出的规则、知识、程序和策略,以辅助决策判断和问题解决过程。除了认知吝啬鬼,心智程序出现问题也是导致不良决策的重要原因。有时,个人是因为没有安装足够的心智程序,即心智程序缺陷,如忽略备择假设、不擅长寻求证伪焦点假设;有时,是安装了污化的心智程序,如相信占星术和笔迹学。

第 10 章

心智程序缺陷

> 关于理性的争论主要集中于认知策略，而使人忽略了理性的终极标准有可能是个体做出使用高级工具的决定。
>
> ——理查德·拉瑞克，《判断与决策布莱克威尔手册》，2004
>
> 我们不能违背概率法则，因为它可以捕捉到关于世界的真相。
>
> ——阿莫斯·特沃斯基和丹尼尔·卡尼曼，
> 《不确定状况下的判断：启发式和偏差》，1982

在本书的前几章中，我大概描绘了认知吝啬鬼的一些基本特征。但是，认知吝啬鬼并非是导致劣质思维（poor thinking）的唯一原因。在某些情况下，人们未能达成既定目标的原因在于心智程序出现了问题。心智程序是指人们在进行决策和解决问题时，可以从记忆中提取出的规则、知识、程序、策略等，以辅助完成当前的认知任务。人们未能采取优质思维方式（good thinking）进行思考的原因有二。第一，个体的心智程序还未获得足以支持理性思维的规则、策略和知识；第二，心智程序中的某些知识本身就是导致非理性行为和思维的罪魁祸首。我将第一类问题称为"心智程序缺陷"（mindware gap），即本章的讨论重点。第二个问题，我将其称为"污化心智程序"（contaminated mindware），即下一章的主题。

现实生活中的心智程序问题：心智程序缺陷效应引发的两起悲剧

自闭症是一种以人际互动障碍、语言发育迟滞以及重复性行为和特殊兴趣爱好为特征的一种发展性精神疾病。对于一些外表看起来完全正常，但是不与任何人进行交流的自闭症儿童来说，他们的父母很难接受自己的孩子是自闭症患者这个事实。因此，在20世纪80年代末90年代初，当这些孩子的父母听说一种源于澳大利亚的技术能够让之前完全不能使用语言进行交流的自闭症儿童可以正常与他人沟通时，他们的兴奋和激动之情可想而知。

这种技术被称为"辅助沟通"，声称可以帮助没有语言沟通能力的自闭症患者恢复沟通能力。有几家极具社会影响力的媒体对这种疗法进行了不加批判的大幅报道，比如《新闻60分》、《游行杂志》和《华盛顿邮报》等。这些报道声称，一位性情温和的"辅助者"把自己的手和胳膊与那些因自闭症或其他发展性障碍而无法进行语言沟通的儿童的手一起放在打字机上时，儿童可以用键盘打出极具文采的文字信息。当那些只能断断续续地说出只言片语的自闭症儿童表现出令人惊异的语言能力时，他们的父母无一例外地倍感振奋，不免重新燃起对孩子未来的希望。报道还宣称，这种技术对于那些智力严重低下且语言能力受损的儿童也有效。我们可以理解患儿父母的激动之心，他们熊熊燃起的希望之火着实令看者动容。

然而，不幸的是，这个故事并非像所有人期望的那样有一个美好的结局。在20世纪90年代，行为科学研究者在恐怖的预期中展开了对这种疗法的研究工作，这就好像以慢动作观看一起车祸一样，一场可以预见的悲剧慢慢地展现在人们眼前。这起悲剧之所以是可以预见的，原因在于研究者试图弥补这个心智程序缺陷（以教学为手段），使得这场悲剧成为不可避免的必然事件。

此处的心智程序缺陷源于缺乏科学性思维，其中最为重要的一点，是在实验过程中没有通过设置对照组的方式对备择假设进行检验。在使用对照组被试对结论进行进一步检验之前，有关方面就将关于"辅助沟通"神奇作用的消息散布给了那些心怀希望的家长。在这个研究中，由于观察到的现象实际上可以有多种可能的解释，因此，开展进一步的对照组研究是非常必需的。研究中的"辅助者"通常是一位富有同情心，并且发自内心希望孩子成功克服沟通障碍的人，在研究中，他们有无数的机会有意识或无意识地将患儿的手向着正确的按键上引导。一些实验观察记录佐证了患儿有可能受到"辅助者"引导这一事实，研究者观察到，患儿有时在眼睛没有看键盘的情况下，也可以敲打出复杂的信息。另外，一些还没有开始学习 ABC 的患儿，在实验中也打出了美妙的英语散文。

现在，十几年过去了，研究者设计开展了很多设计巧妙又严密的对照研究，以检验辅助沟通法的有效性[1]。这些研究无一不揭示了这样的事实：自闭症儿童在打字方面的优异表现，有赖于辅助者提供的触觉线索。有的实验是这样操作的：辅助者和患儿分别看到一张静物素描画，两人互相不能看到对方所看到的画。当辅助者和患儿看到的是同一幅画时，患儿可以在打字机上正确打出该静物的名称，而当两人看到的是不同的画时，患儿打出的是辅助者看到的静物名称，而非自己看到的静物。也就是说，打字机打出的内容是由辅助者决定的，而非患儿。毫不夸张地说，辅助沟通法确实导致了一些悲剧的出现。例如，在有的儿童训练中心，自闭症儿童在辅助者的"帮助"下，通过打字的方式叙述自己曾遭到父母的性侵犯。这些患儿随后就被强制带离了他们的父母家，直至后来法院判断这项指控无效，患儿才重返父母身边。

在这场由辅助沟通导致的悲剧中,那些应该为此负责的临床医生并非是愚蠢的笨蛋。然而,他们的信念和行为都是非理性的。由于他们存在心智程序缺陷而导致了很多伤害的发生。他们缺少可以防止妄下因果推论的批判性思维策略。他们是由于存在心智程序缺陷而表现愚蠢的聪明人。

另一起因心智程序缺陷导致的悲剧发生于2003年。英国律师萨利·克拉克曾因谋杀自己的两个婴儿而被捕入狱,2003年,她的判决被推翻而释放出狱。5个月后,英格兰梅登黑德的药剂师特鲁珀提·帕特尔谋杀亲生子女的案件也得以昭雪[2]。克拉克夫人和帕特尔夫人的案件存在很多共同点。她们的家中都不只一次发生过婴儿死亡事件;她们都被指控谋杀自己亲生的婴儿;用以给她们定罪的证据含混不清。最后一点,她们之所以被判有罪,都是由于法官、陪审团尤其是专家证人的心智程序缺陷。

在两起案件中出庭作证的专家证人是一名儿科医生。据他推测,两位母亲都患有"代理型孟乔森综合征",具体症状是父母亲让健康的子女接受没有必要的医学治疗,这是一种很残忍的儿童虐待方式。比儿科医生的说辞更能打动陪审团的,是这位儿科医生作证时出示的一组概率数据。这位儿科医生作证说,同一个家庭中两个婴儿都死于"摇篮猝死症"的概率是1/73 000 000。这个夸张的数据让陪审团印象深刻,使得他们认为这种事情几乎不可能在非人为的情况下发生。但是,这位儿科医生在计算概率时误用了一条最基本的规则。他只是简单地把发生一次摇篮猝死的概率进行了平方,进而得到了1/73 000 000这个数据。但是,在进行概率计算时,只有当两起事件完全独立时,才可以使用这种算法。而在婴儿猝死的案例中,并不满足两起事件完全独立的假设,已有很多研究表明,由于共享很多基因和环境因素,在发生过婴儿猝死的家庭中再次出现婴儿猝死症病例的概率会升高。

就在克拉克夫人被定罪不久,英国医学杂志发表了一篇题为《因数据错误而定罪？》的文章，指出了儿科医生的法庭证词中出现的概率逻辑错误。就某种意义来说，儿科医生所犯的错误，是一个很小的概率推理错误。一旦被指出来，多数人都可以理解他错在哪里。相信所有的概率入门课程老师在讲授"概率平方"的使用规则时，都会强调事件独立性是它的基本使用原则。但是，从另一个角度来看，这个小错误又是一个大问题。关于基本概率理论的心智程序并非人人具备，这位儿科医生没有，法官、陪审团成员也都不知道。多数人在高中毕业时搞不懂概率的操作规则，只有少数选修了统计相关课程的大学生才有机会获取这一类知识。智力测验更是不会对这些方面进行测量。认知心理学家发现，当处理这一类概率信息时，人们并不能通过自然思维倾向（认知吝啬鬼即依赖于此）得出正确的估计[3]。多数人的心智程序中并没有存储一些重要的概率理论规则，因为这些知识无法通过基础教育获得。简而言之，缺乏概率理论知识是一种心智程序缺陷，也是很多非理性思维和行为的根源。

通过这两个例子（辅助沟通和由不恰当使用概率而导致的误判），我试图向大家说明心智程序缺失如何导致非理性的决策和行为。我所展示的这两类心智程序缺失（分别是科学性思维规则的缺失和概率思维规则的缺失）是经过我精心挑选的。因为这两类缺失现象可以用来解释很多非理性思维和行为。这两类心智程序的存在与否，决定了人们是理性还是非理性。由于较少面对此类情境，或缺乏这方面的指导，这些心智程序在高智商人群中也会常常会缺失，这是导致理性障碍出现的主要原因之一。之所以出现这种现象，原因在于智力测验并不对概率推理能力进行测量，因此，很多高智商个体依然会受到非理性概率决策的困扰。虽然很多智力测验都对个体的事实类信息（比如词汇量）掌握情况进行了测量，但并没有对科学化思维方式和概率的心智程序进行检测。如果加入这两部分的内容，人们的智力测试结果会大不相同。我们也许会发现，有些高智商个体并没有之前认为的那么聪明，而有些之前被认为是低智商的个体，也许并不愚蠢。

贝叶斯前来救援！

在辅助沟通案例中所展示的，是考虑备择假设必要性的科学思维原则，这种原则在现实生活中有着广泛的适用性。这种推理策略最基本的形式被称为"反向思维"，这是一种可以被用于解决很多日常问题的心智程序。试想在你的住所附近新开了一家看起来还不错的餐厅，但是你从未在那里用过餐。之所以一直没有尝试，主要原因是据曾经去过那家餐厅的朋友反馈，那里的食物味道非常一般。暂且不管他们的评价是对还是错（也许他们的观点并不具有代表性，你过度受到他们的评价影响），你在不知不觉中认为这是一家很普通的餐厅，好吃的概率大概只有50%。过了一段时间，当你在发廊理发时，刚好遇到这家餐厅的老板。老板认出你是住在附近的邻居，于是热情地询问你为何从未到过他的餐厅吃饭？慌乱之中，你临时编了一个很蹩脚的理由应付他。老板似乎觉察到了你的迟疑与不情愿，询问道："怎么了？发生了什么事情？来过我店里的顾客有95%都说很好吃呢。"

老板的这番话能够打消你的疑虑吗？你有想去那家餐厅尝试一下的冲动吗？老板的一面之词能够证明这家餐厅很棒吗？

上述问题的答案毫无疑问是一个坚决的"不"。事实上，如果硬要说老板的这番话对你的态度有什么影响的话，也许是让你变得更加不愿意去尝试。很显然，老板的说法没有提高这家餐厅在你心目中的印象。他的推理过程出了什么问题呢？为何他的说辞并没有成为证明这家餐厅值得一去的有力证据呢？

18世纪，来自英格兰坦布里奇维尔思的教士托马斯·贝叶斯（Thomas Bayes）提出的定理为这个问题提供了理论性答案[4]。贝叶斯公式基于两个基本概念：待检验的焦点假设（称为H），以及与假设相关的数据集合（称为D）。在下面我将要给大家展示的公式中，你将看到这样的符号：~H（非H）。这个符号代指备择假设，即如果焦点假设为假，则备择假设一定为真，两者是相互排斥的。因此，按照惯例，备择假设为真的概率等于1减去焦点假设为真的概率。例如，如果我认为鱼竿另一端咬钩的鱼是鲑鱼的概率为0.6，那么，这只鱼不是鲑鱼的概率就是0.4。

接下来的章节是本书中技术性最强、对数学要求最高的一部分。但是，此处的重点与难点并非在于数学公式，而是概念。即使你有数学恐惧症，想要忽视所有的数字和公式，也应该对理念有清晰准确的把握，这是关键所在。掌握贝叶斯思维方式，除了一些词汇规则之外，你并不需要学习太多其他的知识。正规的贝叶斯统计肯定包含计算，但是，为了避免犯概率相关的思维错误，你只需要掌握正确进行概率计算思维方式所需的概念性逻辑即可。

在接下来出现的公式中，P（H）表示在收集数据之前估计焦点假设为真的概率，P（～H）表示进行数据收集之前，备择假设为真的概率。另外，接下来的计算中还牵扯到一些假定概率（条件概率）。例如，P（H／D）代表在对数据（D）模式进行分析之后，焦点假设为真的概率；P（～H／D）代表备择假设的后验概率。P（D／H）表示在焦点假设为真的情况下，观察到特定数据模式的概率；P（D／～H）（下文中将要提到，这是一个非常重要的值）代表在备择假设为真的情况下，观察到特定数据模式的概率。需要引起重视的是，P（D／H）与P（D／～H）并非是互补的（两者相加不为1）。数据有可能同时给定焦点假设和备择假设，也有可能不给定焦点假设和备择假设。

接下来，我们将聚焦于贝叶斯公式中理论性最强的一种变形形式，该公式以概率形式呈现：

$$\frac{P（H／D）}{P（～H／D）} = \frac{P（D／H）}{P（D／～H）} \times \frac{P（H）}{P（～H）}$$

在这个比率等式中，或者说概率形式公式中，从左至右3个比率分别表示：在获得新数据（D）的情况下，焦点假设（H）成立的后验概率；

焦点假设概率除以备择假设概率，被称为相似率（LR）；焦点假设成立的先验概率。具体来说：

$$后验概率 = \frac{P(H/D)}{P(\sim H/D)}$$

$$相似率 = \frac{P(D/H)}{P(D/\sim H)}$$

$$先验概率 = \frac{P(H)}{P(\sim H)}$$

该公式告诉我们，在给定数据集的情况下，焦点假设成立的概率等于两个概率的乘积：相似率乘以焦点假设成立的先验概率。即：

焦点假设的后验概率＝相似率 × 先验概率

值得引起大家重视的一个问题是，不知道贝叶斯定理，并不意味着这个人一定是非理性的。普通人其实并没有必要熟记这个公式。问题在于，无论个体的判断是否遵循贝叶斯定理，人们在做出概率方面的决策时，通常是根据自动化加工做出的推测，实验室研究所关注的正是这种自动化推测是否符合贝叶斯定理的限制条件。当我们跌倒在地时，我们的身体倒下的轨迹遵循牛顿定律。当我们跌倒时，我们不会有意识地根据牛顿定律进行计算，但是，我们的行为可以被认为是遵循牛顿定律的。同样的道理，人们在做出判断时也许并不知道贝叶斯定理，但我们仍然可以将他们的行为描述为符合贝叶斯定理的理性推理。哪怕在人们不了解任何贝叶斯公式的有关知识，或是没有进行有意识计算的情况下，人们的概率判断也有可能被认为是遵循贝叶斯定理的。

个体的推理偏离贝叶斯定理的形式多种多样，在接下来的章节中，我将重点关注其中一种[5]。

通常情况下，当人们对证据的可诊断性进行评估时，即评估 [P(D／H)／P(D／∼H)],常常会忽略掉分母 [P(D／∼H)]。在焦点假设为假的情况下，人们没有意识到评估获得观测数据概率的必要性。

这是由于没有想到反例而导致严重推理错误的理论性原因。好了，现在让我们回顾一下在开篇中提到的社区餐厅老板的故事。如果你认为老板的回答很棒，那么你跟他犯了相同的错误。原因如下：

根据贝叶斯定理，餐厅老板仅提供了 P（D／H）的信息 [如果这是一家很棒的餐厅，少于5%的客人会投诉的概率]，而忽视了 P（D／～H）[如果这是一家很糟糕的餐厅，少于5%的客人会投诉的概率]。他／她希望告诉你一个很高的 P（D／H），以提高餐厅的吸引力和你光顾的概率，但是你（正确地）意识到，如果要评估后验概率，仅仅有 P（D／H）是不够的，因此你并不会被老板说服。你觉得老板提供的论据可信度不高，并且，由于老板没有提供 P（D／～H），你可能还会做出一些其他的假设。在这个简单的例子中，你能够认识到获取 P（D／～H）的必要性。换句话说，如果这家餐厅很糟糕，有5%的客人会直接向老板抱怨的概率是多少？

上述情况如何用贝叶斯公式表达呢？请大家先来回想一下贝叶斯公式的基本形式：

$$后验概率 = 相似率 \times 先验概率$$

让我们假设你收集数据之前估计这家餐厅很棒的概率是0.5，那么，估计这家餐厅很差劲的概率也是0.5。因此，认为这家餐厅很棒的先验概率是0.5∶0.5，即1∶1，用博彩术语来说，就是赌一赔一。

这个例子中的相似率指的是什么呢？根据老板提供的信息来看，95%的客人从未抱怨过这家餐厅。因此，可以对此处的相似率做如下表述：

$$\frac{P（至少95\%的客人从未抱怨过／这是一家好餐厅）}{P（至少95\%的客人从未抱怨过／这是一家差劲的餐厅）}$$

假定这是一家好餐厅，很有可能有95%的客人都不会抱怨、投诉餐厅。

事实上，5%的投诉率在竞争激烈的餐饮业中是非常高的，这样的餐厅很有可能面临生存危机。因此，95%的客人用餐后没有任何怨言这一评价指标，超过99%的好餐厅都可以轻松达标。餐厅老板所犯的错误在上述公式的分母部分，即P（D／～H）。如果这是一家很差劲的餐厅，超过95%的客人不会抱怨的概率是多少？这里问题就多了。多数差劲的餐厅并非一如既往得差。另外，多数餐厅之所以收到差评，并非因为顾客对食物有所怨言（那样的餐厅距离关门不远了），而是由于这家餐厅的各方面一直都差强人意，或是差于周围餐厅的平均水准。这些餐厅并非提供令人反胃的食物，而只是"一般般"的餐厅。再考虑到基于社会化因素，当人们仅仅是轻微不满意时，通常不会公开表示抱怨。也就是说，人们如果在一家很糟糕的餐厅吃饭，虽然心中暗下决心绝对不会再去第二次，但多数人离店时都不会把抱怨挂在脸上或者说出来。这就是为何餐厅老板提供的95%满意度的数据并没有很强的说服力。

如果这家餐厅很差劲，有90%的概率至少有95%的顾客离店时不会口头表达不满。当我们把这些数据代入到贝叶斯公式，结果如何呢？

$$后验概率＝相似率 \times 先验概率$$

$$后验概率＝（0.99/0.90）\times（0.5/0.5）$$

$$后验概率＝1.1$$

"这是一家好餐厅"的赔率是1.1比1（这是一家好餐厅的概率已由50%变为52.4%[6]）⊖哪怕是最为乐观的估计，这家餐厅值得品尝的概率都不大。

餐厅老板试图诱惑我们犯思维错误。他的伎俩包括以下3步：

（1）制造一个已知数D，以产生很高的P（D/H）；

⊖ P（H/D）＝1-P（～H/D），故P（H/D）＝1.1/（1.1＋1）。——译者注

（2）希望对方忽视P（D/～H）；

（3）仅仅根据高P（D/H），推测焦点假设的发生概率。

越来越多的研究表明，人们普遍倾向于忽略能够证明非焦点假设为真的证据。例如，心理学家麦克·多尔蒂（Michael Doherty）及其研究团队使用一种简单的范式对这个问题进行了研究。该研究范式让被试想象自己是一位正在给红疹病人做检查的临床医生[7]。研究者给他们提供了4条信息，要求被试从中选取一条可以确诊病人患有"Digirosa"的临床证据。这四条信息内容如下：

患有Digirosa的人口比例。

没有患Digirosa的人口比例。

患有Digirosa的患者中，红疹患者的比例。

未患Digirosa的患者中，红疹患者的比例。

这些信息对应于贝叶斯定理中的4个术语:P（H）,P（～H）,P（D／H）和P（D／～H）。由于P（H）和P（～H）是互补的，所以在计算后验概率时，实际上只有3条信息是必需的。其中，未患Digirosa的人群中红疹患者的比率，即P（D／～H），是必选的信息。因为根据贝叶斯定理，它是计算相似率不可或缺的关键部分。然而，在多尔蒂及其同事的研究中，48.8%的被试没有选择P（D／～H）这条信息。因此，对于很多面临这个问题的人来说，未患Digirosa的红疹患者数量与当前问题的解决毫无关系，它被（错误地）认为是一件无关痛痒的事。

能够意识到P（D／～H）的重要性，这并非是默认安装在大脑中的心智程序，因此，选择它作为解决问题的必需信息看起来有些"反直觉"。人们必须通过学习而得知这条信息的重要性，否则，默认的信息加工过程会选择忽略这条信息。因此,那些没有认识到加工 P(D/～H)重要性的人,可以认为他们存在心智程序缺陷。

一个关键的心智程序缺陷:忽略备择假设

未考虑到备择假设,即相似率计算公式的分母,并非是一个无关痛痒的推理错误。关注备择假设下的观察概率,是医学临床诊断和应用科学决策的一个关键步骤。这也是在研究中使用对照组的原因。了解在自变量不变的情况下会发生什么,对于研究来说是至关重要的。对于临床和科学研究推论来说,如果只提供实验处理组的信息,意味着这个研究设计存在致命的缺陷。

未考虑到检验备择假设的必要性,是导致前述自闭症辅助沟通研究案例越错越离谱的诸多原因之一。心理学家做了大量的研究以评估人类忽视关键性对照信息(对照组)的认知倾向,例如,已得到广泛应用的协变关系探测范式。该研究范式给被试呈现了一系列治疗方法和病人反应之间的关系数据[8]。被试有可能被告知以下信息:

200 人接受治疗,病情得到改善。

75 人接受治疗,病情没有得到改善。

50 人没有接受治疗,病情得到改善。

15 人没有接受治疗,病情没有得到改善。

这些数据是对实验结果进行归纳总结的 2×2 矩阵。在协变关系探测范式实验中,要求被试判断这种疗法是否可以有效改善病情。许多被试认为该疗法是有效的。这些被试的关注点在于接受治疗并且病情得以改善的病人数量(200 人)。另外,他们还注意到,接受治疗并且病情改善的人(200

人）远远多于接受治疗但病情没有得到改善的个体数量（75 人）。由于病情改善的概率看起来相当之高（200/275 = 0.727），这个数据怂恿被试认为该疗法是有效的。这即是一个理性思维错误。

这种思维方式忽略了没有接受治疗但病情得以改善的概率。由于不接受治疗病情改善的概率（50 / 65 = 0.769）比接受治疗的概率更高，因此，这种疗法可以被认为是完全无效的。被试忽略非治疗组疗效结果的认知倾向，以及治疗后改善组的数量优势，诱使很多人认为这是一种有效的疗法。令人不安的是，研究发现那些负责进行临床诊断的内科医生，也常常会使用这种非最优化的思维方式处理临床证据。

更多的科学思维心智程序：可证伪性

人们在尝试依据备择假设评估数据时，会觉得这是一件比较困难的事情；同样的道理，人们在寻找有可能会推翻焦点假设的证据，并检验这个证据时，也会感到非常困难。原因在于，人们天然的思维倾向是寻找证实假设的证据，而非证伪的证据。过去 40 年，在推理领域中被广泛研究的一个问题，极具戏剧性地说明了这一点。这个任务是由最具创造性的科学家之一，研究现代人类理性的专家——彼得·华生（Peter Wason）发明的。这个任务在各种研究中被使用了没有几百次，也有几十次了[9]。在继续往下读之前，请先试着回答下面的问题：假设在你面前摆放着 4 张长方形卡片，每张都是一面写有字母且另一面写有数字，这 4 张卡片中有两张是字母朝上，两张是数字朝上，朝上的一面分别是 K、A、8、5。你的任务是选择翻开一张或多张卡片，以检验下述规则是真还是假：如果卡片的一面是元音字母，那么，它反面的数字是偶数。现在请指出哪一张卡片是必须翻开的。

这个任务名为"四卡选择任务"。它受到广泛关注和研究的原因有两点：第一，绝大多数人都会犯错；第二，人们在个问题上犯错的原因令人费解。待检验的规则是：如果卡片的一面是元音字母，那么，它反面的数字是偶数。如果我们想检验该规则，应该翻开 A 和 8。翻开 A——元音卡片，是为了弄清楚它的背面是否是偶数，翻开 8 是为了证实它的反面是否是元音字母。答案看似非常简单，但问题在于：50% 的人选择的答案是错的！排名第二常见的答案是只翻开 A 卡（检查它的背面是否是偶数），研究中大概有 20% 的被试选择了这种做法。这种做法也是错的！还有约 20% 的被试选择翻开其他的卡片组合（比如翻开 K 和 8），这也不对！

如果你的解决方案和上面提到的那 90% 的人相同的话，那么，你和过去几十年研究中的被试一样，回答错误（即使在阅读了前面我对于可证伪性的介绍之后，依然会犯错）！让我们来看看大多数人是怎么犯错的吧。首先，人们不会出错的是 A 和 K 的选择。多数人没有选择 K 这张牌，而是选择了 A。因为待检验的规则并没有提及辅音字母的反面应该是什么内容，卡片 K 看起来和规则毫无关联，而卡片 A 就不同了。卡片 A 的背后可能是偶数，也可能是奇数。如果是偶数，则与待证明的规则相符，如果是奇数，则可以证明这个规则是错误的。简单来讲，为了证明这个规则的真实性，必须翻开卡片 A。这一步，多数人都做出了正确的选择。

但是，究竟是选择翻开卡片 5 还是卡片 8 呢？对于多数人来说，这是难点所在。很多人就在这个问题上犯了错误。他们错误地认为应该翻开卡片 8。之所以会做出这样的选择，是因为人们认为应该翻开卡片 8，以检验它的背后是元音还是辅音。但是，即使卡片 8 的背后是辅音字母 K，这也不能说明待证明的规则是错的，因为规则中虽然提到元音字母卡片背后必须是偶数，但并没有说偶数卡片的反面必须是元音字母。因此，在卡片 8 的反面发现非元音字母，并不能说明任何问题。而被大家所忽视的卡片 5，实际上是解决问题的关键所在。如果卡片 5 的背面是元音字母，由于所有元音字母背面都不会是奇数，那么，就可以说明待证明的规则是错的！简而言之，为了证明规则是错误的，需要选择翻开卡片 5。

总而言之，在判断此类"如果 P，那么 Q"的规则时，只有"P 出现的同时，非 Q 出现"的证据才可以判断规则为假。所以，在检验规则的真实性时，只需翻开卡片 P 和卡片非 Q 即可（在本例中是卡片 A 和卡片 5）。如果 P 和非 Q 同时出现，那么规则为假。如果没有同时出现，那么规则为真。

在解决这个看似简单的问题时，为什么多数人的答案都是错误的呢？有很多理论试图解释这个问题，其中最经典的一个理论认为，人们之所以在这个任务上表现糟糕，部分原因在于人们太过于关注证实、确认规则。这是驱使人们翻开卡片 8（希望确认背面是元音字母）和翻开卡片 A（希望确认背面是偶数）的原因。但很少有人关注有可能会推翻规则的卡片——这种证伪的思维模式能够让人立刻想到翻开卡片 5（背面是元音字母的话，则可推翻规则）。如前所述，还有一些其他理论试图对人们在这类问题上的糟糕表现进行解释。然而，不管这些理论如何解释这种错误倾向，毫无疑问的是，如果人们在解决问题时能够考虑到可证伪性，可以大大减少这种错误的发生。

在推理过程中，寻求可证伪性是一条非常有用的原则。但是，大量证据表明，寻求可证伪性对于绝大多数人来说并非是一种自然而然的优选策略。原因在于，认知吝啬鬼只会根据给定的信息去建构问题解决的框架，而不会自动地从另一视角去思考问题。因此，对于多数人来说，寻求证伪性证据的心智程序需要通过学习来获得。

另一个用于研究人类在证伪时会遇到困难的范式是"2-4-6 任务"。这个著名的研究任务也是由彼得·华生发明的[10]。在 2-4-6 任务中，被试被告知：研究者脑海中存在一个规则，这个规则是将 3 个整数划分为一组的标准。2-4-6 这个数字组合已被证实符合研究者心中的这个规则。接着，让被试猜测这个规则到底是什么。在猜测过程中，被试可以提出数字组，研究者会根据这组数是否符合"规则"而给予相应的反馈，直到被试能够准确地猜出这个规则为止。

在这个"2-4-6任务"中,研究者心中的规则是"任何3个依次增加的数字组合"。被试在探索这个规则时,常会遇到很多挫折。因为他们在最开始的时候形成了一个比这个规则更为严苛的规则假设,比如"依次增加的偶数"或是"等距增加的数字",并且,他们会依据这些严格的规则创造数字组去检验自己形成的规则是否正确。毫无疑问,被试在检验自己创造出的数字组合时,从实验者那儿得到的都是积极反馈,因此,他们会信心十足地宣布自己已经找到了实验者心中的规则。当他们得知回答错误时,常常会感到十分惊讶。例如,被试会创造出这样的数字组合:8-10-12;14-16-18;40-42-44。在收到3次"正确"的反馈后,他们即宣布"规则是依次加2"!当被告知回答错误后,他们会尝试这样的数字组合2-6-10;0-3-6;1-50-99。这一次,他们依然可以收到3个肯定的反馈,这时,被试又宣布新发现的规则:"规则是挨在一起的两个数字之间的差值是相同的!"毫无疑问,这个答案又是错的。在被试猜测规则的过程中,他们没有想过从"证伪"的角度去解决问题,比如验证数字组合100-90-80或是1-15-2。

被试不愿意做出违反焦点假设的尝试,这个现象在另外一个研究中得到了进一步的验证。在这个研究中,研究者通过人为手段使得被试对假设进行证伪,进而使得他们在猜测规则任务上的表现大大提升。该研究由瑞恩·特韦尼(Ryan Tweney)的研究团队完成。实验中,被试被告知研究者心中有两个规则,规则一适用于3个数字组合,被称为DAX;规则二适用于另一个3个数字组合,成为MED。研究者每公布一个数字组合之后,都会告诉被试这个数字组合是符合DAX规则还是MED规则。研究中,被试被告知2-4-6符合DAX规则。DAX规则和上一段提到的规则相同,即3个连续增加的数字,而MED规则是:所有不符合DAX规则的3个数字组合。在这种情况下,被试解决问题的速度更快,他们交替检验DAX规则和MED规则。由于MED规则是"所有不符合DAX规则的数字组合",因此,被试检验MED规则的过程实际上也是证伪DAX

规则的过程。被试之所以会对 DAX 规则进行证伪检验，原因在于有一个近在眼前的焦点假设有待证实（MED 规则）。由于两个规则互补，被试尝试去证实一个假设的同时，也是在证伪另外一个假设。研究者通过这种方法引导被试尝试用他们不常用的思路去解决问题——关注备择假设，证伪焦点假设。在这个研究中，只有通过这种人为诱导的方式，人们才能关注焦点假设证伪，足以证明采用证伪的思维方式是一件多么困难的事情。

综上所述，我们现在有一个坏消息和一个好消息。坏消息是人们不擅长寻求证伪焦点假设的证据，而好消息是这种心智程序是可以通过教育和学习获得的。所有科学家在成长过程中都完成了大量需要证伪焦点假设的练习，因此，他们遇到问题时会自动提出这样的疑问："我需要考虑哪些备选方案？"

基础概率：更多贝叶斯心智程序

理性思维的另一个重要方面，是在预估未来事件时能够使用正确的基础概率值。有趣的是，研究发现人们很擅长处理"隐含的"概率信息（只需自主心智即可获取的信息），但是，当需要个体进行具体推理时，就破绽百出了。下面，请思考一个医学风险评估的问题。该问题曾出现在很多研究中，其中包括以医疗专业人员为实验被试的研究[11]。

假设某种疾病由 XYZ 病毒引起，该病的发病率为千分之一。假设现在有一种化验方法可以 100% 地检测到 XYZ 病毒，但是，使用这种化验方法的假阳性率为 5%。也就是说，如果一个人携带 XYZ 病毒，通过这种化验一定可以被发现。但是，如果未携带病毒的健康人接受这种化验，有 5% 的可能性被误诊为 XYZ 病毒携带者。现在，从人群中随机选取一人进行检测，化验结果为阳性（阳性意味着受检者可能是 XYZ 携带者）。那么，在完全不考虑个人信息、病史的情况下，这位受检者携带 XYZ 病毒的概率为多少？

在继续往下读之前，请你先估算一下这道问题的答案是什么？结果无需太过精确（如果你可以算出精确的结果，当然更好）。这道题考察的并非是计算能力，而是看你的解题思路是否正确。若想正确地解答这道问题，需要结合抽象的概率信息，但是，多数人在解题时都会过分依赖具体、鲜活的个案信息，给出错误的答案。

在解决这个问题时，最常见的错误答案是 95%，而正确答案约为 2%。人们极大地高估了阳性结果代表个体为 XYZ 病毒携带者的概率。通过贝叶斯法则可以精确地算出正确答案，不过，接下来我们不使用这种方法，而是进行一些逻辑推理，以帮助我们厘清基础概率对概率预估结果产生的巨大影响。我们已知的信息是：每 1 000 人中，有一位 XYZ 病毒携带者。如果其他的 999 位未携带病毒者全部都接受化验，由于该化验的误诊率为 5%，所以化验结果会错误地显示这些人中约有 50 位携带病毒（0.05 乘以 999）。因此，在所有化验结果为阳性的 51 位"患者"中，只有 1 位是真正的 XYZ 病毒携带者（约为 2%）。简而言之，这个问题的基础概率是：绝大多数人都并未感染病毒。患者数量极少的事实结合假阳性的概率（5%），结果就是检查结果为阳性的个体中真正患者的绝对数量其实很少。

在解决这个问题的过程中，个案证据得到高估，而统计证据却被低估了。对于绝大多数人来说，个案证据（化验结果）看起来更"具体"、更"触手可及"、更"活灵活现"。相对比来说，概率证据看起来……怎么说好呢，太过概率了！这种只顾个案证据却忽视统计数据的推理方式显然是错的，因为个案证据本身也只是概率而已。别忘了，临床化验方法存在一定的误诊概率。个体若想做出正确决策，必须同时考虑到这个情境难题中涉及的两种概率，一是个案证据的诊断概率；二是先验概率。将两种概率结合计算的方法有很多种，有的是对的，有的是错的。当个案证据给人带来具体性幻觉的时候，人们通常无法正确地利用这两个概率以得到最终的正确结果。

行文至此，我需要格外强调一下：在此处谈论贝叶斯推理，并不是说在面对此类问题时，我们应该随时记起贝叶斯公式，并结合公式进行计算[12]。其实，人们只需要对"贝叶斯"有感性认识，在解决问题时能够有"贝叶斯直觉"就足够了，并不需要把具体的公式背下来。以 XYZ 病毒问题为例，在解题时只要意识到基础概率的重要性就可以了。在化验误诊率很高的情况下，同时考虑到疾病的发生率极低这一基础概率，就能判断出多数结果为阳性的个体其实并未患病。我们需要的仅仅是贝叶斯心智程序中有关基础概率的部分（当然，较强的理解力也很重要）。这种对基础概率的感性认识足以让我们在日常生活中做出接近真相的估计，预防重大错误的发生。这就好比在餐厅老板自荐难题中，优秀的思考者并不需要每次都计算出相似率 [$P(D/\sim H)$] 的具体数值，他只需要知道餐厅老板的推销辩词压根不足为信就可以了。

概率评估的心智程序

接下来，让我们来看一个认知心理学领域经常研究的著名问题：琳达难题[13]。

琳达，31 岁，单身。她性格率真，十分聪慧。她所学的专业是哲学。在学生时代，她反对歧视、提倡社会公平，积极参与反核游行。下面，请根据事件发生概率的高低，给下列题目打分。1 代表最有可能发生，8 代表发生的可能性很小。

a. 琳达是一名小学教师
b. 琳达在书店工作，平日里会参加瑜伽课程

c. 琳达是女权主义运动的活跃分子

d. 琳达是精神病学社会工作者

e. 琳达是美国妇女选民联盟的成员

f. 琳达是一名银行出纳员

g. 琳达是一名保险销售员

h. 琳达是一名热衷于女权运动的银行出纳员

在回答这些问题时,多数人都会犯被称为"联结谬误"的错误。事件h(琳达是一名热衷于女权运动的银行出纳员)是事件c和事件f的联合,h的概率不可能高于c(琳达是女权主义运动的活跃分子)或f(琳达是一名银行出纳员)。所有女权主义的银行出纳员都是银行出纳员,所以h的概率不可能高于f的概率。但是,在研究中有超过80%的被试对问题h的概率评估高于问题f,这一类错误就是"联结谬误"。有人认为,人们之所以会在这个问题上犯错,是因为发生了"属性替换"。被试在回答这些问题时,并没有把它们当作概率问题进行仔细思考,而是基于描述的相似性做出判断评估(与银行出纳员相比,女权主义银行出纳员似乎更符合对琳达的描述)。

从逻辑视角来看,当人们进行概率判断时,应该更重视子集(女权主义银行出纳员)与全集(银行出纳员)之间的关系,而不应根据相似性评估做判断。如果在充分了解相关概率关系的前提下,还把相似性作为判断标准,这就意味着认知吝啬鬼在捣乱犯错了。与之相对比,如果是有关概率关系的信息缺乏以致无法解决当前问题,那么,此时发生的思维错误就应该归类于心智程序缺陷(而不是基于相似性和生动性的属性替换)。

有关概率的另外一个谬误是:条件概率倒置。这种思维谬误常见于现实生活中的决策情境中。概率推理过程中的条件概率倒置指的是:在给定B的前提下A的概率与在给定A的前提下B的概率,两者是等价的。实际上,这两者并不相同。例如,罗宾·道斯(Robyn Dowes)曾介绍过《加州日报》

上的一则新闻标题。这个标题暗示抽大麻会导致个体吸食致瘾毒品。这个标题所暗含的意思是：根据个体之前吸食大麻的情况，调查个体使用致瘾毒品的概率。但实际上文章调查了吸食致瘾毒品的学生抽大麻的概率。这两个概率存在天壤之别。抽大麻的学生吸食致瘾毒品的概率，远远小于吸食致瘾毒品学生抽大麻的概率。原因在于，多数抽大麻的人并不使用致瘾毒品，而使用致瘾毒品的人，绝大多数都曾抽过大麻。

条件概率倒置常常发生在医疗诊断领域。研究发现，病人和医务工作者都经常会错误地将出现某种症状时疾病的确诊概率与确诊后出现某种症状的概率混为一谈（作为病人，更关注的是前者）。

策略性心智程序

以上我们讨论的多数心智程序都是以陈述性知识的形式进行表征的。可是，并不是所有的心智程序都是陈述性知识。还有一类心智程序，认知科学家称它们为"程序性知识"，是指按照特定方式处理信息的策略和倾向。比如，我在前面提到的概率推理原则可被划分为陈述性知识，而反意思维（disjunctive thinking）则是策略性心智程序的代表。

程序管理、信息选择以及信念标尺倾向的差异化，反映了个体不同的反省心智属性，通常使用调查问卷对其进行测量评估[14]。例如，认知需求思维倾向会影响问题解决过程中反省心智的使用。问卷调查通过询问人们是否同意下列这些说法，以测量使用反省心智的倾向性："抽象思维的想法对于我来说很有吸引力"或是"相对于那些重要、简单、不用思考太多的任务来说，我更喜欢做重要、困难、智力上有挑战性的任务"。我的研究团队对"信念认同"（belief identification）的思维倾向进行了研究。这种思维倾向是指个体以改变信念使其更接近事实为重要目标，还是以坚持当下的信念为重要目标。为了测量这种思维倾向性，我们在问卷中设置了这样的题目："信念应该根据新的信息或证据不断对其进行修正。""坚守自己的信念非常重要，即使在有证据与之相悖的情况下。"

还有一种测量思维倾向的方法是让被试完成特定任务，并考察他们的任务表现。例如，熟悉图形匹配测试（MFFT）可以用来评估反省思维倾向和冲动性思维倾向。在 MFFT 测试中，首先呈现给被试一张目标图片，被试的任务是在接下来呈现给他的 6 张图片中选择一张和目标图片最为相似的。评估指标是被试在完成任务时的错误率和反应时。反省思维倾向个体的反应时间会更长，错误率更低，而冲动思维倾向的个体的反应时短，但错误较多。

反省心智的其他思维倾向也可以使用问卷或绩效任务进行测量，包括：典型智力、闭合需要、信念固着、证实偏见、过度自信、经验的开放性、信任直觉、反事实思维、分类思维、迷信、教条主义。这些心智程序的共同之处在于，它们都属于策略、倾向、程序，而非陈述性知识结构。

心智程序缺陷导致的理性障碍

在推理和决策过程中无法使用正确的心智程序（认知规则、策略和信念系统）时，就可以说是心智程序缺陷导致了非理性行为。但是，只有当高智商个体受到心智程序缺陷的影响时，才能称之为理性障碍。为什么这么说呢？因为心智程序缺陷通常是由于缺乏教育或经验而产生的。因此，当研究发现智商与本章讨论的几种心智程序之间存在正相关时，一点儿也不会让人感到惊讶[15]。但是，两者之间的相关并不完美，我们发现很多高智商个体也缺乏一些重要、关键的心智程序，而很多低智商的个体会使用心智程序做出理性的反应。举个例子，在本章中讨论过的 XYZ 病毒问题中，如果只看那些入学 SAT 成绩高于中数的大学生在实验中的表现，我们会发现这个高智商群体中只有少数人可以在解决实际问题时正确地使用基础概率。

当理性思维心智程序与智商之间有着中等强度正相关时，有大量的高智商个体符合理性障碍的定义。虽然高智商个体比低智商个体学习了更多的知识，还有一些其他因素也在其中发挥着作用[16]。本章所讨论的心智程序可以通过后天教育习得这一观点尚未达成共识，研究结论之间存在着较大的差异。教育效果参差不齐意味着一些聪明人并没有通过学习而获得批判性思维。研究表明，大学生被试在实验中会表现出忽略备择事件发生的概率，忽略 $P(D/\sim H)$，犯下联结谬误，不能使用基础概率解决现实问题，颠倒条件性概率等思维错误，而大学生通常被认为是智商较高的群体。在本章伊始提到的"摇篮猝死症"案例中，那位出庭作证的儿科医生在提供证词时，错误地估计了同一个家庭中的两个婴儿死于"摇篮猝死症"的概率，这也是高智商却有理性障碍的一个典型案例（他所犯思维错误同时兼具心智程序缺陷和过度自信）。

针对心智程序的训练即使在个体成年后也很少见。诚如法学学者杰弗瑞·瑞彻林斯基（Jeffrey Rachlinski）所言："在大多数专业行当中，人们为了了解该专业领域，接受了大量专业术语和技能的培训，但是，却没有培训他们做出专业性决策的能力，而这种决策能力对于专业领域人士来说是至关重要的。"因此，虽然有些心理学家认为，有些推理能力可以通过后天学习的方式轻松获得，但这种类型的培训凤毛麟角。总而言之，虽然我们期望心智程序缺陷在高智商群体中发生的频率越来越低，但是，无论认知能力如何，很多聪明人并没有机会学习到这些可以有效对抗非理性想法和行为的心智程序。

当前的智力测试没有对理性思维的心智程序进行评估，包括处理概率的策略、归因策略、根据论据得出结论的策略等。如果这些策略能够得到有效评估，那么，这样的测试能够比当前测试更准确地甄别出高智力个体。届时，理性将被纳入到智力评估体系中，成为MAMBIT（智力测试评估的心智能力）的组成部分。但是，现行智力测试并没有涉及理性评估，也正是由于这个原因，才会有心智缺陷导致的理性障碍存在。

第 11 章

污化的心智程序

文明从未健康地发展过,如果没有大量可靠的真实信息,文明不可能得以健康发展。如果受到错误信念这一恶疾的困扰,文明不可能繁荣发展。

——哈利·法兰克福,《真理论》,2006

我们人类是不理性的动物,特别之处在于我们有能力去相信自己大脑构思出来的稀奇古怪的东西。

——罗伯特·富格林,《行走于理性的钢丝上》,2003

阿尔巴尼亚在过去的几十年间曾经是欧洲最贫穷的国家之一。然而,1991~1992年,阿尔巴尼亚开始转型,赋予了人民更多的人身和经济自由,该国经济在1992~1997年迅猛发展。在这一时间段,阿尔巴尼亚的市场开放程度提高,国内生产总值(GDP)持续增加,通胀有所缓解,预算趋于平衡,外国投资也大幅增加。国际货币基金组织对该国在这一时期所取得的进步大加赞扬。然而，在1997年初期，经济和社会发展戛然而止。经济陷入崩溃，法制惨遭践踏，军队仓库被民间武装集团肆意掠夺，政府对大部分地区失去控制。阿尔巴尼亚于1997年分崩离析，究其原因，主要是由于大规模群体性的理性障碍。

导致阿尔巴尼亚社会崩溃的主要原因是庞氏骗局（Ponzi schemes）。据查，当时该国一半以上的人民卷入了这个骗局。1997年年初，庞氏骗局全面崩溃[1]。在庞氏骗局中，经营骗局的人实际上没有任何资产（因此，从骗局开始的第一天起，他就无力偿付债务）。庞氏骗局为早期投资者提供的回报率非常之高，事实上，早期投资者得到的钱是后来的投资者投进骗局的钱。早期投资者得到的高额回报催生了（通常是通过口口相传）一大批新的投资者，这批新投资者又引发了更狂热的投资热潮。这个骗局在自我强化的基础上持续了一段时间。当然，在数学计算的帮助下，人们最终识破了骗局。终于，到达某个临界点，骗局瓦解了——而这通常发生在发起人携带骗得钱财成功潜逃后。

通常情况下，潜在投资者会得到关于为何有高回报的复杂解释。一些在阿尔巴尼亚制造骗局的人向他们的投资者解释道：高回报率是源于外汇投机；另一些人则声称利润的背后是复杂的采矿计划；有一个人甚至宣称回报是来自于对加利福尼亚旅馆的投资。在庞氏骗局中，通常的情况是：所谓的盈利计划越复杂、越和国外联系密切，那么对于潜在投资者而言，这个计划就更诱人。

庞氏骗局在世界各地都有，但正是由于在阿尔巴尼亚的骗局规模如此之大，才会引起我们的关注。骗局每个月为投资者提供30%的利率，而当时实体银行和公司提供的投资回报率与骗局利息相比根本不值一提，高额利润使骗局风靡一时。骗局一旦变得深受欢迎，就会有许多经营骗局的竞争者接踵而至。为了诱惑投资者，新的骗局不得不提供更高的利率。在1996年年底，许多庞氏骗局（当然他们都披着看似合法的公司的外衣）提供每月 50%～60% 的利率，有一家公司甚至打出了提供百分之百利率的招牌。当然，回报率越高，骗局瓦解得就越快。随着雪球越滚越大，终有一天无法募集到足够的新资金以偿还承诺给早期投资者的利润回报。

到了 1997 年，将近一半的阿尔巴尼亚成年人卷入了类似的骗局！人们拿出了房子的抵押贷款，有些人甚至还把房子卖了变现以获取资金参与其中。许多人把毕生的积蓄都投到这个骗局中。在高峰时期，相当于阿尔巴尼亚 GDP 一半的资金投进了庞氏骗局。在骗局瓦解之前，骗局经济开始和工资收入竞争并扭曲经济。例如，一位老板的员工数量很快地从 130 名减少到 70 名，因为人们认为他们可以通过把钱投入庞氏骗局的方式实现盈利，而无须工作以获取报酬。

庞氏骗局和金字塔传销骗局很相似。金字塔传销骗局的运作方式是给予招募了新成员加入组织的老成员佣金（新成员加入组织需要缴纳会费）。然后，新成员会以同样的方式继续努力招募更新的成员。组合式爆炸扩张确保了骗局在几次循环之后会一无所剩，留下大约 80% 的成员（一般是最新加入的）承担损失。在金字塔传销骗局中，常常有一种名义上的产品在出售，然而焦点总是在新招募的成员身上，而不是在所谓正在出售的产品上。相反，庞氏骗局却没有招募成员获得佣金这回事，也根本就没有产品。用新投资者的钱去支付早期投资者的利息，仅此而已。当骗局发展到某个时间点时，承诺的回报没办法支付给每个应得的人，此时经营骗局的人通常会试图带着剩下的钱潜逃。

一旦每个人都以这样的方式参与到这个盈利体系中，人们怎么会认为这种体系能够维持得下去呢？同样的，人们怎么就会忽视金字塔传销骗局中的数学含义呢？（在金字塔骗局中，每个人都招募 15 名新成员，以此类推，当这一循环进行到第 7 次时，卷入骗局的人数将超过美国全部人口数量的一半！）

人们之所以会忽视数学原理是因为他们被污化的心智程序所奴役。庞氏骗局和金字塔传销骗局背后的潜在逻辑本质上是相同的：心智程序受到污染的人开始认为他们每天都在身边见到的、他们一辈子都在经历着的经济规律可以被违背。他们开始认为，这种新型的投资方式的投资回报率远远高于传统的金融工具，并且毫无风险。骗局的策划人通常会给出一个极其精明的解释，以让整个运作过程显得合情合理。但是，无论这些使骗局合理化的解释多么的巧妙绝伦，也无法掩饰相信庞氏计划和金字塔传销骗局是不良的心智程序——它使人们做出行动，而后又会为自己的行为后悔。

骗局瓦解后，成千上万的阿尔巴尼亚人损失了毕生积蓄，也没了家。接着暴乱发生，国家陷入了混乱。政府无力为人民的投资提供担保，因为在骗局瓦解时，5家最大的操控着庞氏骗局的公司只有4 900万美元的资产，但却要偿还价值47 500万美元的债务——债务额是国家GDP的两倍。如同其他的此类诈骗一样，大多数的实际资金都已经被存进国外的银行，像消失了一样，而这些犯下诈骗罪的人要么逃之夭夭，要么被关进监狱，声称自己和其他投资者一样也破产了。

由于整个国家有相当一部分的人都卷入了这些骗局中，因此我们可以肯定地说，这些经济狂人中一定有许多是聪明人，是理性障碍使他们深陷于经济泥潭中[2]。他们的经济观是非常不理性的——造成这种情况的原因要归咎于污化心智程序。当然这也涉及心智程序的缺陷。但是，由于在上一章我已经论述了缺陷所引发的问题，因此本章将把注意力放在获得了心智程序，但心智程序与情境不相适应的情形。

污化心智程序经常像流行病一样，会在某一特定人群中肆意传播。在20世纪80年代晚期，在一些心理治疗师（这些治疗师自己受到了一些复杂的心智程序的控制）的鼓励之下，许多接受心理治疗的病人纷纷回想起自己在小时候曾受过性虐待，施虐者通常是家庭成员。至于这些"尘封"的记忆为何只有在接受治疗后才会被记起，鼓励报告这些经历的心理治疗师自有一套理论。在诸多理论中,最受青睐的莫过于这一种:这些来访者患有多重人格障碍,这些记忆在他们年龄尚小的时候解离了。这个解释导致了多重人格障碍诊断人数急剧增加。正如伊莱恩·肖沃尔特(Elaine Showalter)解释道:

> 心理治疗师们认为,儿童为了应对性虐待带来的痛苦、恐惧和打击,他们选择了人格分裂或解离。遭受虐待的记忆一直都存在,只不过被抑制在另一个人格或许多人格碎片中。"改变者"一直在与创伤进行斗争。心理治疗师通过催眠的方式与"改变者"接触,利用内在自救者的力量在不同人格片断中进行斡旋。然后,他们可以与儿童"改变者"取得联系,让他们为性虐待和宿主人格中其他被抑制的记忆出面作证。(1997)

专业学术组织在没有找到确凿的证据支持这个理论之前,就开始大肆传播这些观点。这些理论将多重人格障碍与记忆复苏联系起来,很快就在不同的心理治疗领域得到传播、复制。在1970年之前的50年间,全美国报告的多重人格障碍病例不过十几个。20世纪80年代之前,多重人格障碍甚至都没有被美国精神病学会认定为一种疾病,但在90年代,成千上万的病患被确诊为多重人格障碍[3]。

随着这种所谓复苏记忆的现象势头越来越猛,在心理治疗过程中,病人的陈述也变得越来越奇怪。一些病人开始报告说自己不仅在儿童时期受到性虐待,同时还是撒旦祭祀仪式虐待(satanic ritual abuse,SRA)的受害者。肖沃尔特描述了一位妇女(SRB),她40多岁,拥有耶鲁大学生物化学学位,同时也是撒旦祭祀仪式虐待的受害者。在接受心理治疗之后,她开始相信自己的父母是儿童色情电影制作团伙的成员,他们迫使儿童参与邪教仪式。她回想起自己被逼卖淫,遭受过电击和毒品虐待的经历。她还记起自己在7年级时有过怀孕经历,并被强迫堕胎。

文献中记载着许多这样的例子，许多例子听起来比这个还骇人听闻，几乎所有的撒旦祭祀仪式虐待案例都存在一个共同的问题——没有独立证据可以证明这些事件曾经发生过。在接受心理治疗之前，这些病人完全没有受虐待的记忆。SRB 的案例正是如此。好几年来，她一直接受治疗各种恐惧症的心理疗法，但都不成功。在 1986 年之前，她并没有报告过自己有任何性虐待的记忆。1986 年，她参加了儿童虐待幸存者的讨论会，并在接受治疗的过程中展现出 3 种不同的人格。正是在那儿，她开始"回想起"关于性虐待和撒旦祭祀仪式虐待的记忆。尽管没有独立证据来佐证 SRB 所讲述的故事，但却没有人质疑过 SRB 故事的准确性。这是因为心理治疗师的观念体系已经根深蒂固，不需要独立的证据（"如果病人认为自己受到过虐待，那么他就被虐待过"）。这个观念体系所代表的心智程序只要求病人和心理治疗师相信故事的连贯性。然而，这些故事并不是无害的，很多人因为这些故事而受到虐待的指控，并被判刑。

在 20 世纪 80 年代和 90 年代兴起的流行性复苏记忆潮流中，病人和心理治疗师都是污化心智程序的受害者——这种心智程序引起紊乱的行为，并拒绝接受评估。庞氏骗局和这个例子都表明，并不是所有的心智程序都是有益的。当我们在讨论心智程序缺陷时，人们很容易认为心智程序越多越好。然而，庞氏骗局和流行性复苏记忆的例子告诉我们：人们获得的心智程序有时候不仅不能防止不理性行为，还会成为不理性行为的起因。

"如果一个人有两个大脑，他会加倍愚蠢"

这部分的标题取自德斯蒙德·瑞安（Desmond Ryan）告诉我的一则以色列笑话里最妙的一句话。笑话中的其他内容我记不清了，但是这句有趣的话概括了理性障碍可能引发的后果——在智力上更聪明并不能保证不做蠢事。对于污化心智程序导致的非理性行为而言，这一点尤其正确。

第 11 章 污化的心智程序

人们之所以常常获得污化心智程序,原因在于它通常被包裹在引人入胜的故事中,并且,这个故事常常很复杂。那些低智商的人对这类复杂的故事往往并不买账。然而,复杂的心智程序对中等智商或高智商的人而言,却很有诱惑力。在互联网上对阴谋论、逃税计划、暴发户计划、"玩弄"股票市场计划和彩票中奖方法的相关案例稍加搜索,你很快就发现这些案例都有一个共同的特点,那就是极具诱惑力的复杂性。例如,许多暴富计划都涉及不动产交易,而与这些交易相关的税收制度非常复杂。许多彩票中奖"秘籍"中都涉及使用复杂的数学和概率进行解释(这些解释都是错的!)。"玩弄市场"股票投资建议常常涉及数学和所谓的技术分析图表。

被欺诈性投资计划欺骗的人可能并非低智商,这一直觉在全国证券交易商协会(National Association of Securities Dealers)委托进行的一份研究结果中得到了证实[4]。这份研究调查了 165 名在欺诈性投资计划中损失超过 1 000 美元的人的想法和人口统计学特征,并把他们和另一组没有受到过金融欺诈的人的想法和人口统计学特征进行比较。研究结果表明:投资诈骗受害者的受教育程度要比对照组高很多——在投资诈骗受害者组中,68.6% 的人至少拥有文学学士学位,而在对照组中这一比例仅为 37.2%。在投资诈骗受害者组中,收入超过 3 万美元的个体比例是 74.1%,而在对照组中这一比例是 56.4%。从受教育程度和收入数据中我们可以推断出,投资诈骗受害者不可能是低智商人群。若是非要找出什么不同的话,只能说这种污化心智程序对于那些智商较高的人更具有诱惑性。

社会中常见的不理性行为背后那些制造麻烦的心智程序大多是由中等或高智商人群编造的,影响的对象也是中、高智商群体。结果导致很多以聪明才智著称的名人频频做出不理性行为。哲学家马丁·海德格尔(Martin Heidegger)是举世闻名的思想家,但他却是一名纳粹的辩护人,还用看似有理实则空洞的逻辑为自己的信念辩护。他组织了学生准军事营,常常在信上署名"希特勒万岁"。著名的科学家威廉·克鲁克斯(William

Crooks）是铊元素的发现者，同时也是英国皇家协会会员。尽管他不断被"通灵者"欺骗，但他从来没有放弃对唯灵论的信仰。阿瑟·柯南·道尔（Arthur Conan Doyle）同样也因受"通灵者"欺骗而名誉受损。诗人埃兹拉·庞德（Ezra Pound）精于语言文字的使用，但在"二战"中，他将大部分时间都用于通过意大利广播为法西斯做宣传。类似的例子不胜枚举[5]。

许多极端邪恶的观念传播者都是智商很高的人。在纽伦堡接受审判的战犯中，很多人的 IQ 测试得分都高于 125 分；在 14 名策划最终解决方案的人中，有 8 人拥有博士学位。对否认犹太人大屠杀的关键人物所做的调查表明，这些否认者的名头包括：印第安纳大学欧洲史硕士学位获得者、知名"二战"人物传记的作者、里昂大学文学教授、常春藤大学所用教科书的作者、斯克兰顿大学的英语教授和西北大学教授等[6]。当然，神创论倡导者的身份也包括许多拥有大学学位的人。

认知科学家已经揭示了聪明人的观念与事实严重不符的部分原因。一种解释就是"知识投射倾向"（knowledge projection tendencies）。这个观点认为，在一个自然生态环境中，我们以前绝大多数观念都是正确的，用已有观念作为过滤器来处理新的数据，能够使知识积累的速度更快[7]。这个观点被用来解释演绎推理中的信念偏差效应。认知科学家乔纳森·埃文斯（Jonathan Evans）及其同事认为，由于信念修正与大脑中的很多信念网络存在交互效应，因此它的计算成本很高。所以，他们断定，认知吝啬鬼可能倾向于接受未经任何逻辑推理但又看似可信的结论。只有当人们在面对难以置信的结论时，认识主体才会对假设进行逻辑推理。他们认为，当人们身处一个绝大多数信念都为真的知识领域中时，这个策略是非常有效的。

在上述理论中前提假设的满足至关重要，即只有个体身处多数信念都是正确的某一知识领域中，才可以用当前的知识结构帮助自己更快地吸收新的知识。然而，如果个体使用的信念子集含有大量错误信息，知识预期就会耽误对正确信息的吸收。理解神创论或大屠杀否认者的关键点就在于此。尽管知识投射倾向在多数情况下都行之有效，但是，它也会将一些在"错误信念之岛"上的人隔离开来，使得他们无法逃离此岛。简而言之，当在错误的情境中使用知识投射时，有可能导致"知识隔离效应"。因此，尽管知识投射可能会使人们快速地吸收新的正确信念，但它也可能是一个陷阱。当人们不断地调用错误观念集合，使用这些错误信念对证据进行评估时，他们会迅速地积累更多错误信念，并为未来进一步的知识投射做好了错误知识储备。

错误信念之岛上的知识投射也许解释了这种现象：聪明人会深陷于特定的知识领域不断犯错，并由于知识投射效应而无法逃离。这些人常常使用他们强大的计算能力将自己的信念理性化，并避开怀疑者的观点[8]。当知识投射产生于错误信念之岛上时，对于那些没有受到知识投射影响和计算能力低的人来说，投射后产生的观点与错误信念并不相同。这也许就是为何一些最有害的污化心智程序是由那些最聪明的人发明，并且也是被那些聪明人获得的。（"如果一个人有两个大脑，他会加倍愚蠢！"）没错，这种人"有两个大脑，结果是两倍愚蠢"。

对污化心智程序的质疑

污化心智程序这一观点是否存在理论硬伤呢？为什么人们会相信对他们不利的事情？不是所有信念的初衷都是为了更好的结果吗？

这些问题都是有理有据的理性思索，是对污化心智程序的常识性反应。对污化心智程序的常识性担忧有时也可见于学术文献中。例如，一些哲学家认为，人类的不理性在概念上是不可能的，另一些理论家则认为漫长的进化过程为人类理性提供了保证。

后一种观点现在已经被人们广泛认为是有瑕疵的[9]。进化只保证人类在当地环境中是基因适应最优者，而不保证他们在真理或有用性上达到最大化，而这恰恰是理性所要求的。信念无须为了增强适应性而用最精确的方式认识世界。因此，进化不保证人类拥有完美的知识理性，也不确保人类会获得最佳的工具理性。最终，哲学家在概念上质疑人类非理性的可能性在某种意义上是不得要领的，因为过去40年里决策科学家、认知科学家和行为经济学家所做的众多研究表明：哪怕是以最低的理性标准作为评估准绳，人类的行为和信念习得也未能达标[10]。

人类有时候会出现系统性的不理性，这一点为何如此难以令人接受？也就是说，有的人会在缺少证据的情况下相信一种信念，并且以损害自身利益的方式行事？我认为，这是由于大多数人对心智程序习得持一种通俗的理论，而这一理论却存在致命缺陷。心理学家罗伯特·埃布尔森（Robert Abelson）几年前所写的一篇论文的标题《信念就像财产》指出了错误的关键点。这个短语解释了为什么人们发现难以理解自己（或其他任何人）持有违背自己利益的信念（或其他心智程序）。除了当前对过度消费的批评之外，我们大多数人觉得获取物质财富的原因之一就是财富在某种程度上可以满足我们的目的。我们对信念也持相同态度，认为我们选择了获取某些信念，那么它必将服务于我们，就像是财富服务于人生。

总而言之，我们往往认为：①在获得心智程序的过程中，我们行使了代理权；②它满足我们的利益。污化心智程序的观点与这两个设想都存在冲突。如果我们认为第一种假设是错误的，也就是说在获得心智程序时，我们并非每一次都行使代理权，那么，在这种情况下第二种假设成立的可能性大大减小，污化心智程序的观点更有可能成立。在认知科学对信念习得的研究中，这个观点与一个重要理论立场相一致。一些著名的科学家最近正在探索一个惊人的问题：如果你并不能控制你的信念，而是你的信念控制了你，结果将会怎样？

人们为什么会受污化心智程序的影响

绝大多数人都认同这样一个观点：我们的信念一定会有利于实现某个目的。然而，如果这个"目的"不是**我们真正想要的目的**呢？文化复制子理论（cultural replicator theory）和模因学（science of memetics）帮助我们认识到了这种可能性。**文化复制子**一词指的是通过非基因手段传播的文化元素。文化复制子的替代词——模因（meme）由理查德·道金斯（Richard Dawkins）于1976年在其著作《自私的基因》中提出[11]。**模因**一词有时候也用于指代所谓的模因组——一组共同复制的、同时适应的模因，最终形成一串相互联系的观点（例如，民主的观点就是一组复杂而又相互联系的模因，即模因组）。

人们可能会问，既然已经有了诸如文化人类学等各种学科用以解决文化传播问题，为什么又要用这个新词作为文化的单位呢？有这样的疑问是合乎情理的。我之所以认为模因一词很有用是因为：①不熟悉的新术语可以起到去中心化的作用，从而使我们更容易理解污化心智程序的概念。它在一定程度上有助于移除"信念就是财产"的隐喻，而我们在诸如"我的信念"和"我的观点"等短语中都可以看到该隐喻的身影。由于"我的模因"的用法没那么熟悉，因此它并没有以同样的方式通过代理行为表明所有者的身份；②由于它与基因一词的相似性，它建议我们用广义达尔文主义的观点来理解信念习得和改变。更确切地说，广义达尔文主义强调发展有机体是为了促进基因（复制）的利益，而不是为了有机体本身的任何利益。通过类比，该观点催生了这样一种见解，即模因复制有时候会以牺牲宿主利益为代价而自我复制。

因此，模因这一概念所引发的基本观点是：**能够传播的信念，未必正确，也未必有利于传播者**。模因学理论家经常使用连锁信的例子："如果你不把这个信息传递给5个人，你就会遭遇不幸。"这就是模因（即一个观点单位）的一个例子。被复制和存储于大脑的是行为指令。它是一个合理的、成功的模因。然而，这个模因有两个值得注意的方面。第一，它是不对的，没有传递该信息的读者不会因此而遭遇不幸；第二，存储了该文化基因又把它传递出去的人也不会得到任何好处——他不会因为传递了信息而变得更富有、更健康或更聪明。但是，这个模因还是存活下来了。它活下来是因为它**自身的**自我复制属性（该模因的根本逻辑就是：它几乎什么都不做，就只说"复制我——否则后果自负"）。简言之，模因不一定是为了帮助它们所寄生的宿主而存在的。它们存在的原因在于：在模因进化过程中展现出了绝佳的多产性、长寿性和复制的忠诚性，而这些正是成功的复制子所具有的决定性特征。

模因理论对推理信念的形成具有深刻的影响，因为它颠覆了我们思考信念形成的方式。社会心理学家往往会问，究竟是什么导致人们产生了某些信念。在这个因果关系的模型中，人决定了产生什么信念。然而，模因理论会问，模因中的什么要素让它们为自己找到了许多"宿主"？问题不是人如何获得信念（社会和认知心理学长期以来的传统），而是信念如何俘获人！

倘若你觉得颠倒传统的思维方式似乎有些奇怪，那么就请想想政治运动参与者。人们发现，决定参与某次政治运动最为主要的原因并非参与者的心理因素，而是他们对同一事物所持有的共同信念[12]。同理，地理相邻性是预测人们选择皈依什么宗教的最佳预测因素，而非特定的心理特征。

关于信念为什么会传播这一问题，人们的常识是："信念 X 会传播是因为它是正确的。"然而，这难以解释那些正确但却不流行的观点和那些流行但不正确的观点。模因理论告诉我们，在这类例子中，我们要注意另一种原理。观点 X 在人群中传播是因为它是一个优质的复制子——它擅于找到宿主。模因理论使我们把注意力放在作为复制子的观点的特性上，而不是放在产生这些观点的人的特性上。这是模因概念独一无二的显著功能，也是一个关键的功能。

第 11 章　污化的心智程序

有了模因理论提供的重要见解后，我们现在就能更全面地对为什么心智程序会存活下来进而得以传播的原因进行分类。前三种原因分类反映了行为和生物科学的传统设想。最后一种分类反映了模因理论的新观点。

（1）心智程序存活下来并得以进一步传播是因为它对拥有人有益处。

（2）某一心智程序激增是因为它能很好地适应先前存在的基因先决条件或特定领域的进化环境。

（3）某一心智程序传播是因为它推动了制造载体的基因复制，这些载体对于特定的心智程序而言是很好的宿主（鼓励人们多生孩子的宗教信仰就属于这一类）。

（4）心智程序存活下来并得以进一步传播是因为心智程序自身的自我永生属性。

观点 1、2 和 3 相对来说不存在什么争议。观点 1 是文化人类学的标准内容，往往强调信念的功能性。观点 2 是进化心理学家经常强调的。观点 3 意在表现基因 / 文化协同进化的理论家所特别强调的那些效应[13]。观点 4 介绍了把信念作为象征指令的新思维方式，这些指令或多或少善于控制大脑。当然，心智程序传播的原因可能不止一种，可能是因为它对其宿主有用，或者它适应了基因先决条件，抑或它自身的自我永生属性。然而，观点 4 的确提出了污化心智程序存在的可能性——它是一种对宿主无益的心智程序，因为它是不理性行为的坚实后盾。

许多理论家讨论了观点 4 中心智程序的一些类型（基于其自我复制策略定义）[14]。例如，寄生心智程序模仿有益观点的结构欺骗宿主，还让他们认为自己能从中得到好处。广告商很善于构建寄生信念，这些寄生信念依赖于其他信念和视觉形象的支持。狡猾的广告商把信念和形象放在一起，努力创造出诸如"如果我买了这辆车，我就能得到这位漂亮的模特"等未经分析的有条件的信念。其他的一些自我保护模因策略涉及改变认知环境。例如，许多宗教会启动人们对死亡的恐惧，以期让他们承诺的来生更加诱人。

更具灾难性的是旨在改变文化环境的"敌对策略"(adversative strategy),它会改变文化环境,使得环境不利于与自己有竞争性的模因,或者影响它们的宿主去攻击另一种心智程序的宿主。

破坏协议的模因

当涉及污化心智程序时,人们总是为了自己的利益行事(或为了自己在乎的人的利益)这一默认假设就不再适用了,它此时是自己的利益至上——它的利益就是复制。这一观点是现代广义达尔文主义自然发展的结果,只不过最近才被社会完全接受[15]。和它类似的观点还有:基因不一定就服务于它们的人类宿主。但是,这种观点直到理查德·道金斯将其整合到他1976年出版的那本经典著作中时,才引起公众的注意。文化复制子(心智程序)可能同样不服务于个体利益的观点,更是在最近才引起人们的注意,对某些人来说,它仍然是违反直觉的。

这一观点的反直觉性质反映在人们试图解释行为时难以丢弃的默认理性假设。发生于21世纪的一起非常重要的事件为我们提供了一个典型案例。在2001年9月11日纽约世贸大厦被撞毁不久之后,美国第一夫人劳拉·布什被要求对该事件进行评论,在回答过程中,她提到教育在防止此类悲剧中的重要性。有趣的是,大约在同一时间的一个采访中,英国前首相的夫人切丽·布莱尔同样提到教育作为类似"9·11"事件的预防措施。然而,当时的评论员和3年后有关"9·11"事件更全面的报道都指出一个令人不安的事实,即"9·11"事件的劫机者绝不是没有受过教育的人[16]。例如,在劫机后驾驶着美国航空11号班机撞向纽约世贸大厦北塔,导致许多人被烧成灰烬的穆罕默德·阿塔就有城市工程和规划专业的学位。

人们很难接受这些行为竟是出自受过良好教育和聪明的人之手这一事

实。人是理性的，按照这种思路，必定有某些重要的东西他们不知道——某些教育或信息缺陷才导致他们做出此种行为[17]。污化心智程序这一概念为我们开启了另一种可能性——或许恐怖分子的心智程序不是太少，而是太多。更确切地说，种种有害的寄生模因影响了恐怖分子，例如殉道模因和来生会得到慷慨回报的模因。纽约世贸大厦的摧毁帮助许多人理解病毒模因会以牺牲人类为代价进行自我复制这一可怕的逻辑。它引发人们对变成武器的模因的危险性展开更为广泛的讨论，因为模因完完全全控制着宿主。

有时模因组没有丝毫想要服务于人类理性的意思。相反它们可被称作"破坏协议的模因"——这些模因不能容忍在自己的复制策略上有任何妥协。这种属性为什么会促进观点繁殖，其原因来自于广义达尔文主义的原理。一个复制子复制频率增加的同时，它的多产性、长寿性和复制的忠诚性也同时增加。文化复制子的复制忠诚性比基因要低得多。文化复制子的片段在它从一个大脑跳到另一个大脑中时，不断地发生混合和匹配。破坏协议的模因通过拒绝融入人类文化大染缸的方式，保证了自身复制过程的纯结性。在复制频率的基础上，破坏协议的模因总会找到适合自己的位置。本节讨论的关键点是，这种心智程序不会为了满足人类在变幻莫测的世界中的利益而展现出灵活性。因此，破坏协议的模因是污化心智程序的主要候选者。

避免污化心智程序的策略

上述讨论表明我们需要采取策略，以避免污化心智程序。下面是一些避免这类心智程序的规则。

（1）避免安装可能对你（宿主）产生生理伤害的心智程序。
（2）关注影响你目标的心智程序，确保它不妨碍目标选择的多样性。

（3）关注同认识世界相关的信念和模型，寻找并安装正确的心智程序，也就是真实反映世界的心智程序。

（4）避免拒绝对自身进行评估的心智程序。

规则1和2是相似的，因为它们都旨在保留灵活性，以应对宿主的目标发生变化。我们应该避免对宿主有害的心智程序，因为若是宿主受伤或者死亡，他追求任何目标的能力都会受到削弱。同样地，将未来潜在的有益目标提前排除的心智程序也是问题重重的。例如，当我们看到一个年轻人采取了威胁到实现远大目标的心智程序时，我们难免为此感到沮丧（比如早孕，或是年轻人加入了异教团体，中断了求学道路，并与朋友和家庭断绝了关系等）。

规则3发挥着检验心智程序好坏的作用。由于准确地认识世界有助于我们实现目标，因此正确的信念对我们是有益的。不管一个人未来的目标是什么，若是他关于世界的信念是正确的话，会提高目标得以实现的可能性。当然在有些情况中，不追求事实也能实现某一特定目标（但这通常只是暂时的），但是在其他条件都相同的情况下，渴望拥有真实的信念对推动许多目标的实现都具有长远影响。

寄生心智程序致力于寻找增加自己生存时限的法子，而不是帮助宿主[18]。破坏宿主的评估计划，是寄生心智程序安装在我们认知结构中的一种常见方式。因此，规则4（避免拒绝评估的心智程序）非常重要。此处与最后一章讨论的可证伪性有直接联系。在科学中，一个理论在告诉我们应该发生什么事的同时，还必须提示不会发生什么事。如果理论认为不会发生的事真的发生了，那么，我们就可以明确地说：这个理论出错了。相反，一个不可证伪的理论没有具体说明哪些观点可以用来作为反驳的依据，因此排除了改变的可能性。我们可以说这些不可证伪的理论是无法被评估的。通过拒绝评估，它们防止科学家用新的理论取代自己，但这是以科学发展的停滞为代价的。

这种情况有可能出现在所有的心智程序中。我们要警惕所有禁止对其进行评价的心智程序。我们需要责问这些心智程序都经过了哪些实证检验和逻辑验证？之所以这么做，为的是通过实证检验或逻辑验证的方式，在一定程度上保证这个心智程序在逻辑上是前后一致的，或者这个模因真实反映了客观世界，因此对我们是有益的（上述规则3）。逃避这种关键评估的未经检验的心智程序无法提供这种保证。

毫无疑问，不可证伪心智程序最经典的例子莫过于依赖盲目信仰的心智程序[19]。盲目信仰的观点令它的宿主丧失对其进行评估的能力。信仰心智程序意味着你不会反省或质疑它的起源和价值。基于信仰的心智程序的基本逻辑就是使人丧失对其进行批评的能力。例如，基于信仰的心智程序为了逃避评估而使用的计谋之一，就是培育一种观点：神秘是一种美德（这种策略意图阻碍人们寻找评估心智程序所需的证据）。在基于信仰的心智程序案例中，之前提到过的反意属性就开始发挥作用了。纵观历史，许多宗教都鼓励追随者攻击那些不信教的人，或者至少也要恐吓非信徒，使其保持沉默。

并非所有基于信仰的模因都是不好的，其中有些模因是有利于宿主的，但此类例子需要大量的证据支持。人们真应该问问那些基于信仰的心智程序，为什么它使我们认知武器库中的利器（如逻辑、理性和科学）纷纷丧失功效，而这些武器在其他领域中却可以运转正常。不过，禁止提问和评价策略是寄生模因组最基本的组成部分。

除了可证伪性之外，还有另外一种情况值得引起我们对心智程序的怀疑，即罗列出代价和利益，将降低销毁心智程序的可能性。这种情况被称为"信念陷阱"[20]。让我们来看看麦凯引用的这个例子：

实施阴部封锁（割礼的一种方式）的女性落入了信仰陷阱。马里的班巴拉人认为在性交过程中，如果女性的阴蒂接触了阴茎，男人就会死去。尼日利亚的一些人认为，在接生过程中，如果婴儿的头部碰到了阴蒂，婴儿就会死去。我把这些称之为"自我强化的信念"，即一种无法被改变的信念，因为验证信念真伪的代价实在太高了。（1996）

这个例子和可证伪性的例子有所不同。从原则上讲，这一信念的真伪是可以验证的，是可以被证伪的。但是，验证真伪的代价太高了。请注意，基于预期的价值，即使你认为这个信念只有1%的可能性是正确的，但由于风险太大，你也不会去验证它的真伪。这个心智程序一旦存在于人们的脑海中，再想移除它就很困难了。

除了可证伪性和代价太高之外，如果心智程序具有反意属性，这也可成为质疑它的理由。如果一个观点或策略是正确的或是对宿主有益的，为什么它要去抵抗其他心智程序呢？对于与另一个模因（可能是没用的模因）之间展开的对比测验，有益的心智程序对此不应该持欢迎态度吗？因此，反意属性的存在（除了禁用评估策略之外）是污化心智程序可能存在的另一线索。

污化心智程序导致的理性障碍

聪明人特别擅于产生臭名昭著的想法。

——史蒂文·拉格菲尔德，《威尔逊季刊》，2004

高智商并不能预防污化心智程序产生非理性行为。伪科学提供了许多污化心智程序的例子——而许多伪科学体系都是由高智商的人创造出来的，并且他们自己也深信不疑。此外，考虑到参与伪科学的人群数量和范围之广，因此，从统计学角度可以确定许多参与者都拥有高智商，只是受到了理性障碍的困扰。例如，美国占星家的数量是天文学家的20倍。根据美国国会下属的一个调查委员会估计，美国每年花在医疗骗术上的开支为10亿美元，这一数字远远大于用于合法医疗研究的费用总和。拥有千万拥趸的伪科学名目列表似乎永无尽头：占星预测、阈下减肥、生命节奏㊀、服用维生素 B17 ㊁、精神外科学、金字塔传销骗局、庞氏骗局、灵魂出窍经历和走火㊂等。

伪科学信念的大肆流行表明，大量不合理的信念正在成形，这类观念如此之多，仅仅去责怪社会中的低智商成员是不合情理的。单从数量上看，一些高智商个体的思维能力也非常差。我们的人口中有 22% 的人相信世界上有大脚怪㊃、25% 的人相信占星术、16% 的人相信有尼斯水怪、46% 的人相信（靠祈祷等方式的）信仰疗法、49% 的人相信恶魔附身、37% 的人相信鬼屋、32% 的人相信幽灵、26% 的人相信千里眼、14% 的人咨询过算命先生还有 10% 的人认为自己和魔鬼讲过话，这些人并非都有智力缺陷。不过，他们中的大多数人可能都有理性障碍。

事实上，我们无须猜测秉持这些信念的高智商人群究竟有多少。几年前，加拿大门萨俱乐部的成员接受了一份关于超常信念㊄的调查，调查结果令人深思。门萨俱乐部是一个只接纳高智商个体的组织，要想成为该俱乐部的成员，必须通过严苛的智力测验。然而，调查结果显示，俱乐部成员中有 44% 的人相信占星术、51% 的人相信生命节奏、56% 的人相信有外星访客——所有这些信念都没有一丝实证证据支持[21]。

在本章中，我已经证明了高智商人群很容易受到污化心智程序的困扰。在上一章中，我讨论了在概率论思维和科学思维领域中，高智商人群如何受到心智程序缺陷的影响，进而引起不理性信念和行为。从第 6 章到第 9 章，我们看到认知吝啬鬼的各种特征（如我方立场信息加工、框架效应、替换属性倾向）都未能通过智力测验加以评估。

㊀ 美国伪科学家创造的一种所谓检查人体健康的骗术。——译者注
㊁ 伪科学家声称的抗癌药物。——译者注
㊂ 光着脚在滚烫的物体上行走。——译者注
㊃ 一种据说生长在美国和加拿大荒野的多毛类人型生物。——译者注
㊄ 无法用科学解释的信念。——译者注

当我们再次遇到聪明人做傻事的理性障碍时，希望各位读者能够不再为此感到惊讶，希望这个问题的答案现在已经开始逐渐变得清晰起来。认知领域中，有那么多的重要方面在智力测验中都没有体现出来，这一点着实令人感到疑惑。对智力测验常见的批评是它没有涉及人类社会和情感功能。但这并不是我要讨论的焦点。我并不是想把认知领域当作智力概念的一个组成部分。正相反，我认为，即使是在认知领域中，智力也只不过是一个狭义的概念。本章和最后一章力图阐述这样一个问题，即智力测验并不能评估对理性思维至关重要的心智程序，也不能评估阻碍理性思维的破坏性心智程序。前面几章的论述表明，智力测验对理性思维相关的思维倾向也没有加以评估。这些都与以下倾向有关：使用（或避免）类型二加工战胜类型一加工的策略。总而言之，思维可以有很多种犯错方式，而不仅仅只有智力测验评估的那几种。下一章，我们将讨论这些思维谬误的分类。

第 12 章

思维谬误何其多：
非理性思维倾向分类及其与智力的关系

> 行为经济学扩展了"傻瓜"的概念范围，将绝大多数人囊括其中。怎样的"愚蠢"行为是可预见的？如何阻止人们不做傻事呢？
>
> ——科林·卡默勒及合作者，《宾夕法尼亚大学法律评论》，2003

过去几十年，研究者一直在寻找潜藏于智力的心智属性子集。100 多年前，查尔斯·斯皮尔曼（Charles Spearman）提出了智力结构的 G 因素理论。G 因素的提出揭示了不同心理测试之间彼此相关的倾向[1]。时至今日，依然有一部分人认为 G 因素是智力领域中最棒的理论。卡特尔－霍恩－卡罗尔理论、Gf-Gc 理论的支持者认为，心理能力测试只评估了诸多智力因素中的一小部分，其中有两个因素是占据绝对支配地位的，那就是备受理论家青睐的流体智力（Gf）和晶体智力（Gc）。这两个因素之所以支持者甚众，原因之一在于它们是智力双因素（过程智力和知识智力）理论漫长进化历史的缩影，原因之二在于研究者已经对隐藏于 Gf 中的关键心理操作——认知去耦有了更为深入的了解。另外一些理论家的关注对象是除 Gf 和 Gc 之外的其他智力成分。

无论这些理论纷争最终将走向何处，有一点是非常明确的，那就是智力领域中目前尚未被彻底研究的认知特征已越来越少。相信在不久的将来，这些未知领域会被一一探明。反观理性思维,似乎应对起来更为棘手。目前，我们已经发现了很多种非理性思维方式以及人们容易犯错的认知任务。在第6～11章中，我详细描述了许多种思维谬误和易出错的认知任务，但这些只不过是冰山一角[2]。理性思维谬误具有多面性，阻碍最大化目标实现（工具理性）的方式多种多样，致使信念未能反映客观现实（知识理性）的原因也不止一种。

导致理性思维谬误发生的原因很多。在理性研究领域，应该没有人可以像研究智力理论一样，提出"理性结构的G因素"。因为非理性思维并非源于某个特定的认知问题。不过，已有的研究文献积累让我们可以根据问题类型将非理性思维进行进一步细分。之前的讨论已为非理性谬误分类系统做好了铺垫，搭建好了平台。不过，在正式介绍分类之前，我需要对第3章中的心智通用模型做一点补充介绍。

带有焦点偏差的连续性联结认知

图 12-1 是第 3 章介绍的心智初级模型的升级版，该版本中加入了一些新观点。我们前面介绍过的双加工理论强调了压制功能的重要性。所谓压制功能，是指类型一加工即将触发个体反应时，类型二加工对其加以制止，并用更优化的反应取而代之。压制功能属于算法心智的一部分，在图 12-1 中用箭头 A 表示。发起压制的更高级别认知功能是反省心智的倾向性属性（dispositional property），与理性关系密切，如图 12-1 箭头 B 所示。用机器智能（machine intelligence）的术语来说，就是算法心智使类型一加工过程断线,进而达到压制的目的。箭头 B 所指代的心理功能与压制功能本身（箭头 A）存在本质性差异，两个功能的评估指标截然不同。对类型一加工压制能力（箭头 A）的评估可通过测量流体智力实现；发起压制操作认知倾

第 12 章 思维谬误何其多：
非理性思维倾向分类及其与智力的关系

向（箭头 B）的评估指标是思维倾向，比如反省和认知需求。

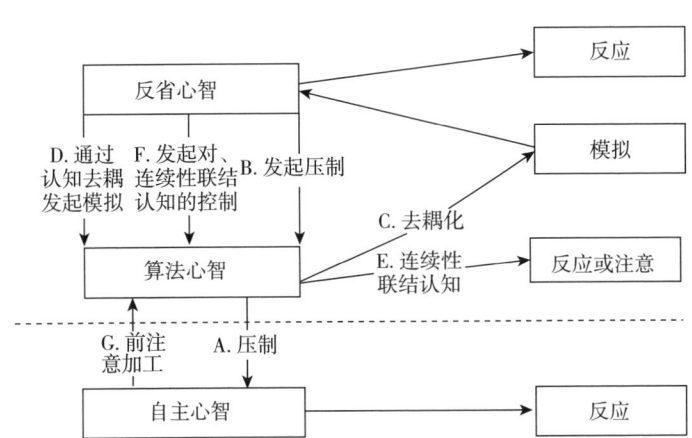

图 12-1　更为完善的三重加工模型

图 12-1 还展现了计算备择反应以确保压制"物有所值"的模拟过程，以及源于反省心智的模拟这两个过程。具体来说，去耦化操作（箭头 C 所示）是由算法心智和反省心智下达启动模拟的命令（箭头 D）共同执行的。个体在下达启动命令和去耦化操作两方面的个体差异亦不相同，前者与理性思维倾向有关，后者则与流体智力有关。

除了压制类型一加工和通过去耦化过程启动模拟之外，图 12-1 所示模型还定义了算法心智的第三个关键功能，即连续性联结认知（serial associative cognition，箭头 E）。这个功能提醒我们，并非所有的类型二加工都包含去耦化认知模拟，还有一类速度较慢的连续性认知没有涉足模拟备择世界并对其进行地毯式搜索。

现在，我们回忆一下类型一加工的主要组成部分：情感化反应、习得的自动化反应、条件化反应以及由进化过程塑造的适应性组块。这些反应模式足以应对绝大多数情境，但是，现代生活制造了很多上述反应模式无法顺利解决的难题。回想一下我们讨论过的彼得·华生四卡选择任务：

每张卡片都是一面是字母，另一面是数字。规则是这样的：如果卡片的一面是元音字母，那么，它的反面就是偶数。现在，有两张卡片是字母向上，两张卡片是数字向上。被试的任务是决定翻开哪一张或是哪几张卡片即可检验规则的真伪。被试面前的四张卡片分别是 K、A、8、5。

正确答案是卡片 A 和卡片 5（唯有同时翻开这两张卡片方可证明规则是错误的），但是，多数被试给出的答案是 A 和 8（错误答案）。有研究让被试在解决过程中出声说出思考过程。通过对这些思考过程进行分析后发现，多数被试使用的是慢速、连续性分析加工。这种加工方式存在很多疏漏。我们节选出一则非常具有代表性的被试思考过程："让我想想，我会翻开 A 来看一下它的背后是不是偶数。然后，我会翻开 8 来验证一下它的背面是否是元音字母。"

然后，被试停顿了一下。似乎哪里有些不对劲儿？

有几个问题是显而易见的。首先，被试在解决这个问题时采用的是类型二加工，多数类型一加工在解决这个问题时毫无用武之地。这个问题不涉及情感化处理，所以情绪管理是没有任何用的。除非被试曾经受过专业的逻辑训练，否则他也不会有自动化的逻辑推理过程。再者，人类进化过程中并未出现过此类问题，所以达尔文适应性行为组块也帮不上什么忙。

类型一加工依赖不上，被试只好进行类型二加工。上面列举的被试思考过程是一个漏洞百出的加工过程的典型范例。被试并没有对备择模拟世界进行彻底搜索，他所使用的是连续性联结认知。备择模拟世界应该包括规则为假的所有情况。该问题中的伪命题案例是：一面是元音字母、另一面是奇数的卡片。然而，被试并没有考虑到这些。被试也没有系统地检视每一张卡片是否是元音字母／奇数的组合。答案：K

（否）、A（是）、8（否）、5（是）。如果被试遵循检验伪命题案例处理程序的话，便能够得出正确答案——A和5。但被试并没有这么做，他仅仅是以假设规则真为出发点，沿着规则为真的思路进行思考（如果卡片的一面是元音字母，那么，它的反面就是偶数），没有构建包含了所有真伪规则可能性的模拟世界。被试从给定的焦点规则出发，沿着规则为真的思路展开联结思维，这种处理信息的方式就是**连续性联结认知**。

虽然这个任务使用了类型二加工，但是却没有建立起对备择世界模型完善的认知模拟。在这种思维过程中，认知被禁锢于给定模型起始点的联结模式，着实是一种较为肤浅的思维形式。在选择任务中，被试全盘接受了给定规则，包括对给定的规则形式也没有试图进行修改，即假设它为真。然后，他们基于这个焦点模型展开推理，从这个焦点模型中系统地产生联结，却完全没有考虑到其他的情境建模方式。我把这种思维方式称为"带有焦点偏差的连续性联结认知"。

有焦点偏差的连续性联结认知的主要特征可以用认知吝啬鬼的第二阶段策略来加以概述。传统的双加工理论只强调了认知吝啬鬼的规则之一：在一切可能的情况下，都默认启用类型一加工。但是，在很多情况下，默认使用类型一加工并不可行，特别是在新异情境中时，既没有相应刺激的进化适应模块，也没有机会可以通过过度学习和练习掌握自动化思维。此时，就有必要使用类型二加工了。但即使在这种情况下，认知吝啬鬼模式还是有可能会开启。认知吝啬鬼的规则之二：当必须要使用类型二加工时，默认使用连续性联结认知，而非完全去耦化认知模拟。

我提出的焦点偏差概念与认知科学领域的已有观点不谋而合。它们的共同主题是：人类会想尽一切办法以减轻认知负荷，达到加工更少信息的目的[3]。焦点偏差的基本理念是信息加工器倾向于加工结构最简单的认知模型。所谓结构简单的认知模型有很多种表现形式，比如：只表征一件事情；全盘接受命题或模型为真的形式；忽略调节变量（把调节变量纳入考量是备择世界建模的必要条件，而这正是焦点加工希望我们极力避免的）。基于认知科学领域中大量的信念偏差研究文献，以及关于我方立场偏差推理的研究成果，那些结构最简单的模型其实就是个体已有信念或是曾经有过的相关建模经验（我方立场偏差和信念偏差）。

讨论过连续性联结认知之后，现在让我们回到图 12-1，看一看反省心智的第三个功能——发起对连续性联结认知的中断（箭头 F）。中断信号改变了下一步将直接指导思维的连续性联结序列。中断信号有可能会带来多种不同的结果。它有可能会使连续性联结认知全部中断，以启动模拟（箭头 C）。或者，它会通过改变临时焦点模型以改变思维起点，开启一个新的连续性联结链（箭头 E）。最后，算法心智常常会通过前注意加工收到来自自主心智计算后的信息输入（箭头 G）[4]。

理性思维问题的预分类

在引入完整的心智分类模型之后，图 12-2 是我对理性思维问题分类的最初尝试。图中最上方是认知吝啬鬼的三个特征，依据认知卷入度排列前后顺序。排在第一位的是默认自主心智加工反应，该过程完全没有类型二加工的参与，是最肤浅的一种信息加工方式。认知吝啬鬼的第二个加工倾向特征是带有焦点偏差的连续性联结认知。该特征指的是进行类型二加工时的过度节省倾向。具体来说，过度节省认知资源致使备择世界模拟或是完全析取推理（详见第 6 章）过程失败。

认知吝啬鬼的第三个特征是压制失败。压制失败的吝啬倾向最小，因为在此过程中有类型二认知去耦化的参与。该特征是指类型二加工试图压制并取代自主心智的类型一加工，结果却失败了。虽然压制类型一加工的尝试失败，但认知去耦化过程确有发生。

第12章 思维谬误何其多：
非理性思维倾向分类及其与智力的关系

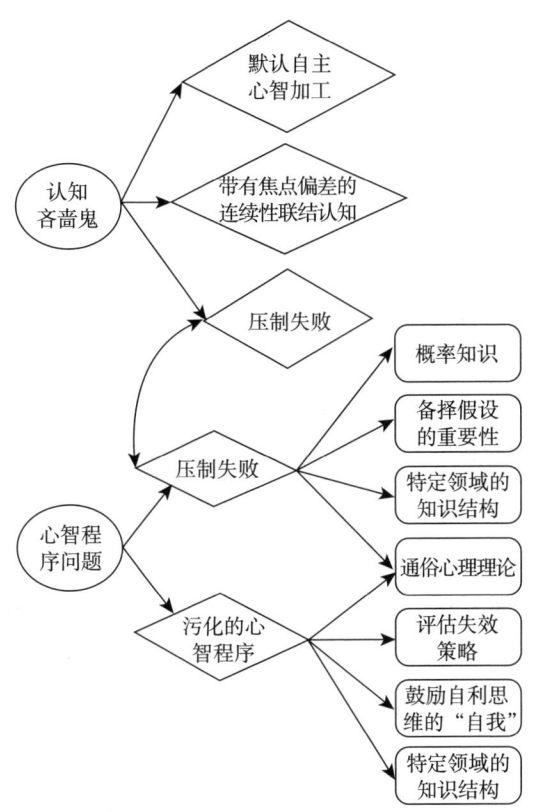

图 12-2 思维谬误的基本分类

如图 12-2 所示，心智程序问题分为心智程序缺陷和污化心智程序两类。在心智程序缺陷这一类别中，图中的方框代表缺少的知识库。此处，我并没有对这一类心智程序进行详尽分类。与之相反，该图仅选取了概率推理、因果推理、逻辑和科学思维领域中的一小部分，它们的缺失会导致非理性思维和行为。图中所示的两种心智程序问题对应的是启发式和偏差研究的两条传统路线：有关概率和概率推理策略的知识缺乏以及验证假设时忽略备择假设。图中仅选取了行为决策领域研究提出的诸多心智程序缺陷中的几个。"特定领域的知识结构"这一方框代表了未提及的内容。

最后，图最下方是污化的心智程序。同上，方框代表存在问题的知识库和策略。此处只列出了研究文献中讨论较多的问题，并没有穷尽所有的问题知识库和策略（污化的心智程序太过多样化了）。第一个子分类是评估失效，该问题得到了广泛的研究和讨论。帮助心智程序寄宿在宿主中的评估失效属性包括：如果质疑心智程序，则会受到惩罚；如果不质疑心智程序，则会获得奖励；通过使心智程序具有不可证伪性以妨碍评估意图。

污化心智程序的第二个子分类是鼓励自利思维的"自我"[5]。有些学者认为，"自我"是焦点偏差发生机制的重要组成部分。也就是说，人类倾向于从我方立场视角对世界进行建模。自我的自利倾向无疑是具有进化适应意义的。然而，现代社会与人类进化过程所经历的环境已不可同日而语，环境对人的要求自然也发生了天翻地覆的变化。比如，现代社会提倡无偏见，拒绝任人唯亲，打击种姓、种族、信仰歧视，这些问题在人类的漫长进化过程中从未遇到过。在面对现代与历史进化的巨大分歧时，自利倾向的思维方式就不再是最佳选择了。污化心智程序的最后一个子分类是适应不良的模因与特定类别的信息。与心智程序缺陷分类相似，除了上述几个子分类之外，还有大量由错误信息构成的心智程序案例，正是这些程序导致了非理性思维和行为[6]。

在图12-2中，通俗心理理论（lay psychological theory）同时隶属于污化的心智程序和心智程序缺陷。通俗心理理论是人们基于对自己心智的认识而产生的理论。心智程序缺陷是我们所不了解的心智，比如，我们需要多长时间适应突然发生的悲剧或特别幸运的事情？还有一些通俗心理理论是对自身心智的错误认识，这些误解则是污化心智程序的典型代表。其中一个常见例子就是，我们错误地认为：每个人都对自己的心智情况了如指掌。该污化心智程序很好地解释了以下现象：①我们错误地认为自己知晓自身行为的真正原因；②虽然认为别人在思考问题时会受到思维偏差的影响，但坚信自己对这些思维偏差极具免疫力，在面临相同情境时可以免受影响[7]。

最后，请注意图中连接压制失败和心智程序缺陷的双箭头弧线。当压制失败发生时，必定意味着有冲突性信息或是习得规则试图挑战自主心智

第12章　思维谬误何其多：
非理性思维倾向分类及其与智力的关系

发起的反应。如果个体已习得与类型一加工反应不同的备择信息或是备择规则，但依然犯了错误，这种情况就是压制失败。如果由于相关的心智程序还没有习得，所以未能使用的话（或是已经习得，但是还未达到维持压制功能的必要水平），那么，这种情况下发生的错误就是心智程序缺陷而非压制失败。

根据压制失败和心智程序缺陷之间的关系，我们可以得出一个有趣的推论：心智缺陷越少，他所犯的错误归因于压制失败的可能性越大。拥有大量心智程序的人犯了错误，那么，这个错误多半要归咎于压制失败，而非心智程序缺陷。当然，压制失败和心智程序缺陷之间的界限并不明晰。一个已经学会的规则在需要时却没有派上用场，这种情况就是压制失败。随着规则的掌握程度不断下降，到达某个临界点时，个体所掌握的规则不足以压制类型一反应，这时候所犯的错误就该归咎于心智程序缺陷了。还记得第9章开篇介绍的小约翰·肯尼迪飞机失事事件吗？假设肯尼迪熟知夜间飞行的各种规则，但却没能在紧急事件中使用这些规则以战胜本能的生理和动作反应。我们将这种行为归类于压制失败。如果肯尼迪并不了解夜间飞行的规则和技术，那么他在飞机即将坠落时所做出的那些无用的挣扎之举就属于心智程序缺陷了。

据图12-2的分类，我把本书中已讨论过的思维加工方式和思维谬误列于表12-1中[8]。例如，第一列的三个X表示默认使用自主心智，分别是：生动性效应、情感替代和冲动性联结思维。默认加工最为生动的刺激是认知吝啬鬼回避类型二加工的一种常用方式。与之相类似，在有某种显著情绪的情境中，个体会默认使用情感效价。情感替代（affect substitution）是认知吝啬鬼的惯用伎俩——属性替换的一种特殊形式，即用一个简单的问题替换掉一个复杂问题[9]。请回想一下第6章中提到的"球拍与球问题"（一个球拍和一个球共计花费1.1美元，球拍的价格是1美元，请问球的价格）以及莱维斯克难题（杰克正看着安妮，但是安妮正看着乔治）。人们在这两个问题上所犯的错误，就是冲动性联结思维吝啬倾向的典型例证。在这类错误中，被试致力于寻找任何可以避免类型二加工的简单联结（比如在莱维斯克难题中，被试把安妮的状态未知与"无法判断"这个答案之间建立了联结）。

表 12-1 列出的第二类思维谬误是过度依赖带有焦点偏差（倾向于简单结构模型倾向的偏差）的连续性联结认知。这一类谬误常常发生于个体处于新异情境中，必须使用类型二加工时。框架效应（"框架的基本原理是个体被动地接受给定形式"，卡尼曼，2003a）是其中的一个典型示例。被试以呈现给他/她的框架作为思维焦点，以此为出发点展开接下来的思考，而不是考虑以备择框架为思维出发点，因为后者需要有更多的认知资源。

表 12-1 列出的第三类思维谬误是压制失败。这一类思维谬误在第 9 章充分讨论过，包括：信念偏差效应（"玫瑰是生物"三段论推理）、忽略分母（爱泼斯坦设计的橡皮糖任务）、自我控制难题（延迟满足）。另外，电车难题所体现出的道德判断困境也属于这一类思维谬误。

表 12-1 还列出了两种由于缺乏概率相关知识而导致的心智程序缺陷，包括联结谬误（conjunction errors）和非因果关系的基础概率使用。接下来列出的是偏差盲点。所谓"偏差盲点"是指个体认为自己与他人相比，更不容易受到思维偏差的影响。偏差盲点出现的原因主要在于人们持有不正确的通俗心理学理论。他们错误地认为，通过有意识的内省，可以觉察到自己的思维偏差。事实上，多数社会和认知偏差都是在无意识中发生的。

表 12-1 思维谬误的基本分类

任务、效应和处理方式	认知吝啬鬼			心智程序偏差		M G&C M	污化的心智程序	
	默认自主心智	焦点偏差	压制失败	概率知识	备择思维	通俗心理理论	评估失效策略	自我和自利信息加工
生动性效应	X							
情感替代	X							
冲动性联结思维	X							
框架效应		X						

（续）

任务、效应和处理方式	认知吝啬鬼			心智程序偏差		M G&C M	污化的心智程序	
	默认自主心智	焦点偏差	压制失败	概率知识	备择思维	通俗心理理论	评估失效策略	自我和自利信息加工
信念偏差			X					
忽略分母			X					
自我控制难题			X					
联结谬误				X				
非因果基础概率				X				
偏差盲点						X		
四卡选择任务	X				X			
我方立场信息加工	X							X
情感预测谬误		X				X		
确信偏差	X				X		X	

由多因素共同决定的理性思维谬误

表 12-1 列出的好几个理性思维谬误都不是由单一因素决定的，而是在多种因素的共同作用下发生的。举例来说，华生四卡选择任务就是一个多因素共同作用难题。导致这个任务最终失败的原因有多种可能的情况。第一，被试也许是未掌握备择思维的心智程序，他们不知道此时应该考虑到命题为假的情况，或是根据已知命题提出新的假设，而不是被动地根据给定的命题形式展开思考。第二，被试有可能受到了焦点偏差的影响，他们聚焦于给定的模型（元音字母背面必须是偶数）展开推理，而未能考虑到建构其他模型的可能性。以上两种原因在表 12-1 中由相应位置的 X 表示。

另一个由多种因素共同决定的思维谬误是我方立场偏差。造成这种偏差的首要原因毫无疑问是污化心智程序（"自我"概念使人们倾向于以有利于自己的方式思考周围的世界）。不过，焦点偏差在这个谬误的发生过程中也起到了一定的作用。焦点偏差的基本原理是基于最容易构建的心智模型进行信息加工，那么，还有什么比基于自己的经验和信念构建心智模型更为容易呢？焦点偏差有别于自利心智程序。从动机角度来看，焦点偏差产生的初衷并不是为了提升自尊或是提高个人价值。焦点偏差只不过是想节省一些认知资源和计算能力。然而，在绝大多数情况下，达到节省资源目的的主要方式就是鼓励从我方视角构建心理模型。由于我方立场偏差是在自利动机驱动下的"自我"心智程序和计算能力驱动下的焦点偏差的共同作用下发生的，因此，我方立场偏差也是多因素共同决定的思维谬误。

情感预测谬误也是由多因素共同决定的思维谬误。情感预测是指人们准确预测哪件事情可以让我们变得高兴的能力。过去十几年的研究结果表明，人们的情感预测能力出人意料得差[10]。预测哪一件事情会让我们变得开心是非常困难的，因此，人们常会做出让我们变得不快乐的决定。另外，人们还常常会低估自己对幸运或不幸运事件的适应能力。导致人们会高估不幸事件带来负面心情的原因之一是他们的通俗心理理论（个体解释自己行为的个人化理论）存在缺陷。他们没有考虑到不幸事件发生之后的合理化和自卫性思维（"我其实不想要这个工作"，"同事告诉我说领导对年纪大的员工有偏见"）。关于自己心理的通俗理论没有给这些因素足够的权重，因此，人们没有料到自己的保护性心理机制会将不幸事件带来的不愉快一扫而光。

另一个导致情感预测谬误的重要原因是焦点偏差。情感预测领域的研究者研究了锚定干扰对乐观预期的影响。例如，球迷会高估他所支持的球队获胜后两天自己的快乐程度。他们做预测时，通常会先聚焦于焦点事件——赢得比赛，并对自己赢球后的心情进行模拟，再把这种心情投射到未来两天。然而，比赛后两天会发生很多很多事情，这些事情可能会以多种方式减少人们的快乐（绝大多数事件都不可能像赢球事件一样令人高兴）。由于在想象中构建这些事情需要耗费大量的认知资源，所以认知吝啬鬼干脆把这些事件从想象模型中排除掉了。在一项被大量引用的研究中，大卫·施卡德（David Schkade）和丹尼尔·卡尼曼发现，来自密歇根和加利福尼亚这两个不同地域的人生活满意度基本一致。可是，研究者让他们预计另外一个州被试的生活满意度时，密歇根和加利福尼亚的被试都认为加利福尼亚人民的生活满意度会更高一些。在进行比较判断时，被试把生活的一个方面——天气视作焦点。但实际上，天气并不是生活满意度的重要影响因素（工作前景、经济状况、社交生活以及另外5项因素对生活满意度的影响力均排在天气前面）。诚如施卡德和卡尼曼所说："你关注的重点，并没有你想象的那么重要。"如表12-1中所示，情感预测谬误是焦点偏差和通俗心理理论共同作用下的产物。

根据表12-1对理性思维谬误的分类，我将用本章剩余的篇幅一一讨论这些思维谬误与智力之间的关系。在讨论这个问题之前，需要对非理性思维的第6类稍加说明。在之前的章节中没有介绍过这一类谬误，主要原因在于它并不属于严格意义上的"认知"。此处，为了保证非理性思维和行为来源分类系统的完整性，我将其纳入进来。

斯波克先生难题：来自自主心智的输入缺失

神经学家安东尼奥·达马西奥（Antonio Damasio）在他的著作《笛卡尔的错误》中，提到了一位著名的患者——艾略特。艾略特年轻有为，事业成功，是同龄人中的佼佼者。他的婚姻生活也非常幸福，在家中他是一个好丈夫、好爸爸。艾略特一帆风顺的生活在某一天戛然而止。他开始受到头痛的困扰，工作时无法集中注意力。经过医学检查后发现，导致他头痛的罪魁祸首是脑中的肿瘤。后经手术将肿瘤成功切除，但在手术过程中他的额叶皮层腹正中区不幸受到了损伤。

手术后，艾略特在智力测试中依然成绩优异，一系列的神经心理学测试结果也均在正常范围内。简而言之，大量证据表明艾略特的算法心智功能完好。然而，唯一的坏消息就是：他的生活犹如一团乱麻。

痊愈出院后艾略特重返工作岗位，但他在工作上的表现和手术前判若两人。做事情分不清主次，收到了无数次来自上司的警告，但他却不能根据领导的批评调整自己的行为，最终丢了工作。被解雇之后，艾略特投身于各种商业冒险中。艾略特将自己的所有存款都投资到某个项目中，最终投资失败，艾略特宣告破产。他的婚姻生活也状况频出。与老婆离婚后，他与一位刚刚建立恋爱关系的女性闪婚，之后又迅速离婚。艾略特在申请社会保险残障补偿失败后，来到了达马西奥医生的办公室。

为何经过了大量神经心理学测试，历经了如此漫长的时间，艾略特的问题才被发现呢？达马西奥做出了如下解释："之前，我太过关注艾略特的智力水平了。"实际上，艾略特的智力并无大碍，而是情绪方面出现了问题。"他具备正常生活工作所必需的知识、注意力和记忆；他的语言能力与正常人无异；可以进行数学计算；能够厘清抽象问题的逻辑。导致他频频做出重大决策失误的只有一点：体验情绪的能力发生了改变。"艾略特的一系列表现是斯波克先生难题的典型案例。斯波克是电影《星际迷航》的男主角之一，他在电影中被塑造成一个情绪冷漠迟钝的人。艾略特在决策方面遇到的问题源于他缺少自主心智情绪模块的调控信号（regulatory signals）。考虑到艾略特的智商较高，因此他缺少理性的表现可被认为是理性障碍，但与我们已讨论过的几类思维谬误有所不同。

基于对艾略特等类似病患的观察，安托万·贝沙拉（Antoine Bechara）和达马西奥的研究团队开发了一项评估此类问题的实验室任务，即艾奥瓦赌博任务（Iowa gambling task）[11]。该任务模拟了背侧前额叶受损患者在真实世界中所面临的困境，即在涉及奖励与惩罚又充满了不确定性的环境中，对无法进行精确计算的情境进行概率估计并做出决策。

达马西奥认为，背侧前额叶受损的个体似乎缺乏用评估性效价标记积极和消极后果的情绪系统，另外，他们在相似情境再次出现时，无法再次产生类似的情绪效价。自主心智参与的理性管理有两种可能的犯错方式。第一种是之前讨论过的压制失败。在压制失败情境中，行为主要受到来自自主心智的信号控制，类型二加工未能发挥作用。第二种涉及自主心智的行为管理出现错误，其背后的原理与第一种截然相反。在这种情况下，自动化、快速的目标管理缺失，由于自动化模块（比如情绪）的约束功能缺失，类型二加工面临着概率信息大爆炸。行为管理缺少原始但高效的自动化信号协助，无法按照轻重缓急为后续行动排出先后顺序。这一类行为管理失败的原因并非是自主心智的参与太多，而是太少[12]。

艾略特案例中展现的斯波克先生问题是理性障碍的典型案例。如果一个人从未有过因肿瘤或突发性事故导致的脑损伤，也会受到斯波克先生问题的困扰吗？越来越多的证据表明，斯波克先生类型的理性障碍不仅仅存在于临床案例中（可观测到的背侧前额叶皮层损伤）。很多智力测试正常但存在行为管理问题的人在艾奥瓦赌博任务上的行为管理表现都差强人意。例如，与相同智商水平的普通人相比，海洛因成瘾者在艾奥瓦赌博任务上做出了对自己更不利的选择。我的研究团队深入研究了存在行为适应问题的青少年（多次被停学）非临床样本在艾奥瓦赌博任务上的表现，结果发现，多次接受学校停学处理的学生在智商方面与控制组学生并不存在显著性差异，但他们在艾奥瓦赌博任务上做出了更差的选择。另有一些研究发现了没有明显脑损伤但却在艾奥瓦赌博任务上表现糟糕的被试群体，比如病理性赌徒。神经心理学的研究表明，很多心理障碍都是由自动化监控活动缺陷导致的，而这种缺陷与个体的智力水平毫无关联，比如述情障碍（难以识别情绪）和精神分裂症[13]。

基于智商 - 理性相关度的分类

讨论过斯波克先生问题之后，现在为大家介绍更为完整的理性思维谬误分类。如图 12-3 所示，6 个分类分别对人类的非理性思维和行为提供了解释。每一类都在一定程度上与智力相互独立，都可能是导致理性障碍发生的原因。在这一部分，我将重点讨论这些类别与智力相互独立的实证证据和相关理论。

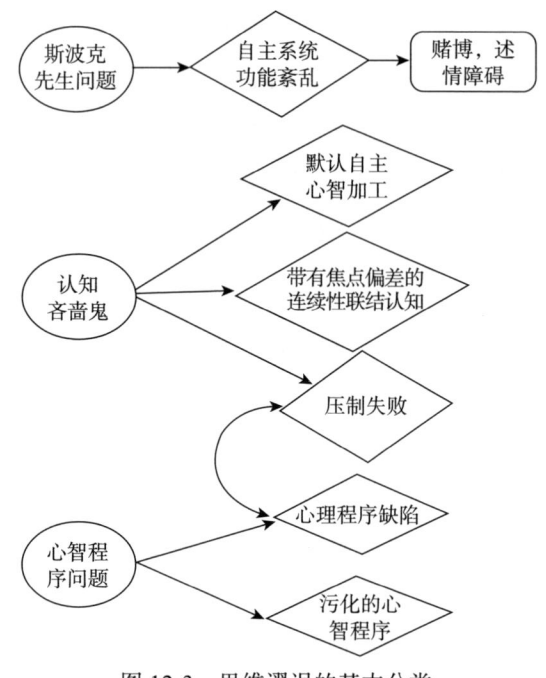

图 12-3　思维谬误的基本分类

斯波克先生问题在高智商群体和低智商群体中的发生率相仿，这种现象充分说明了该问题与智力之间的相互独立性。来自自主心智（比如情绪管理模块）的输入信息不足（或是输入不正确）是导致此类问题发生的主要原因。自主心智子程序加工方面的个体差异与智力是相互独立的。

图 12-3 中所示的默认使用自主心智（类型二加工完全不参与）是最为肤浅的认知吝啬鬼加工倾向。保持类型二加工的能力与智力之间关系密切，这一点毋庸置疑。但是，采取这种加工方式的倾向，或是选择自主心智作为默认加工方式，这就属于反省心智的职责范围了，而反省心智并不在智力测试的评估范围之内。想想看莱维斯克问题（杰克正看着安妮，但安妮正看着乔治），就是避免类型二加工的一个典型例子。单从智商方面来看，答对的被试并不比答错的被试智商高，至少在玛姬·托普莱克以大学生为被试的研究中，两个群体的智商并无显著性差异。

在解决完全析取推理问题时（比如莱维斯克问题），需要个体进行认知表征去耦化,并通过去耦表征(算法心智的重要操作,也是智力测验的核心内容)对所有可能的情况进行计算。不过,为了保证答案的正确性,个体需要准确识别使用完全析取推理的情境。在此过程中,个体必须避免启发式反应,比如:"哦,既然我们不知道安妮是否已婚,那么这个问题的答案是无法确定的。"在解决这些问题时,高智商完全派不上用场。参与去耦操作的目标指令并非是由高级的反省心智的策略控制向算法心智下达的。毫无疑问,高智商个体更擅长维持去耦操作。但是,在任务的完成过程中,智力只有在建构可能世界模型时才能派上用场。

单从理论方面分析,智力应该与反省心智发动类型二加工的倾向存在正相关。由于高智商个体更认可类型二加工的潜在效力,所以更有可能使用这种加工方式。事实确是如此,随着智力水平的升高,被试在有些研究任务上的表现更加优异。比如第 6 章中介绍的球拍与球任务:一个球拍和一只球的总价格为 1.1 美元,球拍比球贵 1 美元,球的价格是多少?然而,这一类任务与智力之间仅为中度相关,相关系数在 0.43～0.46 之间,给理性障碍留下了很大的生存空间[14]。研究者谢恩·弗雷德里克发现,很多来自麻省理工学院、普林斯顿大学、哈佛大学的高才生在完成这一类任务时都倾向于使用粗糙原始的认知吝啬鬼策略。

带有焦点偏差的连续性联结加工是一种有较高认知需求的认知吝啬鬼策略。由于类型二加工参与其中,所以这种策略对认知资源的需求更高一些。不过,这种策略并没有进行具体化的心理模拟,所以我们也将其归类为认知吝啬鬼策略。框架效应是认知吝啬鬼进行焦点偏差加工的典型例证。对框架效应的个体差异进行研究后发现,这种思维偏差是独立于智商的。被试内研究发现,避免框架效应影响的倾向与智力之间关系微弱[15]。在非理性框架效应方面,高智商群体与低智商群体表现无异。因此,框架效应导致的理性障碍非常常见。

接下来介绍的思维谬误是压制失败,即类型二加工试图取代自主心智发起的类型一加工,用类型二加工后得出的答案取代类型一加工的反应,但是，在这个过程中去耦化操作失败，进而导致对类型一加工反应的压制失败。如果仅从理论层面分析，这一类思维谬误与智力的相关度（负相关）理应最高。因为去耦化操作需要算法心智的计算能力，而这种能力是可以用智力测试评估的。不过，我们应该意识到，两者之间的相关度不可能完美。在去耦化操作发生之前，反省心智必须要触发压制操作，而触发压制与维持压制之间的关系并非是完美相关。

以上是从理论角度的分析，有什么实证证据可以支持这些观点吗？若想回答这个问题，就需要从区分热压制和冷压制讲起。前者指的是对情绪、本能驱力和短期诱惑的压制（对应"热"认知的类比）。后者指的是对内化的规则、达尔文进化模块、类型一加工倾向等驱力的压制（对应"冷"认知的类比）。

在热压制领域，最有名的莫过于对儿童延迟满足的研究。心理学家沃尔特·米歇尔（Walter Mischel）首创了延迟满足的研究范式，该范式有很多种变式，其核心程序如下：研究者提供与年龄相匹配的奖励物（玩具、零食等），儿童被告知他有可能获得小奖励（一块棉花糖）也有可能获得大奖励（两块棉花糖）。实验房间中有一个可以用来呼叫实验员的铃，实验员离开房间后，儿童可以选择一直等待，直到实验员再次返回房间，获得大奖励；儿童也可以选择按铃呼叫实验员，但中途按铃的儿童只能获得小奖励。此研究的因变量是儿童的等待时间[16]。

罗德里格斯、米歇尔的研究发现，儿童的智商与等待时间之间的相关仅为0.39。大卫·丰德（David Funder）和杰克·布洛克（Jack Block）使用相似的实验范式，结果表明智商与等待时间的相关为0.34（该结果与预期一致，即这个任务范式同时涉及反省心智与算法心智，在排除智商带来的变异之后，人格测量结果可以预测等待时间）。成年人在该任务上的表现与儿童研究结果一致。

在现实世界中，压制失败与智商之间仅存在中等程度的相关。例如，人们常常从压制失败的角度对吸烟、赌博、毒品等成瘾行为进行分析。伊丽莎白·奥斯汀（Elizabeth Austin）和伊恩·迪尔瑞（Ian Deary）对爱丁堡动脉纵向研究（Edinburgh Artery Study）的数据进行了深入分析，试图探索智商是否是吸烟和酗酒的长期保护性因素（假设智商有助于保持对自主心智的压制）。结果发现，高智商并不能确保某个人今后不会成为酒鬼。智商与吸烟之间仅有着微弱的相关[17]。

前面我所说的"相关"皆是指具有统计学意义上的显著性，从相关值的绝对量来看，无论使用何种统计评估方法，都仅为中等相关。这就使得智力与成功压制自主心智之间的分离成为可能，智力与"冷"压制失败之间的关系也是相似的状况。第9章讨论过的信念偏差任务（"玫瑰是生物"）和爱泼斯坦橡皮糖任务（从两只碗中抽取红色糖，两只碗中红色糖的比例分别是1/10和8/100）是两个典型的冷压制任务。信念偏差任务中成功压制与智力之间的相关值范围在0.35～0.45之间；爱泼斯坦任务中两者的相关在0.25～0.30之间[18]。相关关系具有统计学意义，但是两者之间的相关强度并不大，智力与成功压制两者之间的分离给理性障碍留下了很大的发挥空间。

依图12-3列出的顺序，导致理性障碍发生的第5个原因是决策时缺乏恰当心智程序（认知规则、策略、知识和信念系统）。由于心智程序缺陷与教育程度低下和经验缺失有关，由此我们推测这一点与智力之间关系较为密切。然而，虽说智商越高学到的知识越多，但是，与理性有关的知识（以及思维倾向）并非全部来自于书本，很多都是源自生活。任何层次的教育系统都没有专门开设心智程序课程。心智程序方面受教育水平不一致，意味着有些聪明人并没有机会学会批判性思维的重要方面。认知能力与概率推理任务之间的相关（绝对值）约为0.25～0.35，与假设检验任务的相关约为0.20～0.25，与贝叶斯推理之间的相关约为0.05～0.20。如此低的相关度说明智力与理性思维所需的心智程序缺失之间存在不一致[19]。

图 12-3 列出的第 6 类是污化的心智程序。由于高智商个体的学习能力更强，他们理应获得更多的心智程序，进而产生更多的理性思维。可是，学习能力强并不能帮助高智商群体免受污化心智程序的影响。许多寄生信念系统的概念都很复杂。例如否认屠杀、一夜暴富的金融骗局、伪避税骗局等，都是复杂寄生心智程序的典型案例。鉴于这些心智程序的复杂性，只有足够聪明的人才能够被诱惑。对金融骗局被害者特点进行分析的研究支持了该推测[20]。伪科学信念流行于高智商群体中的现象也支持了这个观点。

结论：理性障碍无处不在

基于上一节的讨论可知，高智商并不能让个体对图 12-3 列出的任何一种非理性思维免疫。我们逐条分析了每一类导致非理性思维的原因与智力之间的关系，即使是理应有高度相关的条目，两者也存在出现不一致的空间。因此，理性障碍绝不稀有，聪明人做傻事也不是一件值得大惊小怪的事儿。

高智商不能预防人们犯上述 6 种认知谬误，这点不足为奇。理性是一个多维度概念，而不是单一的心理品质。理性需要多种思维倾向共同发挥作用，以战胜认知吝啬鬼信息加工倾向。理性还依赖于与概率思维和科学思维有关的知识库。所有的这些因素都无法使用智力测验（或是间接评估智力的 SAT 测试等）进行评估。智力测验无法评估自主心智启动的压制反应倾向，也不能评估个体是否进行了充分的认知模拟。仅从智力测验评估的晶体能力，我们无法推测个体是否拥有理性思维所需的特定心智程序。最后，智力测验也不能探明个体是否拥有污化的心智程序。从以上分析中我们可以看出，当聪明人做出愚蠢举动时，人们理应平静对待。但是，人们对这种现象表现出的惊讶，实际上恰恰说明人们高估了"智力"，把智力测验没有评估的心理品质也归于"智力"。

第四部分

提高人类理性的社会意义

改善理性不但对个人有极其重要的意义,还对人类社会有极其重要的意义。只要对社会环境稍做改变,就能预防人们的理性思维出问题。我们在一定程度上控制着我们的环境,理应决定重建社会环境,使得环境中的人更加理性。

第 13 章

增加人类理性及改善非理性的社会效益

> 当我们说一个人不理性时,并非是在指责他的缺陷已无可救药。相反,我们是在敦促这一类人发生积极的改变。
>
> ——乔纳森·巴伦,《理性和智力》,1985

我们所生活的社会常常过度关注智力,而低估了理性思维的重要性,这样的做法极具讽刺意味,也让像我一样的认知科学家感到愤怒。在本书中,我已经阐述了几种不同的理性思维和知识库是如何影响人们生活的。然而,我们的学校并没有教授这些思维工具,社会也不愿对这个问题给予关注。与之相对应的,从高档昂贵的私立幼儿园到研究生院,各个等级的等教育机构一直都在使用智力作为选拔工具。企业和军队中的情况也很相似,都过度关注 IQ,把它当成重要的评估标准[1]。

第 13 章 增加人类理性及改善非理性的社会效益

想想看美国的常春藤大学,这些学校选拔的是未来社会的精英。他们使用的选拔机制(例如 SAT)满足了什么样的社会目标呢?社会批评者认为,这些测试只不过为社会遴选出了经济精英。可是,社会批评者没有继续追问"为什么只按智力来选拔,而完全忽视了理性?"真是错失了痛批当前选拔机制的绝佳机会。

简而言之,我们一直以来都很关注对算法心智的评估,却忽视了反省心智,这在某种程度上是历史事件的机缘巧合造成的。我们先有了评估算法层面加工效率的衡量标准,过了很久之后,才出现了理性思维的衡量标准以及对反省心智的操作化。早期智力测验的主导性和普遍性使人们除了关注算法水平效率之外,不关注认知的其他方面。我们在此后很长一段时间内,一直致力于消除这个历史渊源造成的错误(高估了心智的算法部分)。

相对于智力,理性受到严重的低估。为了阐明这一现象,我想援引认知心理学家乔纳森·巴伦在 1985 年的著作中提出的思维实验,并在此基础上进行阐述。巴伦要我们设想一下,要是我们能给每个人服用一种无害的、又能增加他们的算法水平能力(例如,区分速度、工作记忆、去耦能力)的药,结果会是怎样呢?正如我们在这本书中所讨论的,这种药会增加他们的智力水平。试想一下,要是北美洲的每个人在睡前都服用这种药,第二天早晨醒来的时候,他们有了更强的记忆力,处理信息的速度也变快了,会带来怎样的后果呢?我和巴伦都认为,如果从提升人类幸福感的角度来看,发生戏剧性变化的可能性很小。人们不可能在服用了这种药之后的第二天就能更好地实现自己的愿望。事实上,人们很可能只是做着平时做的事,只不过效率更高罢了。如果人们有了更强的记忆力和更快的处理速度,大概会出现以下几种情况。由于没有想到备择原因,而继续接受无效的治疗(第 10 章);由于过度自信而一直做出糟糕的金融投资决定(第 8 章);受到信息生动性的影响,不断地错误评估环境风险(第 6 章);成为庞氏骗局和金字塔传销骗局心智程序的宿主(第 11 章);因为关于概率的证词是错的,而使得陪审团做决定时受到错误的影响(第10章)。智力提高之后,人们继续做着前几章所讨论的那些差强人意的决定。唯一的区别就是,他们做这些事情的速度变快了!

我将这个思维实验作为直觉泵(intuition pump),希望借此引起人们的思考和讨论:使用这种特定的认知属性评估方法,我们的社会会损失什么?这个实验有着明显的警示意义。在第9章讨论的例子中,更多的认知能力有助于增加人们的理性反应——在这些例子中,算法心智没能改写自动化心智的加工倾向。但是在很多情况下,当次优理性思维倾向出错了,它也无济于事。

在"IQ之辩"中,另一个让研究推理和理性思维的认知科学家感到愤怒的问题是关于智力可塑性的无休止争论[2]。没有人否认这是一个亟须解决的重要问题,但是,它使得其他与智力同等重要且可以被传授的认知技能黯然失色了。同样地,我们也没有重建人们容易犯理性错误的环境,进而改善理性思维困难造成的糟糕后果。倘若我们继续只关注智力而忽视其他的认知技能,这一切都不可能实现。我们会错失教会人们在日常生活中理性思考的机会;也会错失通过重建环境以减少因心智程序问题和认知吝啬鬼倾向而付出代价的机会(有益于个体自身,或是有利于整个社会)。

鉴于人们完全忽视了理性思维心智构件和程序(这一组与智力有同等社会影响的心理技能),在这种情况下,将大把的注意力花在智力上(培养智力、赞扬智力、担心智力不够高等)似乎是在做无用功。畅销书告诉父母如何养育出更聪明的孩子;教育心理学教科书在讨论如何提高学生的智力;听到某一身体缺陷不会损害智力时,人们常会长舒一口气。父母不是很关心他们的孩子能不能成长为理性的人,学校也没把相应的注意力放在学生能否进行理性推理上。智力对于不能适应社会的孩子而言是毫无用处的,这一观点却并没有得到社会的认可。

第13章 增加人类理性及改善非理性的社会效益

我认为，社会没有意识到如果不将非理性作为一个真正的社会问题，将会引发怎样的后果。这些技能和思维倾向深刻地影响着我们生活的世界。由于没有发展出完善的理性思维能力（即本书所讨论的加工偏见和心智程序问题），医生选择了效果更差的治疗；人们未能准确评估环境风险；在法律诉讼中，信息被误用；政府和私营行业在不需要的项目上花费了数百万美元；父母没有给孩子注射疫苗；病人接受了不必要的手术；动物遭到掠杀，濒临灭绝；数十亿资金被浪费在无效的医疗方案上；人们为糟糕的金融决策付出了极其昂贵的代价[3]。扭曲的信念形成过程体现在多种形式的民族优越主义、种族歧视、性别歧视以及对同性恋的憎恶中。

由于未充分发展的理性思维倾向和知识所带来的广泛社会影响是显而易见的。在现代世界中，部分地区的非理性思维和决定的影响会通过信息科技在全球范围得到传播并被放大，进而影响更大范围的人群。也就是说，即使你自己没有做出非理性行为，你也会受到其他人非理性思维的影响。举例来说，伪科学观念的传播与每个人息息相关。例如，尽管有大量研究表明巫师根本无法协助警察开展调查，但警察部门还是会雇用巫师参与调查。有的陪审员被发现依靠占星术做出决定。尽管有大量证据表明笔迹与人格无关，但是一些大型银行和世界500强企业在招聘时还是会聘用笔迹学家帮助他们做出人事决定[4]。伪科学判断得出的笔迹线索使雇主忽视了更有效的评价标准，最终造成经济上的低效和人为的不公正。你愿意仅仅只是因为写竖弯钩时不够标准而失去一份你很想要的工作吗？你愿意因为星座运势而被判有罪吗？

不幸的是，这些例子不在少数。当这种污化心智程序在社会中弥漫时，尽管我们自己想免受污化心智程序的影响，但事实上无人可以幸免，每个人都以不同的方式受到影响。诸如占星术之类的伪科学现在已形成了一个巨大的产业链，涉及报纸专栏、电台节目、书籍出版、互联网、杂志文章等多种传播手段。美国众议院人口老龄化特别委员会预计，全美花费在医疗骗术上的金额高达数十亿美元。医生也开始越来越关注医疗骗术在网上的传播及其健康成本。

伪科学信念源自于思维倾向、心智程序缺陷和污化心智程序的复杂结合。伪科学信念与确信偏差倾向、忽略备择假设、忽视结果随机的可能性、认同某些信念而不去批评它们和各种概率思维谬论都有关系[5]。在本书中，我已经讨论了这些理性思维属性和智力水平关系不大。但是，我们对这些心智属性能做什么呢？我们暂且将数十年来关于智力可塑性的争论搁置一旁，试问关于理性思维倾向的可塑性我们又知道什么呢？

好消息：理性是可以习得的

无论围绕着智力可塑性的那场旷日持久的争辩结果最终是什么，令人惊讶的是，心理学领域并没有对理性可塑性表现出丝毫的关注。已有的种种迹象表明了理性可能比智力更具有可塑性这一现实，考虑到这个现实，理性可塑性被忽视的状态真是极具讽刺意味。

心智程序缺陷引起的非理性是最容易被治愈的，因为造成这种心智缺陷的原因是缺少某种策略和可以通过学习掌握的陈述性知识[6]。自主心智思维倾向通常依赖于习得的心智程序进行压制，当压制失败时，主要原因在于缺乏实例化的心智程序。在这种情况下，只是了解但还没有充分掌握的心智程序是造成问题的根源所在。例如，完全析取推理（disjunctive reasoning）指的是在解决推理任务时，当需要做出判断或选择解决方案时，充分考虑到所有可能的选项。这是一种具有高度普遍性的理性思维策略。人们由于无法弄清当前问题的所有备选方案而做出了许多欠佳的决定。完全析取推理思维倾向的计算成本并不高昂。正因如此，已有研究发现完全析取思维能力同智力关系不大，并且，它是可以通过学习获得的。

同完全析取推理一样，思考备选假设的倾向也是一种具有高度普遍性的心智程序策略。同样地，它的实施方式也很简单。许多研究试图教会人们思考 P（D/～H）（即考虑到备选假设时观测数据发生的可能性）或者给予简单的指导使人们形成思考备选假设的习惯。在相关情境下，人们大量练习对自己说"想一下事物的对立面"。这种心智程序策略不注重计算能力，因而对很多人而言，它是很容易学会的。一些研究表明，练习"想一下事物的对立面"的思维有助于防止许多启发式和偏见文献中提到的思维错误，包括但不局限于：锚定偏见、过度自信效应、后视偏差、确信偏差和自利偏差[8]。

概率论思维各方面的特点意味着它是一种具有高度普遍性和应用效力的心智程序。然而，正如任何教过统计学课程的人（包括本书作者）可以证实的那样，其中有一些观点是反直觉的和不自然的——尤其是在应用的时候。虽然比起完全析取推理和考虑备选假设等策略，学习过程可能要花更多的努力，困难也更大一些，但是，还是有一些证据表明它们是可以传授的。推导因果关系所需的科学思维当然也是可以习得的[9]。其他具有高度普遍性的策略可能更容易学习，尤其是对低智商人群而言。例如，心理学家彼得·格尔维茨（Peter Gollwitzer）讨论了一个具有极高普遍性的行为策略——使用执行意图[10]。个体有意识地说出某一行为序列的顺序（"当 X 发生时，我就做 Y"），这时执行意图就形成了。通常来说，在语言固定情境属性的帮助之下，哪怕只在少数场合诱发这种思维，也足以使其在自主心智中建立起来[11]。最后，研究表明形成心理目标（无论这些目标是否有执行意图）的认知策略，就算很简单也是行之有效的。例如，人们如果被要求设定一个心理目标（"为自己设定一个具体的、有挑战性的目标"）而不是一般的鼓励性指令（"尽你最大努力"），那么他们在任务中会表现得更好[12]。

因为我们很难预测什么东西会让自己幸福，所以我们常常做出降低自己幸福感的选择。例如，人们常常会低估自己适应幸运和不幸事件的速度。我们的想象力无法预知未来。心理学家丹·吉尔伯特（Dan Gilbert）引用证据表明，在这种情况下，一种干预策略就是使用代理人物（surrogate）——那些正在经历一些事的人，你正在模拟他们的快乐（或悲伤）。例如，如果你想知道自己对"空巢综合征"是什么反应的话，你只要问问那些家里最后一个孩子都外出上大学的人，而不是想象在这种情况下自己会有什么反应。如果你想知道自己支持的队伍在比赛第一轮就被打败你的感受会是怎样的话，你只要问问那些队伍刚刚被打败的人就知道了，而不是独自想象。人们往往不愿意用这一机制，因为他们觉得自己的独特性会使内心的猜测比那些正在经历这些事的人的实际体验更准确。人们只是怀疑别人的经历是否同样也适用于自己。这是一种自我中心主义，类似于我之前讨论过的我方立场信息加工。吉尔伯特告诉他的读者："如果你和大多数人一样的话，那么和大多数人一样，你不知道自己和大多数人一样。"（2006）

许多迄今为止讨论过的心智程序代表了工具理性（实现某人的目标）中可以通过学习掌握的策略。知识理性（拥有真实反映世界的观点）常常受到污化心智程序的扰乱。但是，即使是知识理性，也可以通过学习一些宏观策略，以减少人们染上对自己有害的心智程序的概率。例如，可证伪性原则可以很好地预防许多无用的观念。它是一种极具普遍性的工具。科学课程中的初级方法论和哲学课程都有讲授过这一工具，但是，应该有更多的课程参与进来[13]。许多伪科学信念都证明了污化心智程序的存在。高中课程应该讲授这种批判性思维技巧，从而帮助人们更好地识别出伪科学信念系统。

最后，模因学语言也是有帮助的——它是一种可以通过学习掌握的工具，帮助我们更好地意识到自己有可能拥有污化心智程序。模因概念帮助认知自我改善的一种方式就是：通过强调信念的传染性，它间接地向很多人（对他们而言，这将是一种新视角）暗示信念的偶发性。通过为所有文化单位提供一个通用术语，模因科学为评估信念是否满足人类利益提供了一个中性的环境。模因概念向越来越多的人表明：我们需要检查自己的心智程序。

在这一部分，我列举了一些可以传授并习得的理性概念案例。有一些宏观策略可以通过学习掌握，并用于避免污化心智程序。执行意图形成、心理捆绑和目标形成代表了工具理性（实现某人的目标）领域中可以通过学习掌握的策略。这些策略与通过学习掌握的心智程序相辅相成，推动了对证据（概率和科学推理技能）的最佳认识。尽管对该问题尚未有准确的量化实证研究，但目前来看，理性思维倾向至少同智力一样具有可塑性。

改变环境以帮助认知吝啬鬼

或许正在做的不是摆脱我们身上的人性；我们需要的是技巧，而不是一些华而不实的说教。

——纳西姆·尼古拉斯·塔勒布，《随机致富的傻瓜》，2001

在前面几章，我讨论了认知吝啬鬼处理信息的倾向如何威胁到个体的自主性。如果认知吝啬鬼容易受框架影响，对最生动的刺激做出反应，接受给定的默认值，那么世界上任何有能力决定这些因素的人都会影响认知吝啬鬼的行为。或许这么说，事态似乎有点严重。但是，事情也许有积极的一面。是的，控制着我们环境的恶人可能会利用认知吝啬鬼。然而，控制着环境的善良人会帮助我们——使我们避免做出非理性行为，又不必改变认知的基本观点。积极的一面是，对某些认知问题而言，或许改变环境比改变人类更容易些。因为在一个民主国家中，我们在一定程度上控制着我们的环境，我们理应决定重建社会环境，使得环境中的人更加理性。

例如，在关于器官捐献率的一个跨国研究中，埃里克·约翰逊（Eric Johnson）和丹尼尔·戈德斯坦（Daniel Goldstein）发现瑞典有85.9%的人同意捐献器官。然而，在英国这一比例仅为17.2%[14]。瑞典人和英国人之间有什么不同之处可以解释器官捐献态度上如此大的差别呢？是不是瑞典是一个集体主义更强的国家，而英国的个人主义更强呢？是不是瑞典人比英国人更无私呢？也许看看美国的器官捐献率我们就能找到引起差异的线索。美国的器官捐献率大约是28%，和英国的捐献率很相似，比起瑞典就差远了。这种差异会不会是以英语为母语的国家和不以英语为母语的国家之间的差别呢？

想必现在你已经在猜测这个问题的答案了。这些国家器官捐献率的差异与各国人民之间的心理差异无关。瑞典、英国和美国之间的差异与对捐献器官的态度也无关。这些差异是由于不同国家关于捐献器官的政策差异造成的。瑞典、比利时、法国、波兰、匈牙利同意捐献器官的比例高达95%以上——器官捐献的默认选项是"同意"。在制定了这种政策的国家里，人们预先假定同意捐献自己的器官，但也可以采取一些行动选择退出器官捐献（通常是在驾驶证上做个标记）。相反，在美国、英国、德国、丹麦与荷兰，同意捐献器官的比例不足30%，在这些国家器官捐献的默认选项是没有明确同意即不捐献，要想在身故后器官捐献必须做出明确的说明。

简言之，瑞典和英国之间的巨大差异不是由人民造成的，两国人民都是认知吝啬鬼，或许认知吝啬的程度都差不多。最大的差别是政策形式的差异。作为认知吝啬鬼，两国人民在很大程度上都受到默认启发式的影响。默认的选择黏性很大，因为它具有巨大的影响力。约翰逊和戈德斯坦得出结论：人们认真考虑过这个问题，又没有受到政策默认选择的影响时，大约80%的人更愿意成为器官捐献者，这一比例非常接近瑞典和其他预先假定同意捐献器官的国家的比例。1995年以来，美国有超过45 000人死于等待获得器官移植的过程中。我们只需要对捐献者做决定的环境进行一些不伤害任何人的改变（默认同意的国家人民都可以选择不参加器官捐献），就能拯救成千上万人的性命。认知吝啬鬼的倾向已经造成上万人丢失性命。然而，这种悲剧是可以预防的。在这种情况下，最佳的预防措施就是改变环境而不是改变人，因为改变环境更容易些。

正是许多和器官捐献类似的例子促使法律理论家卡斯·桑斯坦（Cass Sunstein）和经济学家理查德·塞勒（Richard Thaler）提倡一种他们称为"自由专制"（libertarian paternalism）的新政策[15]。他们认为的专制是政府应该努力引导人民做出对自己有利的选择。自由指的是确保任何政策变化都保留了完全的选择自由。怎么可能做到既引导人民的选择又不干预选择自由呢？答案就是利用认知吝啬鬼的倾向。更确切地说是控制环境中操纵认识吝啬者行为的那些因素——默认选项和框架。

现在让我们看看一则实施了自由专制的案例。美国人并没有为他们的退休准备好充足的资金，他们没有存储足够的钱。许多人没有参与现有的401（k）和其他的退休储蓄计划。塞勒和同事什洛莫·贝纳茨（Shlomo Benartzi）推广了一系列养老金计划改革，可以拯救数百万人退休后的生活——否则退休生活很可能被早年因理性障碍做出的决定毁掉。他们的改革正在走向立法阶段，许多企业也开始采用他们的改革计划[16]。

塞勒和贝纳茨的改革包括几个步骤，每个步骤都涉及绕过人们做401（k）决定时常犯的思维错误。第一个步骤是针对大多数大型企业的员工必须要先选择参不参加养老金计划这一情况。如果他们什么也没做（没有填相关的表格）的话，那么他们就没有参加这个计划。问题首先出在这儿，许多员工没有报名参加。然而，在塞勒/贝纳茨的计划中，所有员工都默认参加这个计划，如果要退出的话，必须选择填一份表格。因此，他们的计划利用了认识吝啬鬼的默认偏差。

员工在做401（k）决定时犯的第二个错误是他们（和雇主）出资额的分配。塞勒/贝纳茨计划再次利用了默认偏差，该计划自动平均分配共同基金里雇员的出资额，从而确保了初期分配的多样化。塞勒和贝纳茨建议的另一种改革涉及让员工增加他们在401（k）计划中的出资额，他们要求员工提前同意把未来工资上涨的部分作为额外的401（k）出资额。这个策略确保了员工不会因为多交了钱而损失了什么，因为他们的工资不会减少。

当然，在两种情况下出资额都是一样的，但是根据前景理论，这种方法让员工不那么厌恶该计划。

塞勒和贝纳茨推出了一项名为"明日多储蓄计划"（Save More Tomorrow™，简称 SMarT），该计划把文中讨论的许多改革方案都付诸实施了。惠普和飞利浦等大公司已经采用该计划。我们讨论的关键意义在于，该计划表明可以通过改变环境而不是改变人，进而预防不理性行为。SMarT 计划说明因认知吝啬鬼倾向而产生的一些难题可以通过改变环境加以解决。

即使是在缺少某种心智程序的案例中，我们有时候也能通过改变环境使得有严重心智程序缺陷的人觉得轻松点。例如，认知心理学家格尔德·吉戈伦泽尔（Gerd Gigerenzer）证明了许多人在处理单一事件概率时都遇到了困难（例如，经济有 40% 的可能性会陷入衰退）。在一次调查中，吉戈伦泽尔和同事发现，在纽约接受调查的参与者中，超过 25% 的人误解了这句话："明天有 30% 的可能性会下雨。"这些人没能理解这句话真正的意思是：在许多类似明天的日子里，有 30% 的可能性会下雨。但是他们却理解成：明天有 30% 的时间会下雨或明天有 30% 的地区会下雨。

在医疗界，类似于这种对概率术语的误解很常见。医生理查德·弗里德曼（Richard Friedman）描绘了一位病人在听到"抗抑郁药有 60% 的可能性会奏效"之后的反应。这位病人说："这也就是说服了这种药之后，在 60% 的时间里我会感觉良好，对吗？"这正是吉戈伦泽尔和同事的研究揭示出的一种典型误解。当然，人们应该学会如何使用这种概率术语的心智程序。但是，如果在涉及此类事件概率时，能够辅以正确的解释，将有助于人们对概率事件的理解。例如，明天有 30% 的可能性会下雨，这句话的意思是说如果有 100 个像明天一样的日子，这 100 天中，有 30 天会下雨。这种简单的环境改变能防止没有相关心智程序的人理解错误，也能帮助他们获得相关的心智程序。吉戈伦泽尔和其他研究人员发现，通过澄清概率信息指的是类别化实例，可以帮助实验中的被试和执业医生更好地处理概率信息[17]。

这些例子都表明，只要对环境稍作改变就能预防理性思维出问题。需要环境帮助的一类更广泛的问题是人们的自制力问题。人们饮食无节制、超支、喜欢拖延、抽烟和酗酒。解决这些自制力问题的办法有两种：改变人和改变环境。人们努力增强自己的"意志力"——也就是内在的自我控制力；或者，试图改造环境，使得对自制力的需求减少了（自动化系统压制）。一个常见的策略就是事前承诺。人们加入自动储蓄计划，那么他们就不会超支。他们提前把饭打包，那么就不会多吃。他们牢记最后期限，那么就不会拖延。事前承诺代表了我们有意识地重建环境，从而使其更有助于我们的自制努力。

有证据表明事前承诺的方法是成功的——人们反省时会认为用这种方法产生的结果更理性。大量证据表明事前承诺对省钱很有效。在其他领域也有一些证据提示这种方法的有效性[18]。丹·艾瑞里（Dan Ariely）和克劳斯·韦滕布罗赫（Klaus Wertenbroch）发现，自愿为自己设定最后期限的学生比那些不愿设限的学生在学习上的表现更好。但是有趣的是，外部强加的最后期限比起自愿接受的更能促进学习。

为什么控制体重那么棘手？原因之一就是人们找到各种方式不让自己事前承诺一定会采取最有效的减肥方法之一，即摄入更少的卡路里（另一种当然是锻炼）。减肥食品业通过不断暗示除了吃得少一点还有其他方式可以减肥，助长了这种趋势。例如：只吃蛋白质不吃糖类食品；吃正确的碳水化合物食物而不是错误的碳水化合物食物；避免食用高血糖食物；食用索诺玛减肥餐中最有营养的食物中的前十种；只吃寿司，等等。所有这些方法都偏离了问题的关键：问题在于吃下去的每份食物的大小，傻瓜！正如《消费者报告》（*Consumer Reports*）（2007年6月）给出的忠告："减肥的准则没有变，就是要少摄取卡路里，多消耗卡路里。"

在吃这方面，没有人强迫我们，也和自由意志无关，只是外部环境让我们陷入了病态。这一点正是保罗·罗赞（Paul Rozin）和同事在尝试研究法国悖论时所要重点说明的[19]。尽管法国人的胆固醇水平更高，他们的饮食中也含有更多的脂肪（饱和的和不饱和的），但是法国人的心脏病死亡率却远远低于美国。美国人心脏病死亡率更高的原因可能是美国人更肥胖。的确，尽管法国人饮食中的脂肪含量比美国的要高，但相比美国22.3%的肥胖率，法国的肥胖率仅为7.4%。罗赞和同事认为美国人尽管食用更少的脂肪但却更胖，原因之一就是每一份美式食物的尺寸都更大。

罗赞和同事从许多资料中找到证据证明事实就是如此。他们研究了两国都有的连锁店中每份食物的大小。例如，他们发现美国麦当劳的每份食物要比法国的大28%。美国必胜客的每份食物要比法国的大42%。在11种用于对比的食物里，美国每份食物要比法国的大25%。罗赞和同事研究了美国《烹饪乐趣》和法国《我会烹饪》杂志中相同7道荤菜的菜谱。《烹饪乐趣》中菜谱配料比《我会烹饪》中的平均要多53%。他们还调查了家庭中每份食物的大小，发现美国晚餐中的烤宽面条要多19%。美国雀巢Crunch巧克力比法国的大41%，一瓶酸奶的容量要多82%。在参与调查这些食品中，美国每份食物要比法国食物平均大出37%。显而易见，在美国，我们在减肥这件事上应该提供更多环境上的帮助。

罗赞和同事对单位偏见进行了研究：人们往往会吃掉某种食品的一份，不管这一份有多大，或者人们往往会吃掉某种食品的一个单位，不管这个单位有多大。在一些不同的研究中，研究人员在公共场所放了一些小甜点（如巧克力豆、爱心糖果、椒盐脆饼干）。当甜点份量增至2倍或4倍的时候，人们并没有根据食物份量减少摄入量。相反，单位尺寸更大时，人们吃得更多。一个简单的环境解决方案——每份食物都小点——就能在很大程度上帮我们解决美国的肥胖难题。

社会选择机制

正如前面的简短回顾提及的,许多由非理性思维导致的差强人意的结果本是可以避免的。耐人寻味的是,尽管智力具有可塑性(正如我所认为的那样),提高智力肯定需要一些更长期的训练,而传授已经广为人知的理性思考技能则不需要那么长的时间[20]。我们在没有充分利用好现有的思维工具改善理性思考时,就迫不及待地寻找其他方法去改进另一个方面(智力)(尽管不是不重要,但已经不再那么重要了)。因此,现如今我们的文化里充满了大量的非理性行为,这种现象也不足为奇了。

考虑到理性与非理性思维的社会影响,我们不会质疑理性思维的现实意义。那么为何社会的选择机制仅仅触及算法水平认知能力而忽略了理性呢?如果某人因为参加了智力(狭义概念)的测试就获得认可,这似乎不合乎情理,这么做好像他已经通过了更广义概念的测试。

事实上,不同认知技能的重要性不同,这个问题更值得大家仔细讨论。例如,有些哲学家认为在认知科学文献中获得的非理性实证结果并不合乎情理,因为他们认为,这些研究对象(主要是大学生)"未来将会成为顶尖的科学家、法官或者公务员"(Stich,1990)。我的确承认这些哲学家的"惊人发现"引起了我们的关注,但我从中得到了截然不同的启示。以我的经验来看,大部分法学家或公务员确实拥有足够的算法水平认知能力。然而除了这些,他们的行动却常常被人认为不甚理想。他们的表现经常达不到预期,这并非因为这些人工作记忆容量有限或是记忆提取速度缓慢,而是因为他们的理性倾向迟钝。他们也许智力水平并不低,但就是缺乏理性思维的能力。

这些大学生在实验中推理和决策表现不佳,这一点并不自相矛盾。这些在实验室中没能通过决策和概率推理测试的大学生确实是未来的法官,尽管拥有不错的认知能力,但他们的推理能力仍然很糟糕。这些学生在接受测试之前从来没有专门受过理性方面的评估筛选,而且以后也不会有人对他们的理性程度进行考核。如果他们在顶尖的公立大学或者私立学校接受教育，未来他们会继续参加一些评估算法心智的考试（诸如学术能力评估测试（SAT）、美国研究生入学考试（GRE）、分级考试和绩效模拟测验）以求得在学术、职场、政坛和经济领域的发展。理性测评永远也不会取代这些考试。

不过要是理性测评真的取代了这些考试呢？这就成了一个有意思的开放性话题。举例来说，衡量理性时是否要考虑种族和阶级差异呢？这个问题在智力测试中也会出现。这使人想起，罗伯特·斯滕伯格发现在评估实践智力时（在他的广义智力理论看来，这是与理性最为接近的认知方面），人种和社会阶层对结果的影响不如在智力测试中那么明显[21]。我已经构建的理论框架至少预测到，人们理性思维的优劣排名将会与智力排名不同。理由是，理性包含反省心智的思维倾向，而智力测验没有衡量这方面。

确切来说，也许为了引起对于理性思维能力的更多关注，同时指明智力测验的局限性，我们需要对理性进行明确的评估。目前当然还不存在类似智力测验的理性评价手段，即"理商"（理性商数，RQ）。不过这最起码能帮助我们开启对诸如此类话题的讨论，当然我并不是说第2天"理商"测试就能构建起来。这样的评价手段不是在信纸背面写写画画就可以构建的，正如建立美国教育考试服务中心（ETS）体系可能需要耗资数百万美元。但是重点在于，从实际情况看来，基于现有的认知技术手段，"理商"测试是可行的，只是需求和成本问题可能会成为障碍。

与其争论这项事业在组织方面的问题，我更想强调的重点是，在理论上或概念上，开发此类测试是没有障碍的。我们掌握了一些思考过程的类型，可以运用到测试中去，同时我们也创建了一些测试任务模型，可以用于评价工具理性和知识理性。建立RQ测试在理性思维相关的能力评价技术方面是没有限制的[22]，在概念层面上同样没有限制。

在本书中，我讨论了认知科学家测试知识理性和工具理性的多种方法。

第 13 章 增加人类理性及改善非理性的社会效益

在我引用的参考文献中还有更多类似的测试，但是在文中没有提及是出于许多原因（最主要的是因为那些任务很专业，难以解释清楚，或者和我所列的例子有些重复了）。关于理性思维任务，本书有选择性地列出了一些测评方法，但并未穷其所有。然而，我已经清楚地展现了心理学家是如何研究知识理性和非理性的方方面面。例如：不一致的概率评价倾向；知识评价中的过度自信倾向；忽视基础概率倾向；不对假说进行证伪的倾向；试图解释随机事件的倾向；自利性个人评价的倾向；用我方偏见评估证据的倾向；忽视备选假设的倾向，等等。

此外，我还清楚地说明了心理学家是如何对工具理性和非理性的方方面面进行研究的。例如：决策过程中的完全析取推理能力；由于框架效应而体现出的不连贯偏好（inconsistent preference）；表现出默认偏见倾向；用情感替代困难评价的倾向；过分看重短期利益而忽视长期利益的倾向；选择容易受到生动刺激影响的倾向；决策容易受到不相关情境影响的倾向，等等。

最后，有许多例子表明，理性和非理性思维的知识可被用于帮助人们过上更充实的生活。本书所引用的研究证明了这一点，以下是一些例子。

- 心理学家找到呈现统计信息的不同方法，从而使我们在医疗问题上和在任何涉及统计学的情况中，做出更理性的决定。
- 认知心理学家发现根据默认偏差对呈现信息的方式稍作改变，就能大大增加器官捐献率，从而拯救上万人的生命。
- 美国人每年花数百万美元咨询如何投资股市，然而遵循决策理论的一些简单原则就能获得更高的投资回报。这些原则有助于人们避免会减少他们的投资回报的认知偏见，例如对概率事件过度反应、过度自信、痴心妄想、后视偏差、误解概率。
- 研究决策的科学家发现，人们很不擅于评估环境风险。这主要是由于生动性偏见在很大程度上主导了人们的判断。人们可以做出改进，小改进能够带来大变化，因为差劲的评估有可能会影响国家政策。例如，导致决策者实施政策 A（每救一条性命耗费 320 万美元），而不选择政策 B（每救一条性命只需 22 万美元）。

- 不同专业领域的心理学家开始清楚地指出支撑病态赌博行为的认知幻想：伪科学信念得出的结论、信念固着、对概率事件过度反应、认知冲动、对概率的误解——这些行为每年破坏了成千上万人的生活。
- 认知心理学家研究了人类在判断时的过度自信效应——人们常常由于过于乐观而错误地估计自己今后的表现。心理学家研究了可以帮助人们在自我监控过程中避免这些问题，从而使人们更从容地规划未来（过度自信的人会遇到更多令人不悦的意外事件）。
- 社会心理学研究发现，控制生活中选择的数量是获得幸福的关键之一，限制选择常常使人们更幸福。
- 对养老金计划的组织和管理方式稍作改变就能使数万人的退休生活更加舒适。
- 在决策领域中，概率推理或许是最常被探讨的问题，科学家研究了许多认知改革（如减少忽视基础概率）对优化法庭决策过程的作用。对概率的欠佳思考，已经阻碍了司法公正。

这些只是一小部分，后天习得的理性思维策略和环境上的解决方案可以在很多方面改变人们的生活，而比起智力，它们和理性的关系更大。如果我们在思考和决策过程中更加理性，上述例子就描绘了可能会出现的结果。要是学校、企业和政府都能够关注智力测验没有触及的那些认知内容，这些效果就会随之翻倍。然而，我们一直过多地关注智力而忽视了理性思维。似乎智力已成了我们文化的图腾，我们选择追求它，而不是追求可以改变我们世界的推理策略。

注　释

第 1 章

1. 关于乔治·布什的智商，详见：Simonton, 2006；Immelman, 2001；Sailer, 2004；Kessler, 2004, pp. 23-28；http://www.sq.4mg.com/Presidents.htm（retrieved July 16, 2007）。

2. 关于 SAT 评估的是一般智力，详见弗雷等人的研究（Frey & Detterman, 2004；Lemann, 1999；Unsworth & Engle, 2007）。

3. 美国橄榄球联盟中卫完成的是弗德里克人事测验（Wonderlic Personnel Test, 2002）。

4. 关于多种残障发生率及其原因，详见：Barbaresi, Katusic, Colligan, Weaver, and Jacobsen, 2005；Friend, 2005；Gernsbacher, Dawson, and Goldsmith, 2005；Gordon, Lewandowski, and Keiser, 1999；Kelman and Lester, 1997；Parsell, 2004。

第 2 章

1. 参见斯滕伯格和帕金斯的研究（Sternberg, 2002a；Perkins, 2002）。

2. 很多研究讨论了智力的适应机制（Matthews, Zeidner, and Roberts, 2002；Neisser et al., 1996；Sternberg, 2000b；Sternberg and Detterman, 1986）。围绕着广义智力理论和狭义智力理论两者之间的区别，学者展开了一系列讨论（Baron, 1985；Gardner, 1983, 1999；2006a, 2006b；Perkins, 1995, 2002；Sternberg, 1997a, 1997b, 2000b, 2003b；Sternberg and Detterman, 1986；Sternberg and Kaufman, 1998；Visser, Ashton, and Vernon, 2006）。

3. 那些令通俗心理学瞠目结舌的愚蠢行为，其实并非孤立发生的个案，看起来聪明机智的人其实在不断做傻事。

4. 大量研究对流体智力和晶体智力进行了讨论（Carroll, 1993；Cattell, 1963, 1998；Daniel, 2000；Geary, 2005；Horn and Cattell, 1967；Horn and Noll, 1997；Kaufman, 2001；McGrew, 1997；McGrew and Woodcock, 2001；Taub and McGrew, 2004）。关于流体智力，可参见 Kane 和 Engle（2002）以及 Unsworth 和 Engle（2005）的研究。基于流体智力与晶体智力之间的相关并不为零，有学者从中提取出了一个一般因素（G 因素）（Carroll, 1993）。这个因素也许源自获取知识时投入的流体智力，详见 Cattell 的投资理论（Cattell, 1971；Ackerman & Kanfer, 2004；Hambrick, 2003）。关于程序智力和知识智力，详见艾克曼的研究（Ackerman, 1996）。

5. 斯滕伯格做过很多智力的民间心理研究（Sternberg, 2000b；Sternberg, Conway, Ketron, and Bernstein, 1981；Sternberg and Grigorenko, 2004；Cornelius, Kenny, and Caspi, 1989）。

6. 关于人类思维的理性倾向，认知科学领域积累了大量的研究（Baron，2000；Camerer, Loewenstein, and Rabin，2004；Evans，2002a，2002b，2004，2007；Evans and Over，1996；Gilovich, Griffin, and Kahneman，2002；Johnson-laird，2006；Kahneman，2003a，2003b；Kahnemanand Tversky，2000；Koehler and Harvey，2004；LeBoeuf and Shafir，2005；Loewenstein, Read, and Baumeister，2003；Manktelow and Chung，2004；Nickerson，2004；Samuels and Stich，2004；Shafir and LeBoeuf，2002；Stanovich，1999，2004；Stanovich and West，1998c，1999，2000，2008a，2008b）。

7. 期望效用理论的技术性原理不在本书的讨论范围之内，详见阿林汉姆等人的著述（Allingham，2002；Dawes，1998；Edwards，1954；Jeffrey，1983；Luce and Raiffa，1957；Savage，1954；Von Neumann and Morgenstern，1944；Wu, Zhang, and Gonzalez，2004）。一言以蔽之，当人们的选择遵循特定模式时（所谓的选择原理），他们只不过是看似在遵循最大效用原则行事。

8. 知识理性有时也被称为理论理性或是证据理性（Audi，1993，2001；Foley，1987；Harman，1995；Manktelow，2004）。更多关于工具理性和知识理性的文章，详见（manktelow，2004；Mele and Rawling，2004；Millgram，2001；Over，2004）。

9. 我早期对理性障碍的论述参见：Stanovich，1993a，1994a。概念矛盾也存在于学习障碍与低智商两者之间（例如《美国残障儿童教育法案》与《学习障碍国家联合委员会》；Hammill，1990）。现在，我们已经知道对阅读障碍的差异测量完全是一个错误（Fletcher et al.，1994；Stanovich，2000，2005；Stanovich and Siegel，1994；Stuebing et al.，2002；Vellutino et al.，2004）。阅读障碍产生的主要原因是语言加工出现问题，而这一点与智商高低无关。因此，高智商个体出现阅读障碍不足为奇，无需特别的解释。

第3章

1. 有关智力基本问题所达成的共识，尤其是流体智力方面，其理论发展趋势可见于有关认知能力的相关文献（Bouchard，2004；Carroll，1993；Deary，2001；Engle et al.，1999；Flynn，2007；Geary，2005；Lubinski，2004；Neisser et al.，1996；Plomin and Spinath，2004；Sternberg，2000a；Unsworth and Engle，2005）。

2. 关于这个问题，施密特等人完成了关于这个问题的大多数综合性研究（Schmidt and Hunter，1992，1998，2004；Deary et al.，2004；Geary，2005；Kuncel, Hezlett, and Ones，2004；Ones, Viswesvaran, and Dilchert，2005）。

3. 过去20余年，乔纳森·埃文斯（Jonathan Evans）一直致力于研究双加工理论，他的工作对我的研究方向影响深远（Evans，1984，1989，2003，2004，2006a，2006b，2008a，2008b；Evans and Over，1996，2004；Evans and Wason，1976）。双加工理论的观点在启发式和偏差研究项目的早期文章中已有所体现（Kahneman，2000，2003a；Kahneman and Frederick，2002，2005；Kahneman and Tversky，1982a，1996；Tversky and Kahneman，1974，1983）。双加工理论在多个心理学分支学科中得到了发展（Brainerd and Reyna，2001；Epstein，1994；Feldman Barrett, Tugade, and Engle，2004；Haidt，2001；Johnson-laird，1983；Metcalfe and Mischel，1999；Sloman，1996，2002；Smith and Decoster，2000；

Stanovich, 1999; Stanovich and West, 2000)。我在另一处研究中列出了23种双加工理论模型(Stanovich, 2003)。不同的双加工理论所用的术语和理论细节稍有出入，但核心理论存在共性。另外，有越来越多的来自神经生理学的证据支持双加工理论(Bechara, 2005; deMartino, kuma-ran, seymour and dolan, 2006; Goel and dolan, 2003; Greene, nystrom, engell, darley, and cohen, 2004; lieberman, 2003; Mcclure, laibson, loewenstein and cohen, 2004; Prado and noveck, 2007; Westen, Blagov, kilts, and hamann, 2006)。

4. 很多研究对不同的类型一加工进行了探索（例如Atran, 1998; Buss, 2005; Evans, 2003, 2006a; Fodor, 1983; Lieberman, 2000, 2003; Ohman and Mineka, 2001; Pinker, 1997; Smith, Patalino, and Jonides, 1998; Willingham, 1998, 1999)。类型一加工融合了自动化、准模块和启发式加工的属性，认知科学领域对这些构念进行了多角度的讨论(Bargh and Chartrand, 1999; Barrett and Kurzban, 2006; Carruthers, 2006; Coltheart, 1999; Evans, 1984, 2006b, 2008a, 2008b; Samuels, 2005, 2008; Shiffrin and Schneider, 1977; Sperber, 1994)。关于适应性无意识参见威尔逊的研究(Wilson, 2002)。

5. 例如以下这些研究：Dempster and Corkill (1999); Hasher, Lustig, and Zacks (2007); Miyake et al. (2000); Zelazo (2004)。

6. 假设性推理和认知模拟是认知科学领域的热点话题(Barrett, Henzi, and Dunbar, 2003; Buckner and Carroll, 2007; Byrne, 2005; Currie and Ravenscroft, 2002; Decety and Grezes, 2006; Dougherty, Gettys, and Thomas, 1997; Evans, 2007; Evans and over, 2004; Kahneman and Tversky, 1982b; Nichols and Stich, 2003; Oatley, 1999; Roese, 1997; Sterelny, 2001; Suddendorf and Corballis, 2007; Suddendorf and Whiten, 2001)。

7. 为了更好地理解莱斯利模型(Leslie, 1987)，此处引入了佩尔纳提出的初级/刺激表征概念(Perner, 1991)。继莱斯利之后，很多研究者从不同的视角对认知去耦展开了讨论，比如发展心理学、进化心理学、人工智能和心智哲学(Atance and O'neill, 2001; Carruthers, 2000, 2002; Clark and Karmiloff-smith, 1993; Corballis, 2003; Cosmides and Tooby, 2000; Dennett, 1984; Dienes and Perner, 1999; Evans and Over, 1999; Jackendoff, 1996; Lillard, 2001; Perner, 1991, 1998; Sperber, 2000; Sterelny, 2001; Suddendorf, 1999; Suddendorf and Whiten, 2001; Tomasello, 1999)。更多相关信息参见格林伯格等人关于去耦困难的研究(Glenberg, 1997)和尼古拉斯等人关于"可能世界盒子"(possible world box)的研究(Nichols & Stich, 2003)。

8. 这些领域中个体间的差异微乎其微(Anderson, 2005; Baron-cohen, 1995; Reber, 1992, 1993; Reber, Walkenfeld, and Hernstadt, 1991; Saffran, Aslin, and Newport, 1996; Vinter and Detable, 2003; Vinter and Perruchet, 2000; Zacks, Hasher, and Sanft, 1982)。这不仅限于达尔文进化模块，也同样适用于经过度学习而自动化的加工过程。艾克曼的研究表明，随着学习程度提高，智商与任务完成之间的相关度不断降低(Ackeman, 1988)。

9. 在少数个别的领域中，去耦化的认知能耗较低，比如行为预测（被称之为"心理理论"），因为这些心理模块都经过了进化过程的塑造。基于流体智力与执行功能之间

（Baddeley, 1992; Baddeley, Chincotta, and Adlam, 2001; Duncan, et al., 2000; Fuster, 1990; Gernsbacher and Faust, 1991; Goldman-Rakic, 1992; Gray, Chabris, and Braver, 2003; Hasher, Zacks, and May, 1999; Kane, 2002; Kane and Engle, 2002; Salthouse, Atkinson, and Berish, 2002）以及智力与工作记忆之间的高度相关性（Colom, Rebollo, Palacios, Juan-espinosa, and Kyllonen, 2004; Conway, Cowan, Bunting, Therriault, and Minkoff, 2002; Conway, Kane, and Engle, 2003; Engle, 2002; Engle, Tuholski, Laughlin, and Conway, 1999; Geary, 2005; Kane, Bleckley, Conway, and Engle, 2001; Kane and Engle, 2003; Kane, Hambrick, and Conway, 2005; Kane, Hambrick, Tuholski, Wilhelm, Payne, and Engle, 2004; Lepine, Barrouillet, and Camos, 2005; Sub, Oberauer, Wittmann, Wilhelm, and schulze, 2002），我提出了如下推测：保持相关表征去耦的同时维持心理模拟的原始能力有可能是大脑计算能力的核心方面，而大脑计算能力可通过流体智力测量工具进行评估（Stanovich, 2001a, 2004）。

10. 我认为认知去耦的个体差异是由晶体智力测量工具评估的核心操作这一观点与瑟斯顿几十年前的看法不谋而合（Thurstone, 1927）。他认为智力与抑制自主心智反应之间存在相关："智力是抽象化的能力，也是一种抑制过程。"

11. 关于认知科学层面的分析，详见安德森等人的研究（Anderson, 1990, 1991; Bermudez, 2002; Demett, 1978, 1987; Levelt, 1995; Marr, 1982; Newell, 1982, 1990; Oaksford and Chater, 1995; Pollock, 1995; Pylyshyn, 1984; Sloman, 1993; Sloman & Chrisley, 2003; Sterely, 1990）。称呼该分析层面的专业术语并不统一，关于我为何选择了**算法**这种说法，以及围绕着该问题的讨论与争论，参见我的其他论著（Staovich, 1999, 2004）。

12. 关于传统与最优/最大的区别，参见艾克曼等人的研究（Ackerman, 1994, 1996; Ackerman & Heggestad, 1997; Ackerman and Kanfer, 2004; Cronbach, 1949; Matthews, Zeidner, and Roberts, 2002）。

13. 很多学者都曾研究过思维倾向（比如，Ackerman and Heggestad, 1997; Baron, 1985, 2000; Cacioppo et al., 1996; Dole and Sinatra, 1998; Kruglanski and Webster, 1996; Norris and Ennis, 1989; Perkins, 1995; Schommer, 1990; Stanovich, 1999; Sternberg, 1997c, 2003b; Sternberg and Grigorenko, 1997; Strathman et al., 1994）。

14. 三种心智认知功能受损后的表现截然不同，这是支持三重智力结构的原因之一。例如，算法心智层面的认知功能遭到破坏会引起显而易见的智力能力受损，导致智力残疾（曾被称为精神发育迟滞、智力低下）。这一类损伤是连续性的。自主心智层面的认知功能遭到破坏，通常表现为认知模块损伤，会导致非连续性的认知紊乱，比如自闭症、失认症和失读症。他们所关注的通常被称为亚人功能（subpersonal functions），即微处理操作非个人的信念和目标。与此相反，反省心智主要关注个人的整体目标。反省心智遭到破坏常见于很多涉及理性损伤的精神障碍（尤其是妄想、幻觉）患者。

15. 这些相关数据来自多篇文章（Ackerman and Heggestad, 1997; Austin and Deary, 2002; Baron, 1982; Bates and Shieles, 2003; Cacioppo et al., 1996; Eysenck, 1994; Goff and Ackerman, 1992; Kanazawa, 2004; Kokis, Macpherson, Toplak, West, and

Stanovich, 2002; Noftle and Robins, 2007; Reiss and Reiss, 2004; Zeidner and Matthews, 2000）。另外，相对于与流体智力的相关，与晶体智力的相关更为常见（Ackerman and Heggestad, 1997; Matthews et al., 2002）。

16. 关于思维倾向和模糊证据校准，参见 Kardash 等人的研究（Kardash and Scholes, 1996; Schommer, 1990）。我们的论据评估任务被应用于多个研究中（Stanovich and West, 1997, 1998c; Sá, West, and Stanovich, 1999）。

17. 这类研究范式有多种问题情境，其中一种让被试从两种购车建议方案中做选择：一是大样本的车主调查；二是来自一位朋友的热心建议。此类范式的其他问题情境详见 Fong 等人的研究（Fong, Krantz, and Nisbett, 1986）。使用这种范式对个体差异进行的研究，详见 Kokis 等人的文章（Kokis et al., 2002; Stanovich and West, 1998c）。

18. 参见 Sá 等人的研究（Sá and Stanovich, 2001; Stanovich, 1999; Stanovich and West, 2000; Toplak and Stanovich, 2002）。另有其他实验室对该问题也进行了研究（Bruine de Bruin, Parker and Fischhoff, 2007; Parker and Fischhoff, 2005）。

19. 关于自律的研究详见：Duckworth and Seligman, 2005。很多研究探索了责任感与重要的后果变量之间的关系（Goff and Ackerman, 1992; Higgins et al., 2007; Ozer and Benet-Martinez, 2006）。Tetlock 的系列研究在他的书中有详述（Expert Political Judgment, 2005）。关于糟糕决策后果，参见 Bruine 等人的研究（Bruine de Bruin et al., 2007）。

20. 研究中的相反趋势（已有研究低估了相关的程度）源于多数研究中的被试智商范围受限。

21. 参见 Klaczynski 等人的研究（klaczynski, 1997; Klaczynski and Gordon, 1996; Klaczynski, Gordon, and Fauth, 1997; Klaczynski and Lavallee, 2005; Klaczynski and Robinson, 2000）。本人实验室的研究结果发表于多篇文章中（Macpherson and Stanovich, 2007; Sá, Kelley, Ho, and Stanovich, 2005; Toplak and Stanovich, 2003）。关于非正式推理，参见 Kuhn 等人的工作（Kuhn, 1991; Kuhn, 2005; Perkins, 1985; Perkins et al., 1991）。

22. 关于心智程序的讨论参见 Perkins 的文章（Perkins, 1995）。

23. 很多媒体（很多来自保守派评论员）都报道了布什的心智倾向特征（Barnes, 2006; Draper, 2007; Frum, 2003; Kessler, 2004; Suskind, 2006; Thomas and Wolffe, 2005; Will, 2005; Woodward, 2006）。这些报道的观点态度惊人得一致。例如，关于伊拉克是否拥有大规模杀伤性武器的争论处于高峰时，国际顶级的武器核查专家大卫·凯（David Kay）就该问题给布什总统做了汇报。记者鲍勃·伍德沃写道："凯被布什的无动于衷震惊了。"罗恩·萨斯坎德在他所著的关于后"9·11"时期美国安全的书中，报道了白宫高级官员的担忧："他阅读文件吗？他曾经审慎地考虑过问题吗？……他放任自己的直觉、'勇气'和攻击性肆意妄为。"他的判断依赖于直觉和勇气，而非知识、情报和思考，熟知布什的人都知晓这一点，甚至是他最忠实的支持者也无法否认这一点。例如，在鲍勃·伍德沃 2002 年 8 月 2 日对布什总统的访问中，总统先生提到自己有数十次凭直觉做出决策。布什总统还有一次亲口对伍德沃说："我不会按照教科书出牌，我只按直觉行事。"

布什总统因缺乏自我批评精神而著称。在 2004 年 4 月 13 日的总统新闻发布会上，有人问他这样一个问题："上次竞选中，有人问你有生之年所犯过的最大错误是什么？你当时开玩笑说是换掉塞米·索萨㊀。当时，你对'9·11'事件之前所犯过的错误进行了回顾。那么，'9·11'事件之后再次问你这个问题，你认为自己所犯过最大的错误是什么？你又从中学到了什么呢？"布什的回答将他的弱点暴露无遗，即缺乏反事实思维、过度自信、缺乏自我检视。他是这样回答的："真希望你事先把问题写个小纸条给我，那样我可以提前准备一下该如何作答。约翰，相信总有一天历史学家回看这段历史时会说'天哪，如果他这样或那样做结果会更好。你知道，我……在新闻发布会这种场合，我应该给出一个让你满意的答案。我刚刚在非常努力地思考，但什么也没有想起来。"

另外，政治评论家还一致认为布什总统讨厌怀疑，鼓励确定性。理查德·梅耶将军是伊拉克战争刚打响时的联合指挥官主席，"在这间狭小、无窗的战况室内，如若出现一点怀疑的苗头，会立即被总统先生扑灭。"（Woodward，2006）

24. 本案例中有关晶体智力的情况很复杂。通常来讲，晶体智力与流体智力之间关系密切（Schweizer& Koch，2002）。可是，晶体智力同时也与经验开放性思维倾向存在相关（Ackerman and Heggestad，1997；Bates and Shieles，2003）。综合上述政治评论家对布什的看法，他的经验开放性水平应该特别低。经验开放性思维倾向让人去阅读和收集信息，进而提高晶体智力。布什的经验开放性低，如果根据上述相关规律来分析，他应该不喜欢阅读，更算不上是热爱收集信息情报的人。和与他有相同流体智力、年龄、社会阶层和教育水平的群体相比，他的晶体智力得分应该偏低。然而，事实恰好相反。根据他在大学中的表现以及后来所取得的社会地位来看，他的晶体智力水平应该高于平均水平（Jacoby，2008；Whittington，1991）。

25. 有趣的是，布什父亲乔治 H. W. 布什的传记作者指出，老布什与他那极端认知不灵活的儿子完全不同。老布什会综合外交政策顾问的不同观点，在做出决策前会认真倾听反对意见（Naftali，2007）。最为人所知的是，在1991年沙漠风暴军事行动之后，他没有出兵巴格达，没有占领伊拉克。当经济形势发生剧烈改变时，他违反了自己不增税的竞选宣言（有可能导致他输掉下一届选举）。苏联解体期间，他巧妙又克制的行为被历史学家认为有效增进了国际关系（Naftali，2007）。

第 4 章

1. 广义智力理论包括日常用语中"智力"二字所包含的所有心智功能，而不仅限于智力测验所测量的范畴（Ceci，1996；Gardner，1983，2006a；Perkins，1995；Sternberg，1985，1988，1997a，2003b）。与之相对应，狭义智力理论把智力概念的范畴限定于智力测验评估的心理能力。值得注意的是，狭义智力和广义智力并非是二元对立的，主要原因在于学者对广义智力的概念尚存分歧。比如，加德纳（1999）曾经说过："我和斯滕伯格对现有的智力理论都持批评态度，但我们就智力理论未来的理论发展方向并未达成共识。"

2. 例如，斯滕伯格认为要打破社会对 MAMBIT 的过度关注（1988，1997a，2003b），我非常认同他的观点。但是，我们为了达到该目标所采取的策略完全不同。他提倡通过扩展"智

㊀ 知名棒球运动员。——译者注

力"概念内涵的方式以降低社会公众对 MAMBIT 的重视度,而我的观点是将"智力"的概念内涵限定于智力测试所评估的能力范围内,以此来突出那些在大众心理学中本已存在的概念,防止他们被忽视甚至消失。由于我们两个人对传统智力概念的批判策略存在本质性差异,因此,我们对智力的概念内涵依然存在争议(Stanovich, 1993a, 1993b, 1994b; Sternberg, 1993, 1994)。然而,斯滕伯格提出的实践性智力、创造性智力和智慧等概念与我强调的"理性"概念所涉及的心智属性有很多重合之处(参见 Stanovich, 2001b; Sternberg, 2001, 2003b)。认知心理学家的关注点一直以来只聚焦于算法心智,直至近期才开始稍稍垂青反省心智。包括斯滕伯格在内的少数心理学家(例如 Ackerman and Heggestad, 1997; Baron, 1982, 1985; Keating, 1990; Moshman, 1994, 2004; Perkins, 1995; Perkins, Jay, and Tishman, 1993; Perkins and Ritchhart, 2004; Stanovich, 1999)强调"思维倾向"的概念(Sternberg, 1997c; Sternberg and Grigorenko, 1997; Sternberg and Ruzgis, 1994)。总的来说,心理测量工具(比如智力测试)只对认知能力进行了评估,而忽视了对认知风格、思维倾向和智慧等进行评估。巴伦(Baron, 1988)提出,由于智力测试忽视了对思维倾向的测量,因此智商的概念"扭曲了人们对思维的理解,使人们认为影响优质思维的决定性因素是能力。这种态度导致了对一般性思维倾向的忽视"。斯滕伯格在自己的论著中也多次提到类似的观点(例如,Sternberg, 1997c, 2001, 2003b)。

3. 将智力概念作为动机性工具的做法参见贝莱德、克莱恩和威林厄姆的著述(Bereiter, 2002; Klein, 1997; Willingha, 2004)。社会智力、情绪智力和实践智力等概念的一致性在很多文献中依然存在争论(Brody, 2003, 2004; Cherness, Extein, Goleman, and Weissberg, 2006; Gardner and Moran, 2006; Goleman, 1995, 2006; Keating, 1978; Kihlstrom and Cantor, 2000; Klein, 1997, 2003; Matthew et al., 2002; Sternberg, 2003a, 2006; Visser, Ashton, and Vernon, 2006; Waterhouse, 2006)。

4. 当然,加德纳(1983, 1999)的初衷并非如此,他关注的是不同"智力"之间的差异性与独立性,比如逻辑数学智力高的人,并不意味着他的音乐智力也高。加德纳(1999)还强调了智力的不可替代性,一种优势智力并不能弥补另一种智力的不足。不过,威灵厄姆(Willingham, 2004)认为,加德纳提出的多元"智力"理论所收到的成效,恰恰与他的目的适得其反。"有些读者会认为,不同的智力之间至少在一定程度上是可以互换的。这种看法完全可以理解。试想,没有人会期望一个音乐天才也擅长数学。当我们提到有音乐天赋的孩子时,对他在数学方面的要求自然就低了很多,认为他在数学方面的缺陷可以被音乐天分弥补。不管是数学还是音乐,它们都是'智力'嘛。"(Willingham, 2004)

5. 广义智力理论家的观点彼此之间并不相容,这一点我已反复强调过了。例如,有些广义理论家提出了创新智力、道德智力和情绪智力等多种"智力",加德纳(1999)对此不以为然,拒绝接受这些概念。他还向其他的广义智力理论家提出警告:"我们不能'绑架'智力二字,使它无所不包,以致其成为心理测量学领域中的'圣杯'。"然而,事实上,如果我们汇总一下不同的广义智力理论家所提出的多种理论中涉及的所有"智力",我们会发现,在"智力"这把大伞下几乎涵盖了所有的心理活动。智力实则成为"所有的大脑活动",成了一个大而空洞的概念。

6. 广义智力理论家也许会认为我的比喻欠妥当，不同智力之间的相关度远远高于汽车性能之间的相关。而我认为，目前还没有充足的数据可以支持上述说法。（Klein, 1997；Willingham, 2004），即使有数据可以证明不同智力之间的确存在高度相关，我也不认为这会从本质上削弱我所提出的论点。当加德纳（1999）提出"从认知角度来说，我提出了一种全新定义人类本性的方式"这一观点的时候，他就在给"智力"概念添加砝码，与此同时，也惠及了与智力关系密切的MAMBIT和智力测试。

7. 此处，我忍不住写一些"内行评论"。过去几十年来，心理学领域一直受到临床训练课程的拖累，一边大声尖叫一边拖拖拉拉地被拽进科学世界（Dawes, 1994；Lilienfeld, 2007）。我想请广义智力理论的支持者想象这样一幅场景：在不久的将来，学生在学习如何施测韦氏量表时，他们的临床导师叮嘱他们："大家请记住，千万不要把这个测验称为'智力测验'，而是要称它为逻辑语言能力测验或是分析能力测验。"上述情境有可能发生吗？由于智力测验在临床心理学领域的影响力太过根深蒂固，"智力"一词根本不可能与MAMBIT脱离关系。除了从心理测量学领域对这个问题进行思考之外，我们还应该考虑到临床心理学中使用"智力"一词的巨大惯性力量。

8. 我提出"种种迹象表明，传统研究范式如同庖丁解牛一般分解了人类智力"，这并非是在否认加德纳（1983，1999）的以下观点："也许还有其他分解人类智力的方式，却被研究者所忽视了；我们目前仅仅强调了传统研究范式所取得的进展。"此处，我所关注的是智力心理测量学领域中另一个值得关注的问题：个体差异。认知科学家在分析个体在特定任务上的表现时，他们往往会聚焦于研究信息加工过程，而心理测量学家则关注于能够导致个体差异的心理操作。当一位心理测量学家说："加工过程 X 是完成任务 Z 的关键步骤。"他/她的意思并非是说探索过程 X 是理解任务 Z 的关键所在，而是个体在完成任务 Z 时的表现差异，主要源于在过程 X 上的差异。完成任务 Z 也许需要若干个信息加工操作，但是，没有产生个体差异的操作不是心理测量学家的关注重点。

9. 并非100%的重叠，结构方程模型中的回归加权系数是0.7～0.8。（Kane, Hambrick, and Conway, 2005）

10. 对于心理学初学者来说，在学习智力理论时可能会对这一结论感到费解。心理学导论教科书会介绍广义智力理论和狭义智力理论之间的论战，教材中的观点通常会倾向于前者。在智力相关章节中，教材还会写道"对智力这样一个如此复杂的心理概念进行测量是何其困难的事情。"这种做法似乎有些前后矛盾。狭义智力概念其实很容易测量，广义智力才是评估的难点所在。如果仅关注个体的信息加工能力，我们不仅有量表、实验室测量方法，还有非常精确的MAMBIT指标，在这种情况下，狭义智力概念由于其稳定、可靠的结构而更受青睐。

11. 更多关于弗林效应的介绍，请参见：Flynn, 1984, 1987, 2007；Neisser, 1998。我自己对弗林效应的看法是，教育和现代化增加了去语境化的思维方式，另外，语言也被用作一种去耦化工具（Evans and Over, 2004）。这些机制通过增加心智程序（比如短时记忆中的复述策略）的自动化程度，使其操作时占用更少的认知资源，进而提升心智程序增加算法心智功能，尤其是去耦化操作的功能。在 Neissa 这一章中，斯库勒（Schooler, 1998）对相似的假说进行了探索（参见 Greenfield, 1998；Williams, 1998）。有趣的是，在一本近期出版的书中,弗林(Flynn,2007)修改了他早期提出的观点,认为人类智商的提升是真实存在的,这种提高是科学思维传播使得假设性思维习惯化的结果。

12. 一旦涉及发病率,事情就变得复杂起来了(参见:Barbaresi et al., 2005; Friend, 2005; Parsell, 2004; Gernsbacher, Dawson, and Goldsmith, 2005; Gordon, Lewandowski, and Keiser, 1999; Kelman and Lester, 1997; Lilienfeld and Arkowitz, 2007)。此处,我想插入几条额外的注意事项。第一,研究发现ADHD在一定程度上与低智商之间存在一定程度的相关(Barkley, 1998),但是这些实证研究发现并未在网络上大规模普及,多数父母对此并不知情。第二,过度关注学习障碍患者群体中的高智商个案的舆论倾向有失公允。在学习障碍被正确诊断的前提下,高智商群体和低智商群体中的诊断率应该相差无几(Stanovich, 2005; Stuebing et al., 2002)。

第5章

1. 该数据来自茨威格(Zweig, 2002)。

2. 损失厌恶是一种情感预测偏差(参见 Kahneman& Tversky, 1979)——当损失或收益真实发生时,损失厌恶的效价并非是收益的两倍(Kermer, Driver-Linn, Wilson, and Gilbert, 2006)。更多关于短视损失厌恶的文章请参见 Thaler 等人的文章(Thaler, Tversky, Kahneman, and Schwarts, 1997)。想了解更多关于随机事件,尤其是发生在贸易市场中的随机事件相关研究请参考 Malkiel 等人的文章(Malkiel, 2004; Nickerson, 2004; Taleb, 2001, 2007)。

3. 很多心理学经典文献都曾提及人类是认知吝啬鬼的观点(Dawes, 1976; Simon, 1955, 1956; Taylor, 1981; Tversky and Kahneman, 1974)。

4. 由于人脑是经由进化塑造的,因此漫长的进化过程可以确保字面意义上的理性,即"能够进行合理推理"。此处我想说明的是:进化无法保证认知科学领域中定义的"理性",即最大化主观期望效用(Gauthier, 1975)。有文献讨论了人类长期利益的本质,以及进化适应的短期策略备选项(Ainslie, 2001; de Sousa, 2007; Haslam and Baron, 1994; Loewenstein, 1996; Nozick, 1993; Oatley, 1992; Parfit, 1984; Pinker, 1997; Sabini and Silver, 1998; Stanovich, 2004)。自然选择的"择优"机制,参见 Cosmides 和 Tooby 的研究(Cosmides & Tooby, 1996)。Ridley 独辟蹊径,称之为进化"短浅",因为它更关注即时利益而非长期策略。与此相反,人类理性必须关注个体的长期利益。

5. 关于情感预测,参见吉尔伯特、卡尼曼等人的文章(Gilbert, 2006; Kahneman, Diener, and Schwarz, 1999; Wilson and Gilbert, 2005)。

6. 更多关于理性标准的文化相关内容,参见吉普森等人的文章(Jepson, Krantz, and Nisbett, 1983; Krantz, 1981; Thagard and Nisbett, 1983)。

7. 在自然条件下,做一个认知吝啬鬼是默认的人类认识方式。当环境线索提示个体即将要付出大量的认知努力时,由于高智商个体有着更强大的计算能力,所以他们会更快地觉察到环境的认知需求,启动认知吝啬鬼模式。

8. 此处额外需要说明几点。首先,本书中引用的绝大多数研究都是以大学生作为被试。书中我所谓的"高智商群体"和"低智商群体"其实是研究样本中智商较高和较低的两组。

因此，他们并不算是绝对意义上的低智商群体，只不过和朋辈相比起来较低而已。第二，由于研究被试都是从大学生群体中选出的，智商波动范围较小，因此，研究所得到的相关强度毫无疑问地会被削弱。话虽如此，美国大学生群体的智商范围其实是很广的。在过去 30 年间，美国 25～29 岁的年轻人大学入学率已增至 50%。截止到 2002 年，58% 的年轻成年人已完成了至少一年的大学学业，有 29% 获得了至少一个学士学位（Trends, 2003）。最后，即使是受到被试来源的限制，得到的研究结果依然令人震惊：没有想到在智商得分前 2/3 的群体中，理性与智力之间的相关系数几乎为零。

9. 参见 Postman 的著述（Postman, 1988, pp. 86-87）。

第 6 章

1. 莱维斯克在 1986、1989 年的论文中对安妮难题及与之类似的其他难题进行了讨论（Levesque, 1986, 1989）。我们的相关研究工作参见：Toplak and Stanovich, 2002。关于完全析取推理，参见约翰逊 – 莱尔德、沙佛等人的研究（Johnson-Laird, 1994；Tplak and Stanovich, 2002）。默认采取简单计算加工过程的倾向不仅限于简单问题，在解决复杂难题时也会出现（参见 Evans, 2007；Kahneman, 2003a；Stanovich, 1999, 2004；Taleb, 2007）。

2. 球与球拍难题在卡尼曼和弗雷德里克的合作研究以及弗雷德里克以 MIT、普林斯顿大学和哈佛大学学生为被试的研究中都有所涉及（Kahneman and Frederick, 2002）。

3. 更多关于可得性以及它在复杂概率判断过程中的替换作用，请参见卡尼曼的研究（Kahneman, 2003a）。关于加利福尼亚地震的例子，请参加卡尼曼和弗雷德里克等人的研究（Kahneman and Frederick, 2002；Tversky and Kahneman, 1983）。

4. 关于情感评估的文献数量繁多（例如：Forgas, 1995；Frederick, 2002；Loewenstein, Weber, Hsee, and Welch, 2001；Oatley, 1992, 2004；Rottenstreich and Hsee, 2001；Schwarz and Clore, 2003；Slovic, Finucane, Peters, and MacGregor, 2002；Slovic and Peters, 2006）关于休克研究，可参考罗腾思杰克等人的研究（Rottenstreich and Hsee, 2001）。关于公共资源评估研究，请参考卡尼曼的著述（Kahneman and Frederick, 2002）。熊猫研究来自奚恺元（Hsee and Rottenstreich, 2004）。

5. 计算旅行风险的方式有很多，不管使用何种方式进行评估测量，汽车都被认为是风险最高的出行方式（Galovski, Malta, and Blanchard, 2006；National Safety Council, 1990, 2001；Sivak, 2002；Sivak and Flannagan, 2003；Sunstein, 2002）。"9·11"事件之后的交通出行统计数据来自吉仁泽等人（Gigerenzer, 2004；Sivak and Flanagan, 2003）。关于糖尿病与葡萄球菌感染的研究参见方丹的研究（Fountain, 2006）。

6. 山岸（Yamagishi, 1997）。关于生动性效应的文章，参见斯洛维克（Slovic, 2007）。

7. 关于货币错觉，请参见卡尼曼等人的研究（Kahneman, Knetsch, and Thaler, 1986；Shafir, Diamond, and Tversky, 1997）。外币研究来自斯利瓦斯塔瓦（Raghubir and Srivastava, 2002）。Wertenbroch 等人的研究表明，表面价值效应有赖于预算限制，被试会将预算数额作为参照点（Wertenbroch, Soman and Chattopadhyay, 2007）。他们的研究令人意识到，货币错觉并不像人们最初想象的那样简单，但基本观点并没有发生变化，即货币错觉是人类

注 释

信息加工认知吝啬鬼倾向的一种表现形式。

8. 启发式的有用之处，参见吉仁泽等人的研究（Gigerenzer, 2007；Gladwell, 2005；Klein, 1998；McKenzie, 1994；Pinker, 1997；Todd and Gigerenzer, 2007）。

9. 锚定理论的经典研究出自特沃斯基与卡尼曼（Tversky and Kahneman, 1974）。在认知心理学领域中，一个重要的现象被发现之后，我们对这一现象的理解会越来越"复杂化"。例如，锚定效应有时是由于对锚定值的调整不足导致的，有时是由于不断地获取锚定值信息而导致（前一个锚定值是自行产生的，后一个锚定值是标准范式下产生，具体参见 Epley and Gilovich, 2006）。关于锚定和调整的作用机制，在很多文章中都有详细说明（Brewer and Chapman, 2002；Epley and Gilovich, 2004, 2006；Jacowitz and Kahneman, 1995；Jasper and Chirstman, 2005；LeBoeuf and Shafir, 2006；Mussweiler and Englich, 2005；Mussweiler, Englich, and Strack, 2004；Wilson, Houston, Etling, and Brekke, 1996）。针对锚定效应的不同研究之间存在细微差别，不过基本原理与我在此书中讨论的基本一致。房产中介研究来自诺斯拉夫特等人（Northcraft and Neale, 1987）。锚定影响决策的研究参见恩格里席等人的研究（Englich, Mussweiler, and Strack, 2006）。

10. 很多研究都验证了少即是多情境效应（Bartels, 2006；Slovic et al., 2002；Slovic and Peters, 2006）。关于可评估性，参见奚恺元等人的研究（Hsee, 1996；Hsee, Loewensein, Blount, and Bazerman, 1999；Hsee and Zhang, 2004）。

11. 托德和吉仁泽（Todd and Gigerenzer, 2007）启用了"默认启发式"的概念。关于现状偏见的重要研究参见：Frederick, 2002；Hartman, Doane, and Woo, 1991；Kahneman, Knetsch, and Thaler, 1991；Samuelson and Zeckhauser, 1988；Thaler, 1980。此处需要格外强调的是，只有不假思索地过度使用默认启发式才能被称为非理性。很多理论家都提出，在有些情境中使用默认选项是决策者的明智之选（Johnson and Goldstein, 2006；Mckenzie, Liersch, and Finkelstein, 2006；Sunstein and Thaler, 2003）。

12. 吉仁泽是秉持这种观点的学者中的领军人物（Gigerenzer, 2002, 2007；Brandstatter, Gigerenzer, and Hertwig, 2006；Gigerenzer and Goldstein, 1996；Todd and Gigerenzer, 2000, 2007；Evans, 2007；Kahneman and Tversky, 1996；Over, 2000；Stanovich, 2004）。可是，吉仁泽研究的启发式是否属于类型一加工，这一点尚且存疑（Evans, 2007；Kahneman and Frederick, 2002）。斯特林专门撰文讨论了启发式加工不利环境的进化意义（Sterelny, 2003）。作家路易斯·梅南在他的著作中讨论了投票决策情境中使用启发式的情况（Louis Menand, 2004），把启发式放在一个具化的情境中进行讨论。比如我举的这个例子："在信息匮乏或是面临不确定信息时，走捷径总比无路可走好。但是，走捷径并不是快速地进行缜密计算，而是直接跳过所有的计算过程。比如，在购买立体声音响时，我的直觉是外表最酷的那一款最值得购买。但是，这个判断完全没有涉及音响的音质、性能。如果我选择了预算范围内音质最好的那一款，这才是最符合我切身利益的选择。"

13. 题为"为何无知反而使人变得聪明？"的章节来自吉仁泽和托德的著作（Gigerenzer and Todd, 1999）。温布尔顿研究由托德等人完成（Todd and Gigerenzer, 2007；Goldstein and Gigerenzer, 1999, 2000）。贝泽曼的研究中对合理金融策略进行了讨论（Bazerman, 2001）。大英银行的例子来自迈克尔林（MacErlean, 2002）。

14. 这个例子常常为理性思维的支持者招致讽刺挖苦。此处我所谓的"深思熟虑"并不是说要把数千个基金项目进行一一对比。我的意思是说，在做出决策前，应该将某一领域中的不同种类进行大致比较，比如：借贷基金与非借贷基金；指数基金与管理型基金；债券、股票和现金分配；外币总量；房地产和期货数量等。通过指出某个理性决策所涉及的运算量极其庞大（根据个人需求，将 6 000 支基金进行两两配对比较）的方式来诋毁理性思维，这是一种很常见的攻击理性思维的策略。不过，理性思维策略的支持者却并不这么想。将数千种基金进行两两比较的可行性差，并不意味着我们应该在个人金融这么重要的决策领域退而求其次，依赖于快速、劣质的启发式思维来解决问题。在令人筋疲力尽的繁杂比较和快速却劣质的启发法之间，还存有中间地带，在这个中间地带我们需要考虑很多影响决策的其他关键因素，比如对风险的容忍度、年龄、当前资产和负债、退休保证金等。

15. 参见：Sinaceur, Heath, and Cole, 2005。

第 7 章

1. 更多关于该研究的讨论参见巴伦等人的研究（MaCaffery and Baron, 2004；2006a；2006b）。此处的例子是他们实验中使用到的诸多问题变式中较为简单的一种。优生优育的例子最早出现在谢林的研究中（Schelling, 1984）。

2. 根据特沃斯基和卡尼曼的观点，描述不变性指的是"对结果没有实质性影响的形式变化，不应该对个体的最终选择产生影响"。更多关于描述不变性的讨论参见卡尼曼等人的著述（Kahneman and Tversky, 1981, 1984, 2000）。除了描述不变性之外，效用最大化还需要个体遵循一套选择原理（参见：llingham, 2002；Dawes, 1998；Edwards, 1954；Jeffrey, 1983；Luce and Raiffa, 1957；Savage, 1954；Von Neumann and Morgenstern, 1944；Wu et al., 2004）。

3. 关于平等启发式的重要文献请参考：Frederick, 2002；Harris and Joyce, 1980；Messick, 1999；Messick and Schell, 1992。

4. 器官移植研究详见：Ubel, 2000。

5. 更多关于认知吝啬鬼被动接受问题的表征形式，以及本章中讨论的框架效应，请参考决策科学领域的研究成果（Kahneman and Tversky, 1984, 2000；Kuhberger, 1998；LeBoeuf and Shafir, 2003；Levin et al., 2002；Maule and Ville-Joubert, 2007；Mcelroy and Seta, 2003；Simon, Fagley, and Halleran, 2004；Slovic, 1995；Tversky and Kahneman, 1981,1986）。这些研究介绍了不涉及博弈的研究范式，以及关注现实世界的研究范式（Epley, Mak, and Chen Idson, 2006；Friedrich, Lucas, and Hodell, 2005；Mcneil, Pauker, Sox, and Tversky, 1982；Schneider, Burke, Solomonson, and Laurion, 2005）。决策 1、2 来自特沃斯基等人的研究（Tversky, Kahneman, 1986）。

6. 关于以 0 为参照点进行编码的研究参见马克维茨的论文（Markowitz, 1952），关于对结果优劣的评估参见鲍迈斯特等人的研究（Baumeister, Bratslavsky, Finkenauer, and Vohs, 2001）。更多关于前景理论主要内容的介绍参见：Kahneman and Tversky, 1979；Tversky and Kahneman, 1986, 1992。

7. Epley, Mak, and Chen Idson, 2006, 以及 Epley, 2008。

8. 原文出处：Thaler，1980。保险决策领域中的默认启发式参见约翰逊等人的研究（Johnson，Hershey，Meszaros，and Kunreuther，2000）。

9. Friedrich，Lucas，and Hodell，2005。

10. 同时使用这两种设计的研究并不多，但是这方面的文献正呈逐年增长态势（参见：Bruine de Bruin et al.，2007；Frederick，2005；Le-Boeuf and shafir，2003；Parker and Fischhoff，2005；Stanovich and West，1998b，1999，2008b）。

11. 此处我要重申以下高智商组、低智商组的区分问题。在多数研究中，高、低智商组的被试都是在读大学生。因此，低智商组并非绝对意义上的"低智商"，研究所得到的相关强度毫无疑问地会因智商范围的限制而被削弱。然而，虽然受到被试来源的限制，但研究结果依然令人震惊。没想到在智商得分前2/3的群体中，理性与智力之间的相关系数几乎为零。

12. 参见布鲁尼等人的研究（Bruine de Bruin et al.，2007；Parker and Fischhoff，2005；Stanovich and West，1999；2008b；Toplak and Stanovich，2002）。

第8章

1. 更多相关交通事故数据，请参考NHTSA（美国交通部国家高速公路安全管理委员会）官方网上公布的文件，网址为：http：//www-nrd.nhtsa.dot.gov/pdf/nrd-11/doT_hs_809194.pdf.

2. 我们的研究来自：Stanovich and West，2008a。威斯汀的研究来自：Western，Blagov，Kilts，and Hamann，2006。我们实验室中还使用过其他类似的研究范式（Stanovich and West，2007），相似的研究还有很多（Kunda，1990，1999；Mele，2003；Molden and Higgins，2005；Perkins，Farady，and Bushey，1991；Thagard，2006）。更多本章涉及的研究范式，请参见巴伦等人的研究（Baron，1995；Macpherson and Stanovich，2007；Perkins，1985；Toplak and Stanovich，2003）。

3. 更多使用实验评估范式的研究，请参考：Klaczynski，1997；Klaczynski and Gordon，1996；Klaczynski，Gordon，and Fauth，1997；Klaczynski and Lavallee，2005；Klaczynski and Robinson，2000；Macpherson and Stanovich，2007。教育心理学家狄安娜·库恩设计了一套结构化访谈，以评估非正式推理过程中的我方立场偏差（Kuhn，1991，1992，1993）。我们使用库恩访谈的研究发表在2005年（Sá et al.，2005）。

4. 更多关于他人立场信息加工的研究，请参考吉尔伯特等人的文章（Gilbert，Pelham，and Krull，1988）。泰伯等人发表了一篇综合介绍我方立场信息加工的文章（Taber and Lodge，2006）。

5. 知识标尺范式已有30余年的研究历史（例如Fischhoff，Slovic，and Lichtenstein，1977；Griffin and Tversky，1992；Koriat，Lichtenstein，and Fischhoff，1980；Lichtenstein and Fischhoff，1977；Schaefer，Williams，Goodie，and Campbell，2004；Sieck and Arkes，2005；Tetlock，2005；Yates，Lee，and Bush，1997），很多文章对这种范式的研究结论和方法论进行了综述（Baron，2000；Fischhoff，1988；Griffin and Varey，1996；Lichtenstein，Fischhoff，and Phillips，1982）。

6. 这5个问题来自普劳斯等人的研究（Plous，1993；Russo and Schoemaker，1989）。

7. 过度自信效应也存在于知觉和运动领域（Barenski and Petrusic, 1994, 1995; West and Sanovich, 1997; Wright and Ayton, 1994）、竞技运动结果预测（Robins and Yates, 1987）、阅读理解（Pressley and Ghatala, 1990）、根据笔迹猜测性别（Schneider, 1995）、预测某人的行为或生活（Hoch, 1985; Vallone, Griffin, Lin, and Ross, 1990）以及经济和政治形势预测（Åstebro, Jeffrey, and Adomdza, 2007; Braun and Yaniv, 1992; Tetlock, 2005）。更多关于计划谬误的研究，请参考比勒等人的文章（Buehler, Griffin, and Ross, 2002）。卡尼曼的轶事源自他发表于2007年9月27日的演讲"A Short Course in Thinking About Thinking"，来源网址为：http://www.edge.org/3rd_culture/kahneman07/kahneman07_index.html。

8. 开车时使用手机，无论是手持手机还是使用耳机，都会使个体的驾驶能力下降，增加车祸的发生风险（Mcevoy et al., 2005; Strayer and Drews, 2007; Strayer and Johnston, 2001）。百乐对加拿大安全委员会的研究进行了更为深入的讨论（Perreaux, 2001）。斯文森对多数司机认为他们的驾驶能力高于平均水平的现象进行了研究讨论（Svenson, 1981）。Groopman（2007）研究了外科医生的过度自信现象。

9. 以800 000学生为被试的研究来自弗里德里希（Friedrich, 1996）。克鲁格等人对参加测试的被试进行了研究（Kruger and Dunning, 1999）。关于自我评估偏差方法论和统计学复杂性的讨论参见摩尔等人的研究（Moore, 2007; Larrick, Burson, and Soll, 2007）。围绕该研究的结果，近些年不断有新的争论，可参考唐宁等人的文章（Dunning, Heath, and Suls, 2004; Dunning Johnson, Ehrlinger and Kruger, 2003; Friedrich, 1996; Kruger and Dunning, 1999; Larrick et al., 2007; Moore and Small, 2007; Myers, 1990）。Larrick等人研究了自我评估以及以他人为参照物的自我评估两者之间复杂的关系（Larrick et al., 2007; Moore and Small, 2007）。尽管存在着很多理论争论，但这些现象似乎都是由我方立场信息加工导致的，这种信息加工方式使得个体以自我信念为焦点对后续信息进行处理。

10. 近期出现了很多关于偏见盲点的研究（Mcevoy et al., 2005; Strayer and Drews, 2007; Strayer and Johnston, 2001）。

11. 控制幻觉的研究来自朗格的文章（Langer, 1975）。芬东等人完成了交易员的研究（Fenton-O'Creevy, Nicholson, Soane, and Willman, 2003）。

12. 电子邮件沟通研究是由克鲁格等人完成的（Kruger, Epley, Parker, and Ng, 2005）。

13. 关于"特征蔓延"和"功能疲劳"详见瑞伊登人的研究（Rae-Dupree, 2007; Surowiecki, 2007）。

14. 需要谴责的并非只有电器设计师。当人们在选择电子产品时，他们并不知道使用什么样的产品可以让他们感到愉快（Gilbert, 2006）。索罗维基的研究发现，人们通常认为电子产品的功能越多，用起来越满意舒心，但事实上并非如此。当把商品买回家后，消费者才发现他们真正需要的其实是"简单"二字。通过对那些因为商品太过复杂而退货的顾客进行研究发现，他们在决定退货之前，平均的尝试时间只有20分钟。

15. 更多我方立场信息加工的研究请参考巴伦等人的文章（Baron, 1995, 2000; Kunda, 1990, 1999; Mele, 2001; Molden and Higgins, 2005; Perkins et al., 1991;

Thagard, 2006)。

16. 关注个体差异的研究发现，不同智力水平的被试在福特探索者汽车难题上的表现并无显著性差异（Stanovich and West, 2007, 2008a）。在制造论据研究范式研究中，智力与任务表现之间也不存在相关关系（Macpherson and Stanovich, 2007; Toplak and Stanovich, 2003）。在评估范式研究中，发现任务表现与智力之间存在着微弱的相关（Klaczynski and Lavallee, 2005; Klaczynski and Robinson, 2000; Macpherson and Stanovich, 2007）。库恩访谈研究发现，我方立场加工的某些方面与智力存在中等程度的相关（Sá et al., 2005）。过度自信效应和智力之间存在中度程度的负相关（Bruine de Bruin et al., 2007; Pallier, Wilkinson, Danthiir, Kleitman, Knezevic, Stankov, and Roberts, et al., 2002; Parker and Fischhoff, 2005; Stanovich and West, 1998c）。

第9章

1. 参见格拉德威尔的文章（Gladwell, 2000）。
2. 关于认知的多种心智以及认知压制的概念，请参见第3章和埃文斯等人的研究（Evans, 2003, 2007; Stanovich, 2004）。
3. 更多从哲学和心理学视角对电车难题进行的讨论，参见富特等人的研究（Foot, 1967; Hauser, 2006; Mikhail, 2007; Petrinovich et al., 1993; Thompson, 1976, 1985, 1990; Unger, 1996; Waldmann and Dietrich, 2007）。更多格林的研究，参见（Greene, 2005; Greene, Nystrom, Engell, Darley, and Cohen, 2004; Greene, Sommerville, Nystrom, Darley, and Cohen, 2001）。
4. 凯尔文等人的研究讨论了意识心智的虚构倾向以及利己主义归因（Calvin, 1990; Dennett, 1991, 1996; Evans and Wason, 1976; Gazzaniga, 1998; Johnson, 1991; Moscovitch, 1989; Nisbett and Ross, 1980; Wegner, 2002; Wilson, 2002; Wolford, Miller, and Gazzaniga, 2000; Zajonc, 2001; Zajonc and Markus, 1982）。
5. 最早提出情绪负荷"暖加工"概念的是心理学家罗伯特·阿贝尔森（Abelson, 1963; Roseman and Read, 2007）。所谓"冷加工"并非是在完成某项任务时完全没有情绪的参与，只不过与"暖加工"相比而言，情绪的参与度较少。
6. 爱泼斯坦使用该任务完成了一系列的研究，详见：Denes-Raj and Epstein, 1994; Kirkpatrick and Epstein, 1992; Pacini and Epstein, 1999。儿童对该任务的完成情况，参见考克斯等人的研究（Kokis et al., 2002）。
7. 更多关于三段论逻辑有效性与结论现实真实性发生冲突的研究，参见：De Neys, 2006; Dias, Roazzi, and Harris, 2005; Evans, 2002b, 2007; Evans, Barston, and Pollard, 1983; Evans and Curtis-Holmes, 2005; Evans and Feeney, 2004; Goel and Dolan, 2003; Markovits and Nantel, 1989; Sá et al., 1999; Simoneau and Markovits, 2003; Stanovich and West, 1998c。
8. 我的实验室对完成冲突三段论难题的个体差异进行了研究（Kokis et al., 2002; Sá et al., 1999; Macpherson and Stanovich, 2007; Stanovich and West, 1998c, 2008a）。
9. 参见安斯利等人的研究（Ainslie, 2001, 2005; Baumeister and Vohs, 2003, 2007;

Loewenstein, Read, and Baumeister, 2003；Rachlin, 2000；Stanovich, 2004）

10. 心理学领域对延迟奖励范式进行了大量研究（Ainslie, 2001；Green and Myerson, 2004；Kirby and Herrnstein, 1995；Kirby, Winston, and Santiesteban, 2005；Loewenstein et al., 2003；Mcclure, Laibson, Loewenstein, and Cohen, 2004；Rachlin, 1995, 2000）。这个例子来自赫恩斯坦的研究（Hernstein, 1990）。哲学领域对所谓的"意志力薄弱"进行了大量研究（Charlton, 1988；Davidson, 1980；Stroud and Tappolet, 2003），心理学、经济学和神经生理学领域对"自我控制"的研究也可谓汗牛充栋（Ainslie, 1992, 2001；Baumeister and Vohs, 2003, 2007；Berridge, 2003；Elster, 1979；Loewenstein et al., 2003；Mischel, Shoda, and Rodriguez, 1989；O'donoghue and Rabin, 2000；Rachlin, 1995, 2000）。以行为管理为主要特征的某些症候群，也是被研究的主要对象（Barkley, 1998；Castellanos, Sonuga-Barke, Milham, and Tannock, 2006；Tannock, 1998）。

11. "捆绑策略"还有若干个不同版本（Ainslie, 2001；Loewenstein and Prelec, 1991；Prelec and Bodner, 2003；Read, Loewenstein, and Rabin, 1999；Rachlin, 2000；Khan and Dhar, 2007）。

第 10 章

1. 很多文献介绍了辅助沟通的历史（Dillon 1993；Gardner, 2001；Jacobson, Mulick, and Schwartz, 1995；Spitz, 1997；Twachtman-Cullen, 1997），时至今日，已有很多研究证明了这种疗法是伪科学（Burgess, Kirsch, Shane, Niederauer, Graham, and Bacon, 1998；Cummins and Prior, 1992；Hudson, Melita, and Arnold, 1993；Jacobson, Foxx, and Mulick, 2004；Mostert, 2001；Wegner, Fuller, and Sparrow, 2003）。关于自闭症，请参考巴伦等人的文章（Baron-Cohen, 2005；Frith, 2003）。

2. 我对这两起案件的了解来自《经济学人》（2004年1月24日）、《每日邮报》（2003年6月12日）、《泰晤士报》（2003年6月12日）以及沃特金斯的文章（Watkins, 2000）。

3. 关于启发式和思维偏差的文献中包含了很多类似的例子（Baron, 2000；Evans, 2007；Gilovich et al., 2002；Johnson-Laird, 2006；Kahneman and Tversky, 2000；Koehler and Harvey, 2004；Nickerson, 2004；Shafir, 2003；Sunstein, 2002；Tversky and Kahneman, 1974, 1983）。

4. 更多关于托马斯·贝叶斯的信息，参见斯蒂格勒的文章（Stigler, 1983, 1986），关于贝叶斯公式在心理学领域中的应用，参见费诗霍夫的文章（Fischhoff and Beyth-Marom, 1983）。

5. 此处需要格外强调一下，随着本书的深入展开这个问题会越来越明晰。本章中所讨论的这些概率推理问题并非只会出现在实验室，或是传说轶事中，也并非只会出现在家庭聚会小游戏上的错误。我们将会看到，这些错误出现在一些极为重要的领域，包括金融规划、医学决策、生涯规划决策、家庭规划、资源分配、税务政策和保险购买方案等。很多文章对这些推理谬误在多个领域中的现实意义和价值进行了讨论（Åstebro, Jeffrey, and Adomdza, 2007；Baron, 1998, 2000；Belsky and Gilovich, 1999；Camerer, 2000；Chapman and Elstein, 2000；Dawes, 2001；Fridson, 1993；Gilovich, 1991；Groopman, 2007；Hastie

and Dawes，2001；Hilton，2003；Holyoak and Morrison，2005；Kahneman and Tversky，2000；Koehler and Harvey，2004；Lichtenstein and Slovic，2006；Margolis，1996；Myers，2002；Prentice，2003；Schneider and Shanteau，2003；Sunstein，2002，2005；Taleb，2001，2007；Ubel，2000）。

6. 这个概率值是通过贝叶斯公式的一种变式计算而来：

P（H/D）= P（H）P（D/H）/［P（H）P（D/H）+P（~H）P（D/~H）］

P（H/D）=（.5）（.99）/［(.5)（.99）+（.5）（.90）］=.5238

7. 文献出处：Doherty and Mynatt，1990。

8. 很多研究中都对协变关系探测范式进行了相似描述（Levin et al.，1993；Shanks，1995；Stanovich and West，1998d；Wasserman，Dorner，and Kao，1990）。这种谬误已发现于医疗工作人员群体中（Chapman and Elstein，2000；Groopman，2007；Kern and Doherty，1982；Wolf，Gruppen，and Billi，1985）。

9. 已有文章对使用四卡选择任务（Wason，1966，1968）的相关研究进行了综述（Evans，Newstead，and Byrne，1993；Evans and Over，2004；Manktelow，1999；Newstead and Evans，1995；Stanovich，1999）。现已有若干种理论对被试的行为模式进行解释（Evans，1972，1996，1998，2006b，2007；Hardman，1998；Johnson-Laird，1999，2006；Klauer，Stahl，and Erdfelder，2007；Liberman and Klar，1996；Margolis，1987；Oaksford and chater，1994，2007；Sperber，Cara and Girotto，1995；Stenning and van Lambalgen，2004）。更多关于证实偏见的研究，可参考尼克尔森等人的文章（Nickerson，1998）。

10. 该任务最早出现在华生1960年发表的文章中（Wason，1960）。与四卡选择任务相同，致力于解释人们为何在2-4-6任务上表现糟糕的理论有若干种（Evans，1989，2007；Evans and Over，1996；Gale and Ball，2006；Klayman and Ha，1987；Poletiek，2001）。无论使用哪种理论对2-4-6任务进行解释，有一点是可以确定的，那就是关注可证伪性可以提升任务表现。DAX/MED实验是由推尼等人报告的（Tweney，Doherty，Warner，and Pliske，1980）。

11. 该问题的不同版本请参考卡塞尔斯等人的研究（Casscells，Schoenberger，and Graboys，1978；Cosmides and Tooby，1996；Sloman，Over，Slovak，and Stibel，2003；Stanovich and West，1999）。

12. 道金斯也曾表达过与我类似的观点："这就好比我们可能会用滑尺，却不晓得滑尺的使用过程其实还涉及对数原理。当一个人把球高高抛起，然后又准确地接住时，看起来他好像是通过缜密的计算推测出了球的运动轨迹，而实际上他可能连最基本的运动轨迹计算公式都不知道，但这并不影响他的接球本领。在潜意识层面，一些相当于数学计算的思考过程正不知不觉地发生。"（Dawkins，1976）

13. 琳达难题最早是由特沃斯基和卡尼曼提出的（Tversky and Kahneman，1983）。与本书中讨论过的多数任务一样，围绕着琳达难题开展了大量研究（Dulany and Hilton，1991；Girotto，2004；Mellers，Hertwig，and Kahneman，2001；Politzer and Macchi，2000；Politzer and Noveck，1991；Slugoski and Wilson，1998）。关于条件概率倒置，请参考道斯的研究（Dawes，1988）。

14. 关于我们设计的信念认同量表详见 Sá 等人的研究（Sá，et al., 1999）。

15. 目前，越来越多的研究开始关注理性思维心智程序与智力之间的微弱相关（Bruine de Bruin et al., 2007；Kokis et al., 2002；Parker and Fischhoff, 2005；Sá et al., 1999；Stanovich and West, 1997, 1998c, 1998d, 1999, 2000, 2008b；Toplak et al., 2007；Toplak and Stanovich, 2002；West and Stanovich, 2003）。

16. 在很多情况下，高智商群体的学习速度并不快，或者可以这么说，高智商群体的学习能力快慢不一。通常来讲，能够很好预测学习速度的指标是相关领域的已有经验，而不是智商高低（Ceci, 1996；Hambrick, 2003）。

第 11 章

1. 关于庞氏骗局危以及阿尔巴尼亚危机的描述来自贝泽莫等人（Bezemer, 2001；Jarvis, 2000；Valentine, 1998）。

2. 当然，导致这种现象发生的原因是多方面的，并不仅仅局限于个体的认知能力方面。贝泽莫的文章中深入讨论了导致阿尔巴尼亚经济状况的宏观经济因素（Bezemer, 2001）。我的观点是：非理性的经济观念是导致阿尔巴尼亚经济危机的原因之一，这一点需要我们格外注意。

3. 关于记忆恢复现象、多重人格障碍、撒旦祭祀仪式虐待的解释，综合了多篇文章的观点（Rainerd and Reyna, 2005；Clancy, 2005；Hacking, 1995；Lilienfeld, 2007；Loftus and Guyer, 2002；Loftus and Ketcham, 1994；Mcnally, 2003；Nathan and Snedeker, 1995；Piper, 1998；Showalter, 1997）。多重人格障碍现在被称为分离性身份识别障碍。

4. 该研究来自消费者诈骗研究中心（Consumer Fraud Research Group, 2006）。

5. 这些例子来自多篇不同的文章（Bensley, 2006；Brandon, 1983；Bulgatz, 1992；Dawes, 1988；Farias, 1989；Lehman, 1991；Lipstadt, 1994；Moore,1977；Muller, 1991；Randi, 1980；Shermer, 1997；Stenger, 1990；Torrey, 1984）。

6. 关于纳粹战犯的信息，参见拉格菲尔德的文章(Lagerfeld,2004)。关于博士学位，参见：(Gardner, 1999, p.205)。关于对大屠杀的否认，参见：Lipstadt, 1994。

7. 斯坦诺维奇（Stanovich, 1999）使用"知识投射"的概念将发生在认知科学不同领域中的争论进行分类（Dawes, 1989；Edwards and Smith, 1996；Koehler, 1993；Kornblith, 1993；Krueger and Zeiger, 1993；Mitchell, Robinson, Isaacs, and Nye, 1996）。埃文斯等人使用该论点解释发生于三段论推理过程中的信念偏差效应（Evans, Over, and Manktelow, 1993）。关于知识同化，请参见汉布里克的研究（Hambrick, 2003）。

8. 很多研究对合理化倾向进行了讨论（Evans, 1996；Evans and Wason, 1976；Margolis, 1987；Nickerson, 1998；Nisbett and Wilson, 1977；Wason, 1969）。

9. 为何进化过程未能造就绝对理性人？很多文章对可能的原因进行了深入探讨（Kitcher, 1993；Nozick, 1993；Over, 2002, 2004；Skyrms, 1996；Stanovich, 1999, 2004；Stein, 1996；Stich, 1990）。例如，史迪奇（Stich, 1990）研究了进化未能带来知识理性的原因。而在实践理性方面，斯盖罗姆撰写了一本关于进化博弈理论的著作，讨论了为何"自然选择会铲除非理性"的观点是错误的（Skyrum, 1996）。

注 释

10. 这方面的研究可谓汗牛充栋（Ainslie，2001；Baron，2000；Brocas and Carrillo，2003；Camerer，1995，2000；Camerer，Loewenstein，and Rabin，2004；Dawes，1998，2001；Evans，1989，2007；Evans and Over，1996，2004；Gilovich，Griffin，and Kahneman，2002；Johnson-Laird，1999，2006；Kahneman，2003a，2003b；Kahneman and Tversky，1984，2000；Koehler and Harvey，2004；Lichtenstein and Slovic，2006；Loewenstein et al.，2003；McFadden，1999；Pohl，2004；Shafir，2003；Shafir and LeBoeuf，2002；Stanovich，1999，2004；Tversky and Kahneman，1983，1986）。

11. 在盎格编辑的一卷中（Anger，2000），作者对这些定义进行了讨论（Blackmore，1999；Dennett，1991，1995，2006；Distin，2005；Gil-White，2005；Hull，2000；Laland and Brown，2002；Lynch，1996；Mesoudi，Whiten，and Laland，2006）。我倾向于把模因看作人脑控制（或是信息化）状态复制到另外一个脑时有可能会导致产生的新行为和（或）想法。当控制状态与复制源存在因果关系时，模因复制（即寄主大脑对这个拷贝的复制）就发生了。虽然我对于模因的定义源于盎格的观点（Anger，2002），但是单就本书的写作目的来说，我们无需对模因给出一个精确的定义。一个模因可以仅仅代表一个想法单元，或是文化信息单元。

围绕着模因理论，存在着很多争论。例如，在特定应用领域中，模因概念的可证伪性；模因/基因隐喻的应用范围；模因概念与社会科学领域中文化的概念有何异同。模因研究领域中的这些争论非常有趣，但围绕着模因概念的这些争论与本书的写作目关系并不大。引入模因的概念是希望读者接受这样的观点：有些信念之所以会得到传播，是由于他们本身具有的属性使然。这一观点与社会和行为科学领域中围绕着模因的争论并不冲突。在社会行为科学领域，如果想要了解一个人所持有的信念，需要对该个体的心理面有所了解。另外值得注意的是，对于某些学者来说，"模因"概念的内涵比本书中所涉及的更广。例如，斯珀波（Sperber，2000）认为，"模因"并非是通常意义上的文化复制因子，而当模因选择被复制时，"不是因为有利于人类携带者，而是有利于模因自身"，特指本章后面即将讨论的类别4。与之相比，我对"模因"的使用更为泛化（作为文化复制子），包括下面所列举的所有4个种类。

12. 关于相似性与信念，详见斯诺等人的研究（Snow，Zurcher，and Ekland-Olson，1980）。

13. 有很多文献讨论了进化心理学（Atran，1998；Sperber，1996；Tooby and Cosmides，1992）和基因/文化协同进化（Cavalli-Sforza and Feldman，1981；Durham，1991；Gintis，2007；Lumsden and Wilson，1981；Richerson and Boyd，2005）的问题。

14. 参见布莱克摩尔等人的研究（Blackmore，1999；Lynch，1996）。

15. 关于广义达尔文主义的影响，请参见盎格等人的文章（Anger，2002；Dennett，1995；Hamilton，1996；Stanovich，2004）。

16. 已有很多研究记录了恐怖主义分子的受教育情况（Benjamin and Simon，2005；Caryl，2005；Dingfalter，2004；Krueger，2007；Laqueur，2004；Mcdermott，2005）。

17. 此处的论点并非支持恐怖主义行径的模因只属于类型4。多数模因都是多种属性的结合体。这个模因有着强大的自我繁殖属性，使得我们过度关注于自我繁殖属性的历史和逻辑，而不是基于寄主利益假设的理性计算。这就是我曾经提到过的"知识竞技场测准"（Stanovich，2004）。模因的自我繁殖假设并不比模因必须服务于寄主利益的假设更极端。许多模因结合了以上两点属性,而我想说的是,就这个模因来说,它的属性更倾向于前者。

18. 需要提醒大家注意的是,复制活动的拟人化描述仅仅是生物学写作中的一种速记手法。例如,"复制子为蛋白质提供保护性涂层以抵御攻击"这样的说法比"建立带有涂层的交通工具的因子复制在人群中越来越常见"更容易被理解。我将继续使用这种拟人化的描述方式,比如,说复制子有"目标"或是它的"利益",我相信读者可以理解这种说法只是为了便于理解的写作技巧。道金斯(1976,1989)曾经说过:"当我们用拟人化的方式讨论基因,把它们看作具有有意识目标时,时刻谨记,要确保自己具备随时将这些不准确的俚语转化为科学严谨专业术语的能力"。这一观点也适用于描述模因。自我复制次数最多、忠诚度最高、寿命最长的模因会有更多的后代。

19. 众所周知,乔治·布什总统是盲目信念心智程序的重度依赖者(Woodward,2006)。

20. 关于信念陷阱,参见埃尔斯特等人的研究(Elster,1999;Mackie,1996)。

21. 关于伪科学信念大肆流行的信息来自达克曼等人(Druckman, and Swets, 1988;Eisenberg et al., 1993;Farha and Steward, 2006;Frazier, 1989;Gallup and Newport, 1991;Gilovich, 1991;Hines, 2003;Musella, 2005;U.S. Congress, 1984)。不同研究得出的调查结果大同小异。关于门萨俱乐部的报道来自查狄伦(Chatillon, 1989)。

第 12 章

1. 参见 Spearman(1904)。关于晶体智力-流体智力理论参见 Geary(2005)和 Horn and Noll(1997);关于晶体智力-流体智力之外的因素群,参见 Carroll(1993)。

2. 启发式和理性思维谬误的分类,参见 Arkes 等人的研究(Arkes, 1991;Baron, 2000;Harvey, 2007;Larrick, 2004;McFadden, 1999;Reyna, Lloyd, and Brainerd, 2003)。

3. 与焦点偏差概念相近的观点包括:Evans 等人提出的奇点原则(Evans, Over, and Handley, 2003)、约翰逊等人提出的真实原则(Johnson-Laird, 1999, 2005)、聚焦(Legrenzi, Girotto, and Johnson-Laird, 1993;Sperber, Cara, and Girotto, 1995)、信念接受(Gilbert, 1991)以及情绪预测研究中发挥突出作用的焦点问题(Kahneman et al., 2006;Schkade and Kahneman, 1998;Wilson et al., 2000)。

4. 简而言之,由反省心智发起的"去耦化"共有三种类型:(1)解耦自主心智发起的反应,使其得到压制;(2)拷贝和解耦次级表征,以执行仿真模拟;(3)解耦当前的连续性联结认知过程,并启动新的连续性联结。

5. 更多关于令人棘手的"自我"心智程序,详见 Blackmore 等人的研究(Blackmore, 1999;Dennett, 1991, 1995)。

6. 包括赌徒谬误(Ayton and Fischer, 2004;Burns and Corpus, 2004;Croson and Sundali, 2005;Nickerson, 2004)以及启发式和思维偏差研究中涉及的概率误区。在某些情况下,心智程序缺失与污化心智程序两者之间的界限并不分明。

7. 参见 Nisbett 和 Wilson(1977)以及盲视偏差的研究(Ehrlinger, Gilovich, and Ross, 2005;Pronin, 2006)。

8. 我将另外一个更为详尽的启发式和偏差任务分类发表于专业性更强的文章中

注 释

（Stanovich，2008，2009）。

9. 关于属性替代，参见卡尼曼等人的研究（Kahneman and Frederick，2002）。

10. 过去10年中，这个研究领域蓬勃发展，涌现出大量极富创造力的成果（Ayton，Pott，and Elwakili，2007；Gilbert，2006；Gilbert，Pinel，Wilson，Blumberg，and Wheatley，2002；Hsee and Hastie，2006；Kahneman，1999；Kahneman et al.，2006；Kahneman，Diener，and Schwarz，1999；Schkade and Kahneman，1998；Wilson and Gilbert，2005）。奚恺元曾这样描述乐观预期焦点："预测者过度关注中心事件，而忽视了周边情境事件的重要性"（Hsee and Hastie，2006）。

11. 更多关于艾奥瓦赌博任务的研究参见：Bechara，Damasio，Damasio，and Anderson，1994；Bechara，Damasio，Tranel，and Damasio，2005。

12. 实证证据支持了两种理性失败的分野。腹背侧前额叶损伤与执行功能下降（和/或工作记忆损伤）有关，这可以被解释为压制自动化处理失败（Dempster and Corkill，1999；Duncan et al.，1996；Harnishfeger and Bjorklund，1994；Kane and Engle，2002；Kimberg，D'esposito，and Farah，1998；Shallice，1988）。而腹正中前额叶损伤与伴随情绪紊乱的行为管理有关。前者与智商关系密切（Bechara，Damasio，Tranel，and Anderson，1998；Damasio，1994；Duncan et al.，1996）。

13. 关于海洛因成瘾，参见佩特里等人的研究（Petry，Bickel，and Arnett，1998）。我们的研究详见：Stanovich，Grunewald，and West，2003。另有一些关于病理性赌徒的研究（Cavedini et al.，2002；Toplak et al.，2007）。述情障碍和精神分裂症是近些年的研究热点（Bermudez，2001；Coltheart and Davies，2000；Mealey，1995；Murphy and Stich，2000；Nichols and Stich，2003）。

值得注意的是，艾奥瓦赌博任务故意把A副纸牌和B副纸牌设计为惩罚远远大于奖励（由此导致负期望值）。勒文施泰因建议改变试验中的奖惩方案，使得高风险选择可以获得高收益（Shiv，Loewenstein，Bechara，Damasio，and Damasio，2005）。现实世界确实存在这类情况，比如，投资长线股票比投资债券的风险高，但可能得到的收益也更多。究竟哪一种奖惩方案在现实生活中更为常见？这个问题现在尚无明确的答案。

14. 弗雷德里克等人的研究也发现了智商与此类洞察力任务之间的中等程度相关（Frederick，2005；Gilhooly and Murphy，2005；Toplak and Stanovich，2002）。由于多数研究都是以大学生为被试，被试群体的智商范围较小，因此研究结果的相关度都会因此而被削弱。

15. 使用两种不同的研究设计对框架效应个体差异进行的研究参见：Bruine de Bruin et al.，2007；Stanovich and West，1998b，1999，2008b。

16. 很多研究使用了米歇尔研究范式（Ayduk and Mischel，2002；Funder and Block，1989；Mischel and Ebbesen，1970；Mischel，Shoda，and Rodriguez，1989；Rodriguez，Mischel，and Shoda，1989）。成年人被试的研究结果参见：Kirby，Winson，and Santiesteban，2005。需要引起注意的是，有些研究者并不把米歇尔任务中未能完成延迟等待视为压制功能失败，而是将其归为自主心智的奖励折扣机制出现障碍（Sonuga-Barke，2002，2003）。如果这个解释是对的，那么被试在完成米歇尔任务范式时的糟糕表现就应该被视为斯波克先生问题，而不是压制失败。

17. Austin and Deary，2002。

18. 相关系数来自一系列的研究（Kokis et al., 2002；Macpherson and Stanovich, 2007；Stanovich and West，1998c，2008b）。

19. 这些相关系数来自于多个不同的研究（Bruinede Bruin et al., 2007；Kokis et al., 2002；Parker and Fischhoff，2005；Sá et al., 1999；Stanovich and West，1998c，1998d，1999，2000；Toplak and Stanovich，2002；West and Stanovich，2003）。针对儿童的研究，涉及不同能力状况的儿童。以成年人为被试的研究，绝大多数都是大学生样本。

20. 关于金融诈骗的研究，参见：Consumer Fraud Research Group，2006。

第 13 章

1. 过去 10 年中，各大公司都想尽办法完善对员工的评估计划。他们开始使用各种人格测试以及所谓的忠诚度测试，而这些问卷测试的信度、效度都尚存疑问（Paul，2005）。

2. 某项心理特质有 50% 由遗传决定，这是非常常见的。毫无疑问，智力是具有可塑性的，但是这种可塑性具有一定的界限，并非是无限可塑的（Ceci，1996；Hunt and Carlson, 2007；Neisser，1998；Neisser et al., 1996；Nickerson，2004）。

3. 这些例子来源于多篇不同的文章（Arkes and Ayton，1999；Baron，1998，2000；Bazerman, Baron, and Shonk，2001；Camerer，2000；Chapman and Elstein，2000；Gigerenzer，2002；Gilovich，1991；Groopman，2007；Hastie and Dawes，2001；Hilton, 2003；Kahneman and Tversky，2000；Lichtenstein and Slovic，2006；Margolis，1996；Myers，2002；Reyna and Lloyd，2006；Sunstein，2002，2005；Sunstein and Thaler，2003；Taleb，2001，2007）。有关仇恨的研究，请见：Sternberg，2005。

4. 有关警察心理学、笔迹心理以及金融管理和司法领域中的伪科学信念的文章请参考：Hines，2003；Reiser, Ludwig, Saxe, Wagner，1979；Ben-shakhar, Bar-hillel, Blui, Ben-abba, and Flug，1989；Neter and Ben-shakhar，1989；Krantz，2000；Wilkinson，1998；Shermer，1997；Stanovich，2004；Sternberg，2002b。

5. 已有一些研究试图探索伪科学信念和思维属性之间的关系，其中多数都是间接证据（Macpherson and Stanovich，2007；Nickerson，1998；Shafir，1994；Stanovich and West, 1997；Toplak et al., 2007；Waganaar，1988）。

6. 教育领域中，围绕着"授之以鱼"还是"授之以渔"的争论可谓永无休止。由于理性心智程序同时脚踏两方阵营，也许它可以为这场论战画上一个休止符。析取思维倾向更像是一种思维策略，而概率推理原理则倾向于属于陈述性知识。

7. 教学策略、批判性思维技巧（Adams，1989；Baron and Brown，1991；Feehrer and Adams，1986；Kuhn，2005；Nickerson，1988，2004；Reyna and Farley，2006；Ritchhart and Perkins，2005；Swartz and Perkins，1989）。

8. 这些研究包括：Arkes et al. (1988)；Koehler (1994)；Koriat, Lichtenstein, and Fischhoff (1980)；Larrick (2004)；Mussweiler, Strack, and Pfeiffer (2000)；and Tweney et al. (1980)。

9. 相关的研究还有：Nisbett，1993；Fong et al.，1986；Lehman and Nisbett，1990；Sedlmeier，1999；Sedlmeier and Gigerenzer，2001；Leshowitz，Dicerbo, and Okun，2002；Leshowitz，Jenkens，Heaton，and Bough，1993；Larrick，2004；Zimmerman，2007；Kuhn，2005，2007。

10. 参见格尔维茨等人的研究（Gollwitzer，1999；Gollwitzer and Schaal，1998）。

11. 语言输入所发挥的作用被称为在连接网络中的快速"情境固定"（Clark，1996；Rumelhart，Smolensky，Mcclelland，and Hinton，1986）。联结主义者可能需要经过数十次尝试，花费相当长的时间才能抽象出一个原型，而语言交换可以通过一次沟通就激活一个已有原型。卡拉克称其为循环语言输入连接网络中的情境固定功能。情境固定是"伴随着正常输入发生的额外输入，这种输入会激活已有原型"。卡拉克认为："语言交换可以被视为一种提供快速、高度聚焦、情境固定信息的方式"。

12. 关于与心理目标形成的研究有很多（Heath，Larrick，and Wu，1999；Locke and Latham，1991），关于情感预测的研究详见吉尔伯特等人的文章（Gilbert，2006；Kahneman et al.，2006）。

13. 关于低层次的可证伪性教学，参见斯坦诺维奇的研究（Stanovich，2007）。关于批判性思维可以在一定程度上避免伪科学的讨论，参见：Lilienfeld et al.，2001；Marek et al.，1998。

14. 乔纳森等人研究了器官捐赠问题（Johnson and Goldstein，2006；Sunstein and Thaler，2003）。

15. 参见：Sunstein and Thaler，2003。

16. 已有很多文章开始关注这些改革给司法机构和公司带来的影响（Benartzi and Thaler，2001；Camerer et al.，2003；The Economist，2006；Quinn，2008；Sunstein and Thaler，2003；Thaler and Benartzi，2004；Wang，2006）。关于过多选择的负面影响，参见施瓦兹的研究（Schwarts，2004）。

17. 很多文章都对吉仁泽的研究进行了报道（Gigerenzer，2002；Gigerenzer et al.，2005；Todd and Gigerenzer，2000，2007）。有些研究对概率信息的呈现方式进行了研究，提出特定的呈现方式可以使案例与种类之间的关系更为明晰，进而减小信息加工过程的难度（Cosmides and Tooby，1996；Evans et al.，2000；Gigerenzer，1996，2002；Girotto and Gonzalez，2001；Macchi and Mosconi，1998；Reyna，2004；Sloman and Over，2003；Sloman et al.，2003）。外科医生的例子来自弗瑞德曼（Freidman，2005）。

18. 关于存钱及相关领域的事前承诺，详见泰勒等人的研究（Thaler and Benartzi，2004；Ariely and Wertenbroch，2002）。

19. 罗津等人对法国悖论和单位偏见进行了研究（Rozin，Kabnick，Pete，Fishler，and Shields，2003；Geier，Rozin，and Doros，2006）。

20. 当我们讨论智力的可塑性时，对智力的概念常常是混淆不清的，到底是广义智力还是狭义智力呢？这种混乱状况令人十分懊恼。关于可塑性的讨论因为概念定义不清晰而饱受诟病。然而，我认为弗林效应已经充分说明了MAMBIT的可塑性（Flynn，1984，1987，2007；Neisser，1998）。过去一段时间，智力领域提升最为显著的莫过于瑞文测验成绩，它是MAMBIT的认知操作基础，即心理活动的去耦表征能力。关于理性思维教学，请参考巴伦等人的研究（Baron，2000；Nickerson，2004）。

21. 参见：Sternberg，2004。

22. 有些大学致力于将批判性思维评估融入学校规定考试中，他们所做的尝试也可以被看作构建评估工具的一种方式。可是，当他们试图测量评估批判性思维时，常常会在理论上遇到困扰，其主要原因在于未能将批判性思维概念与本书中提及的认知科学领域文献紧密地联系起来。简而言之，未能将批判性思维概念与熟知的智力和理性思维联系在一起。

理性决策

《超越智商:为什么聪明人也会做蠢事》
作者:[加] 基思·斯坦诺维奇 译者:张斌

如果说《思考,快与慢》让你发现自己思维的非理性,那么《超越智商》将告诉你提升理性的方法
诺贝尔奖获得者、《思考,快与慢》作者丹尼尔·卡尼曼强烈推荐

《理商:如何评估理性思维》
作者:[加] 基思·斯坦诺维奇 等 译者:肖玮 等

《超越智商》作者基思·斯坦诺维奇新作,诺贝尔奖得主丹尼尔·卡尼曼力荐!
介绍了一种有开创意义的理性评估工具——理性思维综合评估测验。
颠覆传统智商观念,引领人类迈入理性时代

《机器人叛乱:在达尔文时代找到意义》
作者:[加] 基思·斯坦诺维奇 译者:吴宝沛

你是载体,是机器人,是不朽的基因和肮脏的模因复制自身的工具。
如果《自私的基因》击碎了你的心和尊严,《机器人叛乱》将帮你找回自身存在的价值和意义。
美国心理学会终身成就奖获得者基思·斯坦诺维奇经典作品。用认知科学和决策科学铸成一把理性思维之剑,引领全人类,开启一场反抗基因和模因的叛乱

《诠释人性:如何用自然科学理解生命、爱与关系》
作者:[英] 卡米拉·庞 译者:姜帆

荣获第33届英国皇家学会科学图书大奖;一本脑洞大开的生活指南;带你用自然科学理解自身的决策和行为、关系和冲突等难题

《进击的心智:优化思维和明智行动的心理学新知》
作者:魏知超 王晓微

如何在信息不完备时做出高明的决策?如何用游戏思维激发学习动力?如何通过科学睡眠等手段提升学习能力?升级大脑程序,获得心理学新知,阳志平、陈海贤、陈章鱼、吴宝沛、周欣悦、高地清风诚挚推荐

更多>>>   《决策的艺术》 作者:[美] 约翰·S.哈蒙德 等 译者:王正林

逻辑思维

《学会提问(原书第12版)》
作者:[美]尼尔·布朗 斯图尔特·基利 译者:许蔚翰 吴礼敬

批判性思维入门经典,授人以渔的智慧之书,豆瓣万人评价8.3高分。独立思考的起点,拒绝沦为思想的木偶,拒绝盲从随大流,防骗防杠防偏见。新版随书赠手绘思维导图、70页读书笔记PPT

《批判性思维(原书第12版)》
作者:[美]布鲁克·诺埃尔·摩尔 理查德·帕克 译者:朱素梅

10天改变你的思考方式!备受优秀大学生欢迎的思维训练教科书,连续12次再版。教你如何正确思考与决策,避开"21种思维谬误"。语言通俗、生动,批判性思维领域经典之作

《批判性思维工具(原书第3版)》
作者:[美]理查德·保罗 琳达·埃尔德 译者:侯玉波 姜佟琳 等

风靡美国50年的思维方法,批判性思维权威大师之作。耶鲁、牛津、斯坦福等世界名校最重视的人才培养目标,华为、小米、腾讯等创新型企业最看重的能力——批判性思维!有内涵的思维训练书,美国超过300所高校采用!学校教育不会教你的批判性思维方法,打开心智,提早具备未来创新人才的核心竞争力

《说服的艺术》
作者:[美]杰伊·海因里希斯 译者:闾佳

不论是辩论、演讲、写作、推销、谈判、与他人分享观点,还是更好地从一些似是而非的论点中分辨出真相,你需要学会说服的技能!作家杰伊·海因里希斯认为:很多时候,你和对方在口舌上争执不休,只是为了赢过对方,证明"你对,他错"。但这不叫说服,叫"吵架"。真正的说服,是关乎让人同意的能力以及如何让人心甘情愿地按你的意愿行事

《逻辑思维简易入门(原书第2版)》
作者:[美]加里·西伊 苏珊娜·努切泰利 译者:廖备水 等

逻辑思维是处理日常生活中难题的能力!简明有趣的逻辑思维入门读物,分析生活中常见的非形式谬误,掌握它,不仅思维更理性,决策更优质,还能识破他人的谎言和诡计

更多>>> 《有毒的逻辑:为何有说服力的话反而不可信》 作者:[美]罗伯特 J.古拉 译者:邹东
《学会提问(原书第12版·中英文对照学习版)》 作者:[美]尼尔·布朗 斯图尔特·基利
译者:许蔚翰 吴礼敬